McKinsey & Company, Inc.
Jürgen Kluge/Lothar Stein/Edward Krubasik/
Ingo Beyer/Dieter Düsedau/Wolfgang Huhn/
Eberhard Schmidt/Rupert Deger

Wachstum durch Verzicht

Schneller Wandel zur Weltklasse:
Vorbild Elektronikindustrie

1994
Schäffer-Poeschel Verlag Stuttgart

Die Deutsche Bibliothek – CIP-Einheitsaufnahme

Wachstum durch Verzicht : schneller Wandel zur Weltklasse:
Vorbild Elektronikindustrie / McKinsey & Company, Inc.
Jürgen Kluge ... – Stuttgart : Schäffer-Poeschel, 1994
ISBN 3–7910–0878–1
NE: Kluge, Jürgen; MacKinsey und Company <Düsseldorf>

Gedruckt auf chlorfrei gebleichtem, säurefreiem und alterungsbeständigem Papier

ISBN 3 7910 0878 1

© 1994 Schäffer-Poeschel Verlag für Wirtschaft · Steuern · Recht GmbH
Umschlaggestaltung: Willy Löffelhardt
Satz: Johanna Boy, Brennberg
Druck und buchbinderische Verarbeitung: Franz Spiegel Buch GmbH, Ulm-Jungingen
Printed in Germany

Schäffer-Poeschel Verlag Stuttgart
Ein Tochterunternehmen der Verlagsgruppe Handelsblatt
und der Spektrum Fachverlage GmbH

Danksagung

Unter dem Stichwort »Excellence in Electronics« ist in den letzten drei Jahren eine Datenbasis zur weltweiten Elektronikindustrie entstanden, auf deren Breite und Detaillierungsgrad dieses Buch aufbaut. Sie konnte nur in enger internationaler Zusammenarbeit zwischen Praxis und Wissenschaft entstehen – zwischen McKinsey & Company in Europa, den USA und Japan, der Universität Augsburg, Stanford University und Stanford Japan Center.

Besonderen Dank schulden die Autoren vor allem den vielen Geschäftsleitungsmitgliedern, die für ihre Unternehmen an der Langzeitstudie teilgenommen und die Mühe nicht gescheut haben, die Vielzahl detaillierter Fragen zu beantworten. Ebenso gilt unser Dank der Universität Augsburg, denn ohne das sachkundige Engagement von Herrn Professor Dr. Coenenberg und den unermüdlichen Einsatz von Herrn Dr. Günther, Frau Wingert und Herrn Prillmann wäre es nicht möglich gewesen, den europäischen Teil der Datenbank aufzubauen und auszuwerten. In den USA danken wir der Stanford University und den Professoren Miller, Okimoto und Mendelsohn, die mit Unterstützung von Frau Price und Herrn Tabrizi die nordamerikanischen Daten erhoben haben. Dem Stanford Japan Center und Herrn Professor Imai danken wir für die Datenerhebung in Japan durch Frau Yamazaki, Herrn Professor Seo, Frau Kopczak, Herrn Johnston, Herrn Sullivan und Herrn Fujihara, und Dank gebührt auch dem Ministry of Trade and Industry (MITI), das die Kontakte zu den Unternehmen herstellte und das Projekt wohlwollend unterstützte.

Besonders hervorzuheben ist schließlich der Beitrag von Johannes Ziegler und Art Cimento als Leiter des McKinsey-Projektteams, von Hans Gersbach und Koji Sakate vom McKinsey Global Institute in

Washington, D.C., sowie deren Partnern von der Universität Groningen, Herrn van Ark und Herrn Pilat. Die Datenauswertung und die Übermittlung der Einzelergebnisse an die teilnehmenden Unternehmen wäre um vieles schwieriger gewesen ohne die Unterstützung von Ingo Wuggetzer, Andreas Bährle und Christof Stierlen.

Wesentlich vorangebracht wurden Auswertung und Aufbereitung der Daten in mehreren Workshops mit Mitgliedern des McKinsey Electronics Sector. Dafür danken wir besonders unseren McKinsey-Kollegen Mike Nevens, Hubert Joly, Eric Labaye, Andreas Biagosch, Mahesh Krishnamurthy, Inder Sidhu und Keiko Kin. Außerdem fanden zahllose individuelle Anregungen aus Gesprächen mit Geschäftsführern von Unternehmen an vielen Stellen Eingang in die Arbeiten.

Auf dem beschwerlichen Weg von der Datenbasis zum Buch schließlich wäre ohne Frau Gabriele Stimpfle nie ein sauberes Manuskript entstanden. Und ohne die unschätzbare redaktionelle Orientierungshilfe von Frau Dagmar Böss und Frau Christel Delker wäre das Manuskript nicht zur Publikationsreife gelangt.

Den Genannten und vielen anderen, die nicht darauf verzichtet haben, am »Wachstum durch Verzicht« mitzuwirken, danken die Autoren sehr herzlich.

Juli 1994

Vorwort

Die Elektronikindustrie ist für viele Beobachter und Management-Experten eine der reizvollsten überhaupt. Mit ihrer Komplexität und Dynamik bietet sie ein Experimentierfeld ersten Ranges für anspruchsvolles Management: sprunghafte Veränderungen in Nutzen und Kosten des Angebots, rasanter Wandel der Produkt- und Fertigungstechnologie, Innovationsinvestitionen in einer Höhe, die Treffsicherheit zur Existenzfrage macht. Diese Chancen und Risiken sorgen dafür, daß sich hier die Kunst des Managements am lebhaftesten weiterentwickelt.

Das allein wäre schon Grund genug dafür, daß in »excellent-companies«-Beispielen, von McKinsey wie aus anderen Quellen, immer wieder die Elektronikindustrie auftaucht: Die Besten hier haben Vorbildfunktion über die Grenzen ihrer eigenen Industrie hinaus. Grund genug auch für unsere Langzeitstudie »Excellence in Electronics«, die diesem Buch zugrunde liegt.

Doch ein zweiter wichtiger Grund ist die volkswirtschaftliche Brisanz des Themas: Alle wichtigen Industrienationen der Welt setzen in der internationalen Arbeitsteilung auf High-tech-Industrien. Das Ergebnis ist ein harter Wettkampf zwischen den Vorreitern in der Triade Europa, USA und Japan um diese Arbeitsgebiete, in den letzten zehn Jahren zusätzlich angeheizt durch neue Kontrahenten wie die vier »Tiger«-Staaten in Fernost und nicht zuletzt China.

Für Europa ist dieses Spiel bisher nicht gut gelaufen; der Produktionsanteil in Hochtechnologie-Industrien nimmt ab, besonders in der Elektronik. Die Konkurrenz aus den anderen Regionen der Triade scheint für unsere Unternehmen übermächtig zu werden. Und sie bricht zunehmend auch in die europäischen Heimatmärkte ein, wo traditionell unsere Anbieter im Vorteil waren: Regional abgeschotte-te Märkte boten der einen Industrie hier, der anderen Industrie dort – für manche Industrien auch europaweit – Schutz vor der vollen Wucht des internationalen Wettbewerbs. Das ist in der Computerin-dustrie und der Konsumelektronik heute bereits vorüber, und auch in der privaten und öffentlichen Nachrichtentechnik, der Industrie-elektronik und der Meßtechnik wird es nicht mehr lange so sein.

Was dabei auf dem Spiel steht, wissen wir bei McKinsey aus einer Reihe von Abwehrschlachten für die europäische Elektronikindu-strie, in denen wir in den letzten Jahren engagiert waren und bei de-nen wir helfen konnten, so manches Geschäft in Europa wieder wett-bewerbsfähig zu machen oder neu aufzusetzen. Auch die europäi-schen Anbieter werden aggressiver. Sie versuchen, im eigenen Territo-rium Weltklassestrukturen zu schaffen, und dabei gewinnen Größen-vorteile an Bedeutung – Präsenz in nur einem Land reicht nicht mehr aus. Außerdem suchen die Europäer zunehmend die harte Herausfor-derung in »lead markets«, denn nur die Auseinandersetzung in diesen heiß umkämpften Hochburgen kann ihnen die Steuerungssignale ge-ben, die ein Unternehmen in der Weltklasse halten.

Um so größer das Interesse der Europäer in unserer Firma, einmal im weltweiten Vergleich genauer herauszufinden, was »excellence« in der Elektronikindustrie konkret ausmacht. Jedoch auch unsere Kolle-gen in den USA und Japan sahen, daß jeder Vorteil in dieser Triade-weiten Auseinandersetzung kurzlebig ist – möglichst gut zu verste-hen, was die exzellenten Elektronikunternehmen weltweit so exzel-lent macht, ist für alle Beteiligten lebenswichtig. Das bestätigte schließlich auch das breite Interesse in den drei Untersuchungsregio-nen Europa, USA und Asien. Die Neugier von über hundert Unter-nehmen, die wirklichen Erfolgsfaktoren herauszufinden – einzugren-zen, was Rendite und Wachstum treibt oder behindert – war schnell geweckt. Ebenso die Bereitschaft, aktiv an der Erhebung mitzuwirken.

Die Ergebnisse sind in weiten Teilen für Europa besonders hart und Konsequenzen dort am dringendsten. Für die Management-Agenda der nächsten fünf Jahre auf dem Weg zurück zur Weltklasse, und auch für notwendige Veränderungen im Umfeld der Unternehmen, geben sie deutliche Anhaltspunkte.

Besonders klar leuchtet die Nachricht von der aggressiven kontinuierlichen Selbsterneuerung der besten Unternehmen auf. Die Unternehmen mit den höchsten jährlichen Restrukturierungs- und Wachstumsraten sind die erfolgreichen. Beides muß sein, das eine wird durch das andere erst möglich – und in beiden Dimensionen liegt die Meßlatte für gute Unternehmen weit höher, als wir alle dachten. Nach der »Excellence in Electronics«-Studie sind wir überzeugt, daß nicht der statische Unterschied in Kosten oder Produktivität entscheidend ist, sondern vor allem die Verbesserungsrate, sei es in der Kostensenkung oder der Innovation.

Aus einer Vielzahl erfolgreicher Aktionen zum »Total Redesign to World Class« ziehen wir den Schluß, daß Europa auch im Volumengeschäft nicht aufgeben muß, daß wir auch in Deutschland alle Elektronikgeschäfte wettbewerbsfähig machen können. Auch hier ist Weltklasse möglich, allerdings um den Preis, daß Unternehmen die Schwerstarbeit übernehmen, nie stehenzubleiben, permanent ihre Prozesse und Produkte in Frage zu stellen, jedes Jahr erneut zu restrukturieren und aggressiv zu wachsen. Warum das so ist und wie sich die Aufgabe bewältigen läßt, versuchen wir in dem vorliegenden Buch zu beschreiben.

Wenn also Selbsterneuerung die eigentliche Kunst ist, die sich europäischen Managern sicher nicht verschließt, dann hat das auch Konsequenzen für den häufig gehörten Ruf nach dem helfenden Staat. Er ist nicht gefordert, einzelne Industrien oder Technologien zu schützen oder besonders zu pflegen. Gefordert ist er aber, die Umgebung zu schaffen, die es einem Unternehmen ermöglicht – es sogar zwingt –, sich permanent selbst zu erneuern: härtesten Wettbewerb, keine Grenzen für Innovation, Mobilität für Arbeitskräfte, kontinuierliche persönliche Erneuerung jedes einzelnen durch beste und kontinuierliche Ausbildung.

Die Flucht zurück in alte protektionistische Strukturen ist im internationalen Verbund der Volkswirtschaften heute kaum mehr denkbar. Eine europäische Lösung mit eigenen Marktgesetzmäßigkeiten verlangt mehr Phantasie, als die meisten von uns bisher an den Tag legten. Und das Elektronikgeschehen ist ja offensichtlich nur ein aggressives Vorbild für eine ganze Reihe von anderen Industrien, wie zum Beispiel die Automobiltechnik, den Maschinenbau, die Pharmazie, die Chemie. Der Versuch, unsere Industrie auf Weltklasse zu trimmen, ist ein Unterfangen in volkswirtschaftlichen Dimensionen.

Wie können wir genügend Wachstum schaffen, um die Restrukturierungseffekte der unerläßlichen Aufholjagd zu kompensieren? Wenn das heutige Elektronikvolumen in Europa, das Wertschöpfung für eine Million Arbeitsplätze bietet, in zehn Jahren nur noch 400.000 beschäftigt, woher kommen Wachstum und Innovation für 600.000 neue Stellen? Eine erste Schätzung zeigt, daß 40 Prozent davon aus völlig neuen Geschäftsarten hervorgehen müssen.

Für ein Land, dessen Zukunft von neuen Technologien abhängt, ist dies eine anspruchsvolle, aber auch vielversprechende Zeit. Für uns, die wir uns seit vielen Jahren dem Thema Innovations- und Technologiemanagement verschrieben haben, sind die Führungsaufgaben in dem anstehenden Wandel ein begeisterndes Arbeitsfeld. Nicht von ungefähr haben sich vor allem die Technologen aus unserem Hause in der »Excellence in Electronics«-Studie engagiert. Weil aber die Ergebnisse nicht nur für sie, und auch nicht nur für die Elektronikindustrie, interessant sind – wurden die Hauptaussagen in diesem Buch zusammengefaßt. Es soll deutsche und europäische Unternehmen anspornen zum Aufbruch in die Weltklasse.

München, im Juli 1994   *Edward Krubasik*

Inhalt

Zur Einführung:
Die Weltklasse spielt nach neuen Regeln

Hier bestimmt nicht der Langsamste das Tempo des Zuges. In der Elektronikindustrie, mit ihrer unvergleichlichen Historie von Innovation und Wachstum, zieht die Karawane weiter, ganz gleich, wem dabei schwach wird. Schlimm für die Schwachen, daß die traditionellen Rezepte versagen – weder rigoroses Restrukturieren noch aggressives Expandieren allein reichen fürs Aufholen. Schlimm für Europa, daß es unter den Starken kaum noch vertreten ist. Aber auch Grund zum Optimismus. Denn ein Abonnement auf Spitzenpositionen gibt es nicht. In der Weltklasse ist noch Platz, allerdings nur zu ihren eigenen Regeln: Restrukturieren und Wachsen, oder auch »Wachstum durch Verzicht«.

Die Erfolge der Elektronikindustrie sind unübersehbar. Hersteller legen ein ungeheures Erneuerungstempo vor. Innovationen folgen Schlag auf Schlag. Produktgenerationen sind, kaum auf dem Markt, schon wieder veraltet. Und nicht weniger rasant hat sich das gesamtwirtschaftliche Gewicht der immer noch jungen Branche entwikkelt. Elektronik, als Querschnittstechnologie eingesetzt in Produktion, Büro und zu Hause, wird bis zum Ende dies Jahrzehnts einen Anteil von zehn Prozent am Bruttosozialprodukt haben. Bei 30 Prozent aller industriellen Erzeugnisse wird es einen dominierenden Elektronikanteil geben, und rund 90 Prozent der Fertigungsprozesse in der Industrie werden auf elektronischen Komponenten basieren.

Allerdings, für die Träger dieser globalen Erfolgsgeschichte verläuft die Entwicklung meist weniger vorhersehbar. Was sich aus der Makroperspektive wie ein ununterbrochener Aufschwung ausnimmt, erweist sich für das einzelne Unternehmen viel öfter als Hindernislauf mit existenzbedrohender Absturzgefahr. Firmen kommen nach kürzeren oder längeren Erfolgsphasen ins Trudeln und verschwinden danach vom Markt, oder sie meistern die Krise und setzen zu neuen Höhenflügen an. Die dritte industrielle Revolution, die so viele Erfahrungen der zweiten im Zeitraffertempo nachvollzieht, neigt auch hier zu Extremen.

In der Spitzenliga der Unternehmen auf Dauer mitzuspielen, gelingt nur ganz wenigen. Ständiges Auf und Ab prägt gerade in der Elektronikindustrie den Alltag. So konnte Nixdorf, lange Zeit Paradebeispiel eines erfolgreichen europäischen Computerunternehmens, nur noch mit Hilfe einer Übernahme durch Siemens am Leben erhalten werden. In der Unterhaltungselektronik sind einst wohlklingende Namen wie Wega und Braun vom Markt verschwunden. Selbst IBM, der Elektronik-Gigant, der Ende der 80er Jahre noch etwa ein Viertel des gesamten Computermarkts beherrschte und fast die Hälfte des Gewinns der gesamten Industrie einfuhr, hat viel von seinem Glanz verloren, obwohl es noch immer einzelne exzellente Teilbereiche gibt.

Andere haben sich aus dem Schatten der Übermächtigen lösen können. Neugründungen in den Jahren nach dem Krieg, wie zum Beispiel Hewlett-Packard, sind zu Industriegiganten aufgestiegen und mußten sich längst selbst wieder den Wellen von Angriffen noch jüngerer Startups wie Apple oder Compaq stellen.

Doch trotz all dieser Turbulenzen zerfällt die Industrie deutlich in Gewinner, die ihre Profitabilität ausbauen, und Verlierer, deren Renditen immer deutlicher im negativen Bereich liegen. Das belegt eine internationale Langzeitstudie, die McKinsey zusammen mit den Universitäten Augsburg und Stanford durchführte (siehe Kasten Seite 20ff.).

Renditen von plus 20 Prozent, aber auch bis minus neun Prozent sind in der Branche anzutreffen. Die jährlichen Wachstumsraten reichen von plus 26 Prozent bis minus acht Prozent in den einzelnen Segmenten (Schaubild 1). Dabei sind die unterschiedlichen Segmente der Branche – in der Studie definiert als Konsumelektronik,

Überraschend große Leistungsunterschiede
Durchschnittliche Umsatzrendite und Umsatzwachstum 1989-91
in Prozent

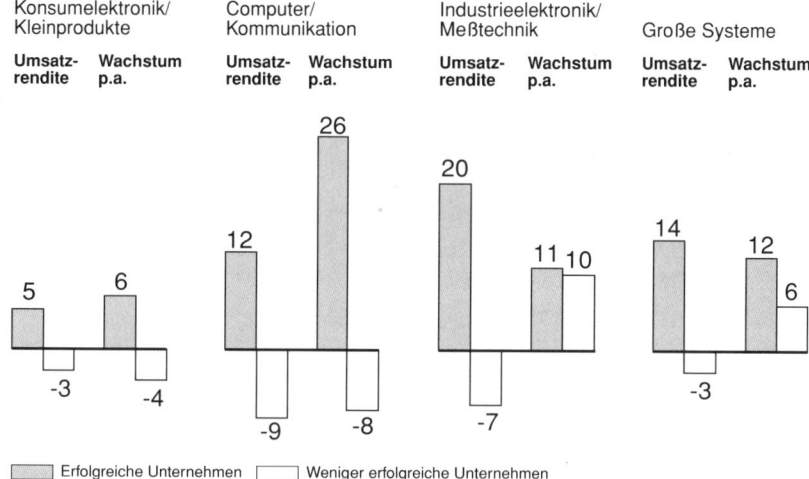

Schaubild 1

Computer/Kommunikation, Große Systeme und Industrieelektronik/Meßtechnik – nicht per se erfolgs- oder mißerfolgsträchtig. Zwar wurde z.B. in den Segmenten Computer und Konsumelektronik in den Jahren 1991/92 insgesamt kein Geld verdient und damit echter Unternehmenswert vernichtet. Doch sind Ertrags- und Wachstumsführer, ebenso wie die Nachzügler, über alle Segmente verteilt. Und die Führer weiten ihren Vorsprung aus; das Mittelfeld wird immer kleiner und stürzt ab, der Anteil der wenig Erfolgreichen steigt (Schaubild 2).

Schmerzlich, aus europäischer Sicht, ist eher die regionale Ungleichverteilung von Gewinnern und Verlierern – über die letzten Jahre betrachtet, schneiden die Anbieter aus Europa besonders schlecht ab. Als erfolgreich sind, je nach Segment, gegenwärtig nur zwischen einem Fünftel und einem Drittel der europäischen Unter-

Erfolgreiche Unternehmen halten ihre Umsatzrendite, ihr Vorsprung wächst

Umsatzrendite
in Prozent

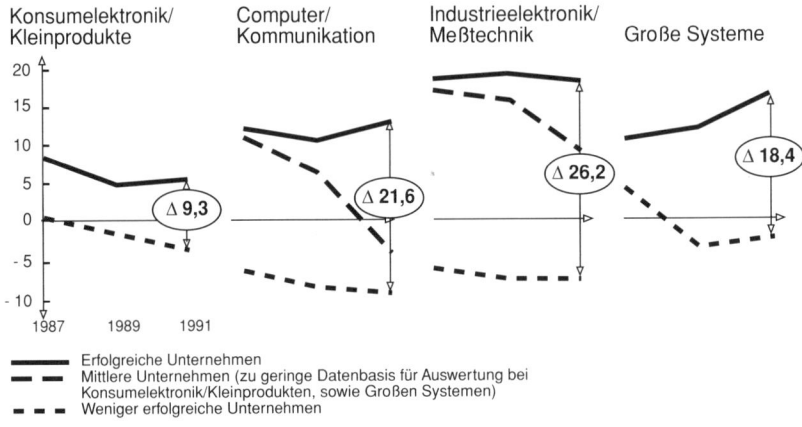

Konsumelektronik/Kleinprodukte   Computer/Kommunikation   Industrieelektronik/Meßtechnik   Große Systeme

——— Erfolgreiche Unternehmen
– – – Mittlere Unternehmen (zu geringe Datenbasis für Auswertung bei Konsumelektronik/Kleinprodukten, sowie Großen Systemen)
- - - Weniger erfolgreiche Unternehmen

Schaubild 2

nehmen zu bezeichnen. Und auch sie erscheinen gefährdet, wenn in ihrem Heimatmarkt der lange gewohnte Preisschirm regulierter Lieferbeziehungen in weiten Bereichen bald nicht mehr vorhanden sein wird. Immerhin bedienen schon heute beispielsweise europäische Computerunternehmen nur noch knapp ein Drittel der Inlandsnachfrage, und ein Großteil der »europäischen« Computerproduktion ist in den Händen amerikanischer und japanischer Unternehmen.

Was den Schwachen der Branche, in Europa wie anderswo, so zu schaffen macht, ist die besondere Dynamik dieser Industrie. Gerade diese Kombination aus Wettbewerbs- und Innovationsdruck aber haben sich die Erfolgreichen zunutze gemacht – nicht im Sinne einer Maschine, die immer effizienter, schneller und besser läuft, sondern eher als ein lebender Organismus, der immer intelligenter, stärker und in seiner Umgebung dominanter wird.

Wer sich in diesem Darwinismus nicht schnell anpaßt, muß ausscheiden. Wieder Anschluß zu finden, ist schwer. So mußte ein Nachzügler, wenn er von 1991 bis 1994 zur Spitze aufschließen wollte, seine Personalproduktivität jährlich um ca. 30 Prozent steigern. Das kommt einer grundlegenden Sanierung pro Jahr gleich – und ist erfahrungsgemäß nur für äußerst entschlossene Akteure zu schaffen. Andererseits gilt, daß gerade in diesem Umfeld Führungspositionen angreifbar sind. Denn auch ein bisher erfolgreiches Unternehmen kann sich auf seinen Lorbeeren nicht ausruhen; um ca. sieben Prozent muß es Jahr für Jahr produktiver werden, will es sich an der Spitze halten (Schaubild 3).

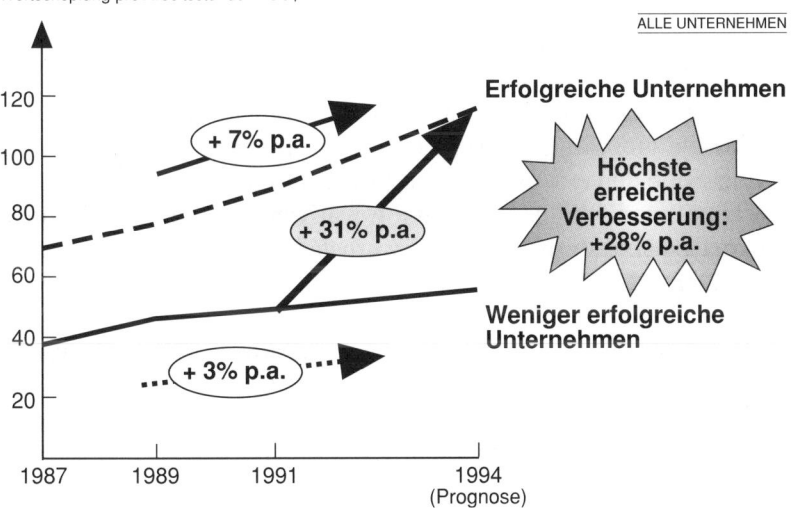

Nachzügler müssen ihre Verbesserungsraten dramatisch steigern

Personalproduktivitätsentwicklung
Wertschöpfung pro Arbeitsstunde in US$*

ALLE UNTERNEHMEN

Erfolgreiche Unternehmen

+ 7% p.a.

+ 31% p.a.

Höchste erreichte Verbesserung: +28% p.a.

Weniger erfolgreiche Unternehmen

+ 3% p.a.

120
100
80
60
40
20

1987   1989   1991   1994 (Prognose)

* Währungsumrechnung mit Kaufkraftparitäten

Schaubild 3

Wichtig ist zu verstehen, wie hier in der Weltklasse gespielt wird: Rückstand und Vorsprung entstehen auf den Spielfeldern Kosten, Zeit und Qualität gleichzeitig. Und die Weltklasse-Spieler haben sich dabei neue Spielregeln zu eigen gemacht. Das ist tagtäglich an konkreten Einzelfällen zu beobachten, und das hat die McKinsey-Langzeitstudie im weltweiten Überblick sehr deutlich bestätigt.

Klassenunterschied auf allen Spielfeldern

Rapide verfallenden Preisen verdanken viele Produkte ihren Siegeszug. Doch die zugrunde liegende immer höhere Produktivität hat auch ihre Kehrseite. Sie geht einher mit einem Wertschöpfungsverlust, der in zwei bis drei Jahren fünfzig Prozent erreichen kann. Unternehmen, die auch weiterhin wachsen wollen, müssen mit einer noch kräftigeren Wertschöpfungssteigerung gegenhalten.

Im letzten Jahrzehnt hatten diese Verbesserungen bei den führenden Unternehmen höchste Priorität. Restrukturierungs-, Beschleunigungs- und Qualitätsprogramme sowie Innovationsoffensiven und aggressive globale Expansion brachten einen enormen Leistungsschub – und den entsprechenden Rückstand bei den weniger Erfolgreichen: Ihnen fehlt es heute an innovativen, weltweit marktfähigen Produkten ebenso wie an wettbewerbsfähigen Kosten und weltweiter Präsenz.

Zu wenig innovative und weltweit vermarktungsfähige Produkte. Seit Beginn ihrer Geschichte zählt die Elektronikindustrie zu den sich am schnellsten wandelnden Industrien – und ihre Veränderungsgeschwindigkeit läßt nicht nach. Technologische Innovationen und die Aufnahmebereitschaft der Kunden für immer neue Anwendungen bestimmen das Erneuerungstempo. Die Produktlebensdauer wird extrem kurz; Gleiches gilt für die Entwicklungs- und Produktneueinführungszeiten. Und auch die Produktionsprozesse kennzeichnet nicht mehr jahrelange Stabilität. Umstellungen sind heute in vielen Fällen durch Softwareänderung oder Modifikation der Flachbaugruppen innerhalb weniger Tage möglich.

Hier verzeichnen die europäischen Firmen einen großen Aufholbedarf. Der Innovationsgrad erfolgreicher amerikanischer und japanischer Unternehmen ist deutlich höher; ihr Produktangebot innovativer und jünger. Den Innovationen führender internationaler Hersteller im Bereich Konsumelektronik und Computer/Kommunikation, wie den Farbdruckern mit hoher Auflösung und geringem Preis, farbigen Flachbildschirmen, intelligenten persönlichen »Assistenten« im Westentaschenformat und kleinen tragbaren Video-Rekordern, haben die Europäer nur wenig entgegenzusetzen.

Nur 24 Prozent des Jahresumsatzes erzielen europäische Computerhersteller mit Produkten, die in den letzten zwölf Monaten eingeführt wurden, die amerikanischen und japanischen Firmen dagegen 60 Prozent. In der Konsumelektronik ist dieser Unterschied ebenso kraß: 37 Prozent junger Produkte bei europäischen Firmen stehen 80 Prozent bei japanischen Firmen gegenüber.

Hohe Kosten- und Produktivitätsnachteile. Mit zunehmender Ausbildung globaler Märkte hat ein unerbittlicher Wettbewerb eingesetzt. Unternehmen auf der Suche nach immer neuen Absatzmöglichkeiten versuchen, verstärkt über einen höheren Kundennutzen bzw. Preisvorteile ihren Marktanteil auszubauen. Sie geben deshalb Produktivitätssteigerungen, die ihnen Innovationen und das Ausschöpfen der Lernkurveneffekte bescheren, an den Kunden weiter. Die Preise sinken so immer schneller. Der PC, der vor einigen Jahren noch 5.000 Dollar kostete, ist heute für 500 Dollar zu haben, und das bei besserer Leistung. Das Meßgerät und der Computertomograph kosten nur noch die Hälfte. Jährliche Preisverfallraten von zehn bis 15 Prozent sind in der Elektronikindustrie durchaus üblich.

Mit diesem Produktivitätsfortschritt der Japaner, der inzwischen auch von vielen amerikanischen Unternehmen aufgeholt wurde, hat der Großteil europäischer Hersteller nicht mitgehalten; ihre Arbeitsproduktivität liegt heute in der Konsumelektronik um ein Viertel und in allen anderen Segmenten um mindestens 40 Prozent unter den Besten (Schaubild 4). Wenn die außereuropäischen Anbieter in ihrer »Aggressivität« nicht nachlassen, wird der Abstand weiter zunehmen. Kurzfristig ist ein Schließen dieser Lücke sehr schwierig.

Deutlich niedrigere Arbeitsproduktivität der Europäer

Wertschöpfung pro Stunde in US$* 1991

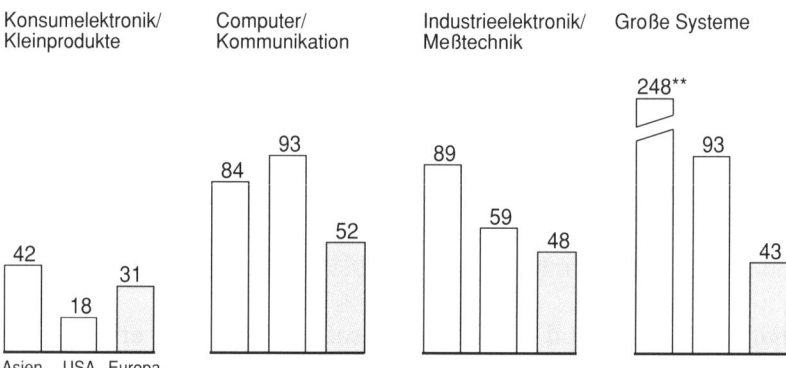

* Währungsumrechnung mit Kaufkraftparitäten
** Kleine Datenbasis

Schaubild 4

Die Kostenposition vieler europäischer Unternehmen entspricht ihrer geringen Produktivität; Kostennachteile von 30 - 50 Prozent sind keine Seltenheit. Angesichts des hohen Wettbewerbs- und Preisdrucks lassen sich überhöhte Kosten nicht auf Kunden abwälzen. Bei fallenden Preisen und geringem Produktivitätszuwachs gingen auch die Gewinne stetig zurück; heute rangiert die europäische Industrie – verglichen mit der Konkurrenz aus anderen Teilen der Welt lediglich im unteren Mittelfeld.

Dabei ist der Preisdruck immer noch geringer als in den wettbewerbsstarken Märkten in Asien und den USA, wo eine hohe Korrelation zwischen Erfolg und Arbeitsproduktivität besteht: Heute sind in Europa viele Unternehmen noch finanziell erfolgreich, obwohl ihre Produktivität vergleichsweise schlecht ist (Schaubild 5). Die Preisprämien der Vergangenheit werden sich in Zukunft aber um so weniger durchsetzen lassen, als die traditionelle Stärke der europäischen Unternehmen, qualitativ überlegene Produkte, heute so generell nicht mehr gilt. Im Gegenteil, die Fehlerraten sind teilweise um ein Vielfaches höher als bei Konkurrenzprodukten aus Asien und den USA.

Eine Situation, die so nicht durchzuhalten ist. Schon gar nicht in dem sich abzeichnenden Umfeld: im Produktivitätswettlauf aufho-

Renditeposition der Europäer wegen geringer Produktivität gefährdet

Gesamterfolg* und Arbeitsproduktivität

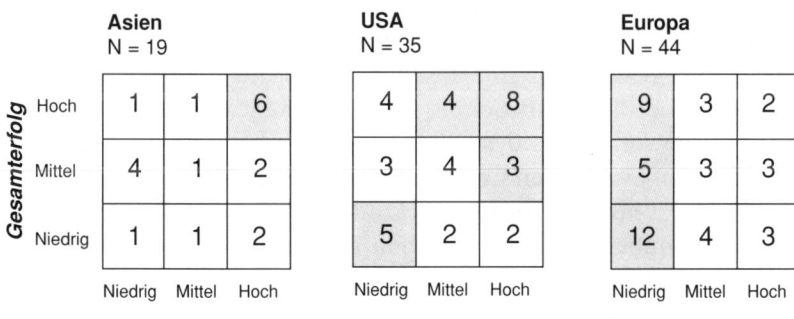

* Umsatzrendite und Umsatzwachstum

Schaubild 5

– 9 –

lende Unternehmen aus Asien außerhalb Japans, gnadenloser Shakeout schwacher Unternehmen in der US-Industrie und sich angleichende Weltmarktpreise. Die Hoffnung? Zwar zeigt die Matrix in Schaubild 5 die meisten Europäer in der Ecke »schlechter Gesamterfolg bei schlechter Arbeitsproduktivität«, doch beweisen mindestens zwei, daß es auch anders geht.

Mangelnde weltweite Präsenz. Der Elektroniksektor ist kein abgeschotteter, lokaler Markt. Ihn kennzeichnen, besonders im Bereich Computer und Konsumelektronik, globale Produkte und globale Anbieter. Die Internationalisierung ist so weit fortgeschritten, daß sich nicht nur Kundenwünsche und Produkte sehr ähneln. Ein internationales Geflecht von Lieferanten und Allianzen ist entstanden, das globale Fertigung und internationale Arbeitsteilung erlaubt. Für viele überraschend - gleichen sich auch immer mehr die operativen Abläufe in der Entwicklung und Herstellung der Produkte. Unternehmen, die nicht zu diesen Weltklassestandards aufschließen, können im Wettbewerb nicht mehr bestehen.

Japanische und amerikanische Anbieter nutzen mit Aggressivität die Chancen auch außerhalb ihres eigenen Marktes; sie sind international auf dem Vormarsch, ohne ihre Heimatmärkte zu vernachlässigen. Anders die Europäer. Sie lassen sich aus ihrem äußerst attraktiven Markt immer weiter zurückdrängen und sind in den anderen Regionen der Triade meist nur im einstelligen Prozentbereich vertreten.

Die Wettbewerber aus den USA und Japan haben inzwischen vor allem in den Segmenten Computerindustrie und Konsumelektronik weltweit fest Fuß gefaßt. In der Handelsbilanz stieg das Defizit Europas gegenüber den USA zwischen 1984 und 1990 bei Computern von 5,4 Milliarden US-Dollar auf zehn Milliarden, in der Konsumelektronik gegenüber Japan von 3,6 auf sieben Milliarden. Gleichzeitig konnten die japanischen Unternehmen sogar noch gegen die USA Boden gutmachen. Sie waren die eigentlichen Gewinner in diesem Zeitraum.

In der europäischen Computerindustrie dominieren mit 62 Prozent die US-Firmen; nur 28 Prozent sind in der Hand der heimischen Industrie. Ganz im Gegensatz zu Japan oder den USA. Hier werden jeweils über drei Viertel des heimischen Marktes von einheimischen Firmen bedient. Eine noch deutlichere Sprache sprechen die Marktanteile in den einzelnen europäischen Ländern. Nur amerikanische Firmen wie IBM, Hewlett Packard oder DEC sind überall in Europa etwa gleich stark. Alle europäischen Anbieter haben zwar vergleichsweise gute Marktanteile in ihrem Heimatmarkt, aber auch nur dort.

In der Industrieelektronik haben sich weltweite Massenmärkte noch nicht entwickelt. Einzelne Firmen sind auf profitable Anwendungsnischen oder regionale Nischen spezialisiert. Aber auch das wird sich im nächsten Jahrzehnt mit der Einführung offener Systeme dramatisch ändern. Noch ist Zeit, eine gute Position aufzubauen.

Alles in allem eine ernüchternde Bestandsaufnahme für die Schwachen, und damit vor allem für viele europäische Unternehmen. Größer darf der Rückstand nicht werden, sonst wird er unaufholbar. Will Europa in der Elektronikindustrie der Zukunft eine Rolle spielen, müssen die erforderlichen Neuausrichtungen zügig angepackt werden. Verstärkte Innovation und Aufgeschlossenheit gegenüber Veränderungen sind das Gebot der Stunde, nicht ein Verharren in Strukturen und Verhaltensweisen, die früher einmal gute Dienste taten.

Neue Spielregeln der Gewinner

Fast zehn Jahre lang sah es aus wie die Erfolgsgeschichte schlechthin: Compaq Computers, 1982 gegründet, nahm mit seinen Personal Computern den amerikanischen Markt im Sturm und setzte auch im Ausland Standards. So drangen die kostengünstigen PCs mit MS-DOS-Betriebssystemen in die Domäne der IBM-PCs in den

Büros vor, und die Marktanteile in den wichtigsten europäischen Ländern entwickelten sich dank neuer Vertriebskanäle ebenfalls sehr erfreulich.

Gegen Ende der 80er Jahre hielt dann jedoch die Verbesserung von Produktivität und Umsatz nicht mehr dem enormen Tempo der Wettbewerber stand. 1990/91 brach der Umsatz um 17 Prozent ein; das Unternehmen, bisher von Gewinnen verwöhnt, glitt für ein Quartal in die Verlustzone. Schon dies löste im Unternehmen einen Schock aus – jenen heilsamen Schock, ohne den selten ein erfolgreicher Turnaround zustande kommt.

Was Compaq dann 1991/92 in Angriff nahm, war ein Schulbeispiel der Spielregeln für Erfolg an der Spitze dieser dynamischen Industrie.

Der Gründer und bisherige Vorstandsvorsitzende wurde abgelöst. Sein Nachfolger drehte die bisherige Strategie, die einen Eintritt in immer höhere Marktsegmente (Workstations etc.) vorsah, um 180 Grad. Auf der Agenda stand jetzt ein Angriff im Massensegment mit preisgünstigen Produkten: die PCs sollten so billig wie Taschenrechner werden – und so verbreitet.

Dabei ließ man kaum ein Managementinstrument ungenutzt. Rigoroses Design-to-cost machte es zum Beispiel möglich, den Preis für einen 386er PC um fast 60 Prozent zu senken, ohne den Kundennutzen signifikant zu schmälern. Gleichzeitig wurden in kurzer Zeit über vierzig neue Modelle entwickelt und im Markt eingeführt. Die Produktion stellte auf schlanke Fertigungsprozesse um, und die Zahl der Händler-Verkaufsstellen wurde weltweit fast verdreifacht. Mit den Netz-Servern erschloß Compaq ein weiteres neues Volumengeschäft. Teile des bisherigen Managements, die bei dieser schnellen Veränderung nicht mitzogen, wurden abgelöst.

Die Volumenstrategie brachte schnell erste Erfolge. Weitere operative Verbesserungen erlaubten schon 1992 eine zweite Preissenkungsrunde von ca. 40 Prozent, und die entsprechende Mengenreaktion blieb nicht aus. Zwei Jahre später wurde Compaq zum Beispiel in Deutschland bei Laptops Marktführer. In Japan konnte das Unternehmen sogar eine erfolgreiche Niedrigpreisoffensive gegen den einheimischen PC-Marktführer NEC starten.

Der Nettoeffekt: eine dramatisch gestiegene Personalproduktivität, die es ermöglichte, mit einer um ein Viertel kleineren Belegschaft um über 50 Prozent zu wachsen. Was auch bedeutet: Doppelt so hohe Produktivität, aber nur 25 Prozent weniger Mitarbeiter – weil die Restrukturierung gleichzeitig den Wachstumsschub auslöste.

Bereits im Jahr nach Beginn des Turnaround brachte die Compaq-Radikalkur das Unternehmen in die Gewinnzone zurück.

Diese Radikalkur taugt über den Einzelfall hinaus zum Leitmodell. Für Vorreiter wie für Nachzügler, für die Elektronikindustrie wie für viele andere Bereiche der verarbeitenden Industrie. Denn sie zeigt, daß traditionelle, inkrementale Verbesserungsprogramme ausgedient haben – selbst wenn für manche, gerade auch europäische Unternehmen hier eigentlich noch Nachholbedarf bestünde. Die Weltspitze hat diese Programme längst absolviert. Für eine echte Differenzierung und damit Positionsgewinne im Wettbewerb reichen sie nicht mehr aus. Gefragt sind noch radikalere Aufholjagden.

Restrukturierung und Wachstum ist der Tenor der neuen Spielregeln in der Weltklasse. Diese Kombination aus anhaltender, weiterer Produktivitätssteigerung und Innovation entsteht durch ein besseres Verständnis von Kundenbedürfnissen, Technologieentwicklung und internen Abläufen. Nach den Beobachtungen aus der Langzeitstudie und auch langjähriger Beratungsarbeit in den USA, Asien und Europa lassen sich diese Spielregeln in den folgenden Leitsätzen zusammenfassen, die auch Gegenstand der restlichen Kapitel dieses Buches sind.

1. Die Besten verbessern sich schneller und radikaler. Erfolgreiche Unternehmen wissen, daß nur derjenige auf Dauer Wachstum und

Beschäftigung sichert, der seine Produktivität laufend steigert. Alte Arbeitsplätze gehen verloren, neue Arbeitsplätze für die erweiterten Aktivitäten werden geschaffen. Nicht selten kommt, umgekehrt, der Zwang zu radikaler Produktivitätssteigerung aus dem gigantischen Wachstum – so bei einigen amerikanischen High-Tech-Firmen aus der Verdoppelung der Volumina innerhalb von Jahresfrist. Da nicht genügend neue Mitarbeiter integriert und trainiert werden können, werden die Chancen für eine Umsatzsteigerung zur Triebfeder für die Produktivitätssteigerung.

Das Hinauszögern von Veränderungen und das Warten auf bessere Tage sind in der Elektronikbranche der Anfang vom Untergang. Notwendig sind scharfe Schnitte, extrem schnelle Evolution, die aus Sicht des Langsameren, von außen betrachtet, wie Revolution aussieht. Die Besten wissen, daß sie das hohe Veränderungstempo aufrechterhalten müssen. Denn auf die Verliererstraße gerät, wer auch nur für kurze Zeit die Geschwindigkeit drosselt: Der Wettbewerb zieht davon.

Man mag den alten Zeiten der Stabilität nachtrauern, aber im Wettbewerb wird nur bestehen, wer sich auf dieses Spiel einläßt und Mobilität und Flexibilität deutlich verbessert.

2. Fokus macht fit. Fokussierung schafft nicht nur die Möglichkeit zur Ergebnisverbesserung, sondern fast immer auch attraktive Wachstumschancen. Erfolgreiche Unternehmen, das beweisen auch die Untersuchungen in der Elektronikindustrie, vermeiden ein Ausweichen in die vermeintlich attraktiven und renditeträchtigen, aber stark zersplitterten High-end-Nischen. Sie wissen, daß sie damit eine Abwärtsspirale mit schwindendem Volumen und steigenden Kosten in Gang setzen. Sie besetzen oder schaffen neue Volumenmärkte.

Dabei verringern sie ihre Produktkomplexität, sie verzichten auf »individualisierte« Produkte, sie lenken ihre Ressourcen gezielt auf wenige Produkte und Geschäfte. Sie erhöhen so ihre Innovation und Produktivität. Ohne den überschweren »Rucksack« der Komplexität können sie eine viel größere Dynamik und Schnelligkeit an den Tag legen. Kein Wunder, daß auch Aufholjagden oft mit einer radikalen Komplexitätsreduktion beginnen müssen.

3. Kostennachteile sind hausgemacht. Firmen, die sich über Jahre hoher Margen erfreuen, neigen zu aufgeblähten Kostenstrukturen. Gegenüber starken internationalen Wettbewerbern entsteht dabei leicht eine Kosten- und Produktivitätslücke von 50 Prozent. Analysiert man diese etwas genauer, so sind oft etwa die Hälfte davon (25 Prozentpunkte) auf nicht fertigungsgerechtes Design, überzogene Komplexität und Produktmerkmale, die vom Kunden nicht honoriert werden, zurückzuführen. Weitere zehn bis 20 Prozentpunkte stammen aus ineffizienten Abläufen und Organisationsstrukturen. Der Anteil der Faktorkostenunterschiede (z.B. anderer Arbeitszeiten und Lohnniveaus) ist dagegen mit ca. fünf bis zehn Prozentpunkten gering. Der Großteil des Rückstandes läßt sich also durch eigene Maßnahmen aufholen.

Wie das zu bewerkstelligen ist, beweisen erfolgreiche Unternehmen auch in Hochlohnländern Tag für Tag. Sie haben sich durch fertigungsgerechtes Design, operative Prozeßverbesserungen und Anpassung der Produktions-«Architektur» – nicht aber durch Flucht in immer kompliziertere Automatisierung – an die speziellen Bedingungen ihres Standorts angepaßt. Diese Unternehmen zeigen, daß die Produktion von High-tech-Gütern nicht unbedingt in Länder mit niedrigeren Faktorkosten auswandern muß, denn nach erfolgter Restrukturierung gehen die Unterschiede in den Personalkosten kaum über die Größenordnung von Frachtkosten und Zoll hinaus.

4. Erst die Ausbeute macht Innovation erfolgreich. Spitzenunternehmen sind in ihren Entwicklungsaktivitäten mehr als doppelt so produktiv wie die schwachen Wettbewerber. Sie erreichen das vor allem durch fokussierten Ressourceneinsatz, kleine Teams mit echten »Stars« und eine hohe Flexibilität sowie eine sehr gute Arbeitsplatzinfrastruktur und -ausstattung.

Während die weniger Erfolgreichen sich noch abmühen, ihre Entwicklungsabläufe stärker zu disziplinieren, sind die Erfolgreichen bereits ein Stadium weiter: bis zur Markteinführung ändern sie viel mehr an ihren Produkten; wegen ihrer kurzen und schnellen Feedback-Schleifen können sie es sich leisten, den Änderungsstopp ganz nah an den Markteinführungszeitpunkt zu schieben.

Sie entwickeln einen neuen PC, zum Beispiel in nur einem halben Jahr, und lassen dabei bis ca. eineinhalb Monate vor Markteinführung noch Änderungen zu. Zum Vergleich: Die weniger Erfolgreichen benötigen etwa ein Jahr und müssen schon fünf Monate vor Einführung auf Änderungen verzichten. Und die Erfolgreichen verwechseln auch nicht technologische Spitzenleistung mit echtem Kundennutzen: einseitigen Spielereien der Ingenieure beugen sie schon durch die funktionsübergreifende Besetzung ihrer Entwicklungsteams vor – im PC-Entwicklungsteam werden zum Beispiel auch Mitarbeiter aus Marketing und Finanzbereich Mitglied sein.

5. Neue Geschäfte müssen Einstiegsfenster genau treffen. Hohe Profitabilität im alten Geschäft verleitet viele Unternehmen dazu, sich nicht ausreichend um neue Geschäfte und Marktchancen zu kümmern. Sie nehmen erste Erfolge der Wettbewerber, denen sie bisher überlegen waren, auf die leichte Schulter; sie werden nachlässig und verpassen so häufig den Anschluß.

Besonders in dynamischen Geschäften wie der Elektronikindustrie kann allerdings ein innovatives Angebot allein kein erfolgreiches neues Kerngeschäft garantieren. Hinzukommen muß positives Feedback durch Wechselwirkungen der Innovationen mit dem Umfeld. Diese Rückkopplung – zum Beispiel aus einer bestehenden (oder fehlenden) technischen Infrastruktur – ist verantwortlich dafür, daß neue Produkte meist nur innerhalb eines sehr engen Zeitfensters erfolgreich vermarktet werden können. Und sie sorgt auch dafür, daß bei nahezu gleichen Anfangsvoraussetzungen die eine Innovation zum »Hit« und eine andere, ähnliche, zum »Flop« wird.

6. Die problemlösende Organisation kann man nicht überfordern. In erfolgreichen Unternehmen sind die Zeiten der funktionalen Trennung vorbei. Den Anstoß gab eine über Schnittstellen nicht mehr zu beherrschende Komplexität, verbunden mit steigenden Anforderungen an Reaktionsfähigkeit – von einem Meister prägnant so beschrieben: »Wir schießen hier nicht auf sitzende Hasen, sondern auf laufende Keiler!«

Zur Abkehr von den Funktionalstrukturen beigetragen haben auch die bessere Ausbildung und die Fähigkeiten der Mitarbeiter, die heute durchaus in der Lage sind, auch komplexe Probleme ganzheitlich zu bewältigen. Die erfolgreichen Unternehmen wissen, daß sie Makroziele, also zum Beispiel Ergebnisziele für das neue Produkt, setzen müssen. Sie verzichten aber auf detaillierte Vorgaben und das Mikromanagement von Einzelparametern, die sehr schnell veraltet sind und bei deren Diskussion relativ viel verschwiegen oder geschönt wird.

Erfolgreiche Unternehmen bringen es fertig, die gesamte Organisation mit einer Philosophie der permanenten Verbesserung zu überziehen, und sie bringen jeden Mitarbeiter dazu, diese Philosophie tagtäglich zu »leben«. Diese problemlösenden Organisationen sind auch von hohen Veränderungsraten nicht zu überfordern – denn sie sind nicht groß und schwerfällig, sondern klein und beweglich; nicht fragmentiert, sondern integriert; in ihnen herrschen nicht Kommandostrukturen, sondern Unternehmertum und die Bereitschaft zu vernünftigem Risiko.

Die weniger Erfolgreichen dagegen meinen, ihrer Organisation radikale, schnelle Veränderungen nicht zumuten zu können, und sie fallen weiter zurück.

7. Die Aufholjagd muß Restrukturieren *und* Wachsen gleichzeitig bewältigen. Wie die erfolgreichen Unternehmen an die Spitze gelangen und sich dort halten, ist bekannt. Sie einzuholen oder an ihnen vorbeizuziehen, verlangt vor allem die Bereitschaft zu großen, anhaltenden Anstrengungen.

Kostensenkungsprogramme stehen fast immer am Anfang von Aufholjagden. Einsparungen lassen sich genau quantifizieren und realisieren, Erfolge sind schnell sichtbar. Erfolgreiche Unternehmen wissen jedoch, daß sie eine positive Motivation langfristig nur aufrechterhalten können, wenn sie den Mitarbeitern wieder die Erfahrung des Gewinnens geben. Sie arbeiten deshalb schon zusammen mit den Restrukturierungsaktionen auch Wachstumsoffensiven aus.

Ausgehend vom »Schock der Lücke«, schafft entschlossenes Restrukturieren schlagkräftige kleine Organisationseinheiten, straffe Produktlinien und kostengünstige Produkte, die den Zielkunden nicht mehr und nicht weniger bieten als den Nutzen, den sie zu bezahlen bereit sind. Entschlackte Kernprozesse, zum Beispiel die Produkteinführung von Entwicklung bis Markteinstieg, sorgen für nachhaltige Effizienzgewinne. All das gibt Schwung für neue Expansion: mit bestehenden Produkten und Kunden ebenso wie in neuen Regionalmärkten und Kundengruppen und mit den neuen Produkten des verjüngten Angebots.

Daß Aufholjagden auch in der Elektronikindustrie aus fast verzweifelter Lage gelingen können, zeigen Beispiele wie der jüngst veröffentlichte Fall der Siemens-Telefone. Innerhalb von drei Jahren wurde aus einem in seiner Existenz gefährdeten Bereich ein international leistungsfähiger Wettbewerber, der mit deutscher Fertigung von einfachen »Commodity«-Produkten erfolgreich gegen die Konkurrenz aus Fernost antreten kann.

Zu Ende sind diese und andere Erfolgsgeschichten allerdings nie. Nur wenn es gelingt, dauernd neue Produkte mit hoher Wertschöpfung zu entwickeln und im Markt einzuführen und die Produktivität weiter drastisch zu steigern, kann man verhindern, wieder ins Hintertreffen zu geraten. Atempausen gibt es in diesem Wettrennen nicht.

Die extreme Dynamik der Elektronikbranche mit hohem Wettbewerbsdruck und rasanten Innovationszyklen schreckt die erfolgreichen Unternehmen nicht; denn sie schaffen sich mit anpassungsfähigen und schnell lernenden Organisationen einen schwer kopierbaren Wettbewerbsvorteil. Und die Chancen stehen nicht schlecht, daß sie ihn auch weiterhin ausbauen werden. Sie haben sich dem Tempo der Branche angepaßt, ja sie treiben es weiter voran.

Dabei sind Spitzenleistungen in jeder Region der Welt möglich. Zu erreichen ist eine Spitzenposition jedoch weder über Schutzmauern und Subventionen noch über zaghafte Verbesserungsversuche bei Kosten, Qualität oder Geschwindigkeit. Sondern nur durch einen ganzen Satz neuer Spielregeln, die sich summieren zu aggressivem Wachstum, gestützt auf anhaltende, überlegene Produktivitätssteigerungen und Innovationen.

»Excellence in Electronics«

Die McKinsey-Langzeitstudie
zur Situation der internationalen Elektronikindustrie

Durchgeführt von McKinsey & Company in Zusammenarbeit mit der Universität Augsburg, Stanford University und Stanford Japan Center, diente die Studie dem Ziel, in der Elektronikindustrie weltweit Erfolgsprofile und Ursachen für Leistungsunterschiede zwischen Unternehmen, Segmenten und Regionen zu ermitteln. Analysiert wurden dazu die Entwicklungen zwischen 1987 und 1991 sowie Prognosen bis 1994.

Die Befragung, auf die sich die Ergebnisse stützen, wird derzeit wiederholt, um dem schnellen Wandel in dieser dynamischen Industrie auf der Spur zu bleiben.

Umfang der Studie und regionale Abdeckung: In die Befragung einbezogen waren 102 Unternehmen in den Ländern der Triade – 45 in Europa, 34 in den USA und 23 in Asien. Die Unternehmen kamen aus den vier Segmenten Industrieelektronik/Meßtechnik, große Systeme, Computer/Kommunikation und Konsumelektronik/Kleinprodukte (Schaubild 1). Betrachtet wurden nicht Großunternehmen als Ganzes, sondern Geschäftsbereiche oder Einzelunternehmen und innerhalb der Geschäftsbereiche oder Einzelunternehmen jeweils die Hauptproduktgruppe. Verzichtet wurde auf die Untersuchung von Bauelemente-Herstellern, Herstellern von Militärelektronik und von Softwarehäusern.

Abdeckung der Segmente: Die beteiligten Unternehmen dekken in den einzelnen Teilsegmenten zwischen 5 und 28 Prozent des Weltumsatzes ab. Einbezogen sind im Bereich Computer 5 der führenden 9 Großrechnerhersteller, 5 der Top 10 bei mittleren Systemen, 6 der Top 15 bei PCs und 3 der Top 5

102 Unternehmen* aus vier Branchensegmenten untersucht

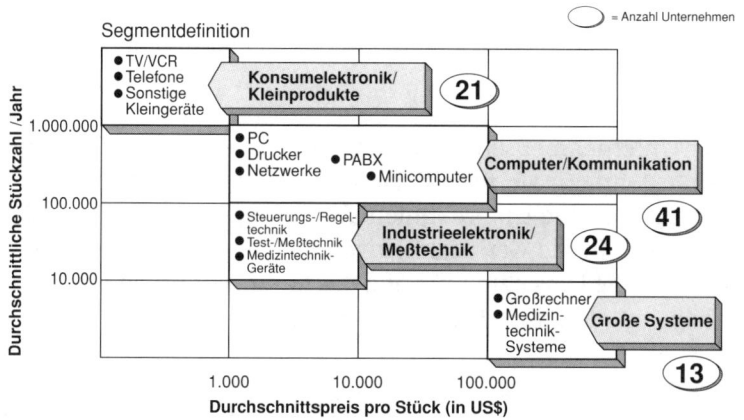

*Davon 3 ohne spezifische Segmentzuordnung

Schaubild 1

bei Druckern. Ähnlich breit ist die Abdeckung auch in den beiden anderen Segmenten. So sind in der Datenbank beispielsweise Werte von 4 der Top-6-Fernsehhersteller sowie zwei der Top-4-Hersteller von Steuerungs-/Regelungstechnik erfaßt. Die gute Abdeckung erlaubt verläßliche Rückschlüsse auf die Branchensituation.

Vorgehensweise: Aufschluß über die Erfolgsmuster der führenden Unternehmen und die Verhaltensmuster der weniger Erfolgreichen gaben die Auswertungen eines umfangreichen Fragebogens sowie detaillierte Interviews vor Ort und eine breite Diskussion in Teilnehmerkonferenzen sowie die Erfahrung aus McKinsey-Beratungsprojekten. Um im internationalen Vergleich zu validen Aussagen zu kommen, wurden in den meisten Fällen währungsunabhängige Meßgrößen (z.B. F&E-Ausgaben in Prozent vom Umsatz) verwendet. Waren monetäre Werte bei Größen wie Wertschöpfung pro Mitarbeiter nicht zu vermeiden, wurden zur Umrechnung der verschiedenen Währungen produktspezifische Kaufkraftparitäten auf Basis von Marktpreisen herangezogen. Dieses Verfahren liefert bessere Aussagen als eine auf Wechselkursen beruhende Umrechnung.

Der Unternehmenserfolg wurde mit Hilfe einer »Erfolgskennzahl« definiert; sie macht nachvollziehbar und vergleichbar, wie gut einzelne Unternehmen absolut und relativ zueinander dastehen. In die Kennzahl gingen gleichgewichtig die durchschnittliche Umsatzrendite und das durchschnittliche Umsatzwachstum der Jahre 1989 bis 1991 ein.

Bei der Aufstellung der Rangfolge wurden die unterschiedlichen Rendite- und Wachstumsniveaus in den untersuchten Segmenten berücksichtigt. So kann ein Spitzenreiter in der Branche Konsumelektronik/Kleinprodukte beispielsweise mit einem Spitzenreiter in der Branche Computer/Kommunikation in der Erfolgs-Rangliste gleichauf liegen, obwohl dieser nach absoluten Rendite- und Wachstumswerten deutlich besser abschneidet. Plausibilitätsrechnungen mit anderen, komplexeren Kennzahlen (wie z.B. Cash-flow-Größen oder ROI) bestätigen die nach der Erfolgskennzahl gegebene Rangfolge bis auf marginale Positionsänderungen und lassen die Aussagen unverändert.

Als Haupttreiber für den Unternehmenserfolg stellte sich die Produktivität der Mitarbeiter heraus. Unsere Produktivitätsdefinition bezieht sich, wenn nicht anders vermerkt, auf das Maß Brutto-Wertschöpfung (Umsatz minus Material minus Vorratsveränderungen) pro Arbeitsstunde. Unterschiedliche Fertigungstiefen sind also korrigiert, individuelle Preisprämien für einzelne Unternehmen und unterschiedliche Anzahl von Jahresarbeitsstunden müssen bei spezifischen Vergleichen über Märkte und Länder hinweg noch berücksichtigt werden.

Die Schlußfolgerungen der Langzeitstudie sind mit den Beteiligten aus Industrie, Wissenschaft und Beratung in vielen Diskussionen erhärtet. Eine Vielzahl öffentlich zugänglicher Einzelbeispiele untermauert darüber hinaus die beobachtete Korrelation von Verhaltensweisen mit Erfolg oder Mißerfolg.

1. Die Besten verbessern sich schneller und radikaler

Wenn Glanz und Elend so nah beieinanderliegen wie in der Elektronikindustrie, können die Spitzenreiter von heute durchaus die Verlierer von morgen sein. Da reicht es schon, den richtigen Zeitpunkt zum Eintritt in ein neues Geschäft verpaßt zu haben oder über wenige Jahre eine Produktivitätssteigerung von nur fünf Prozent statt zehn oder gar 15 Prozent zu erreichen. Weil sie die tödliche Falle des »zu wenig, zu spät« kennen, sind es gerade die besten Unternehmen, die alles daran setzen, sich schneller und radikaler immer weiter zu verbessern – beim Restrukturieren wie beim Wachsen.

Die Besten sind Meister des »V«-Konzeptes. Dabei an »victory« zu denken, liegt nahe und ist zulässig. Eingang in das McKinsey-Vokabular fand dieses »V« jedoch vor allem wegen seiner Form: Es symbolisiert das gleichzeitige Abwärts der Restrukturierung und Aufwärts des Wachstums. Dabei ist die Tiefe des »V« keine absolute Größe; sie variiert je nach Segment und Industrie. Das »V« der Elektronikindustrie ist tiefer als zum Beispiel das der metallverarbeitenden Industrie, da in der Elektronikindustrie Veränderungsprozesse, wie zum Beispiel die Neugestaltung der Produktlinie, schneller zu durchlaufen sind. Und selbst zwischen den Segmenten der Elektronikindustrie finden sich große Unterschiede in der Veränderungsrate beim Restrukturieren und Wachsen und damit in der Tiefe des »V«.

Immer aber bestätigt sich, daß die erfolgreicheren Unternehmen dieses »V« radikaler handhaben als ihre weniger erfolgreichen Wettbewerber: Ihre Restrukturierung ist tiefgreifender und ihr Wachstum aggressiver. Und die Wechselwirkung zwischen den beiden Seiten verstehen die Erfolgreichen virtuos zu nutzen.

Tiefgreifend restrukturieren, aggressiv wachsen

Viele Unternehmen – das zeigte die Langzeitstudie – unterschätzen sowohl den Verbesserungsbedarf als auch die erforderliche Verbesserungsgeschwindigkeit. Einige setzen entweder auf Restrukturieren *oder* auf Wachsen. Andere versuchen beides, aber mit unterschiedlicher Entschlossenheit. An der Umsatzrendite ist ablesbar, daß diejenigen am erfolgreichsten sind, die beide Richtungen besonders konsequent verfolgen (Schaubild 1).

Ergebnisverbesserung durch aggressives Restrukturieren und Wachsen

Trend der Umsatzrenditen
in Prozent

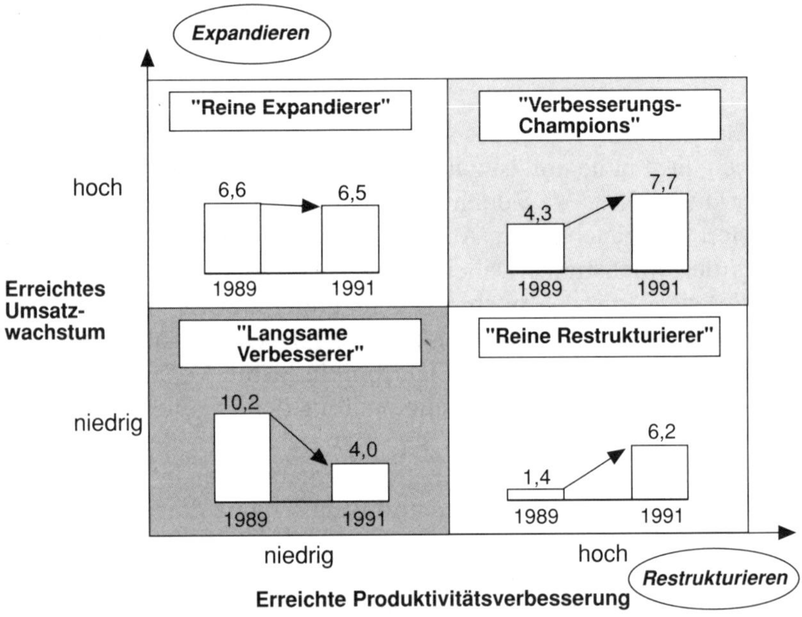

Schaubild 1

Die »reinen Expandierer« sind allein auf Expansionskurs; sie stellen Wachstum vor Restrukturierung. Obwohl sie ihren Umsatz um

75 Prozent ausweiten konnten, ist ihre Umsatzrendite von 1989 bis 1991 leicht gesunken. Sie schöpfen die Skaleneffekte nicht konsequent genug aus, werden nicht schlank genug und sind nicht mehr in der Lage, sich schnell genug auf veränderte Bedingungen einzustellen.

Die »reinen Restrukturierer« sind das andere Extrem. Sie konnten im betrachteten Zeitraum die Umsatzrendite von 1,4 auf 6,2 Prozent steigern. Ein schöner Erfolg, der allerdings nur nachhaltig sein wird, wenn er durch aktive Expansionsmaßnahmen ergänzt wird. Sind die Umsätze hingegen rückläufig, läßt sich auch bei massivem Restrukturierungsaufwand die Produktivität nicht so steigern, wie es zur nachhaltigen Sicherung der Ertragskraft nötig wäre. Jedes Unternehmen, das ein tiefgreifendes Restrukturierungsprogramm durchgezogen hat und bei dem ein Umsatzeinbruch die erhoffte Ertragswende vereitelte, hat diese schmerzliche Erfahrung gemacht. Produktivitätssteigerung im rückläufigen Geschäft ist ein schwieriger und doppelt anstrengender Kampf, führt leicht zu Massenentlassungen und häufig zu Ertrags- und Cash-flow-Problemen.

Mit diesem Problem kämpfen die »langsamen Verbesserer« - immerhin ein Drittel aller betrachteten Unternehmen; sie sind auf ganzer Linie die Verlierer. Sie haben es nicht verstanden, aus einer guten Ausgangslage Kapital zu schlagen. Über den Zeitraum von zwei Jahren machten sie in ihrer Kostenposition nur zwei Punkte gut; ihre eigene Produktivität ging sogar zurück. Damit verschlechterten sich auch ihre Wachstumschancen. Außerhalb ihres Kerngeschäftes konnten sie kaum Fuß fassen, und sogar in ihrem bisherigen Geschäft gingen ihnen ganze Segmente verloren. Die Folge war ein Renditeeinbruch von 10,2 auf 4 Prozent – in nur zwei Jahren von der Spitze an den Schluß der Rangfolge.

Ganz anders die »Verbesserungs-Champions«. Sie weisen sowohl bei der Restrukturierung als auch beim Wachstum überdurchschnittliche Erfolge auf – mit jährlichen Steigerungsraten von acht bis 14 Prozent bei der Produktivität und 21 bis 48 Prozent beim

Umsatz. Die erreichte Umsatzrendite von 7,7 Prozent ist ein Spitzenwert und liegt deutlich über dem Ausgangsniveau von 4,3 Prozent.

Ausschlaggebend ist die Veränderungsrate – die jährliche Tiefe des »V« (Schaubild 2). Welchen Anspruch ein Unternehmen dabei an

Tiefes "V" bei Verbesserungs-Champions

TEILWEISE GESCHÄTZT

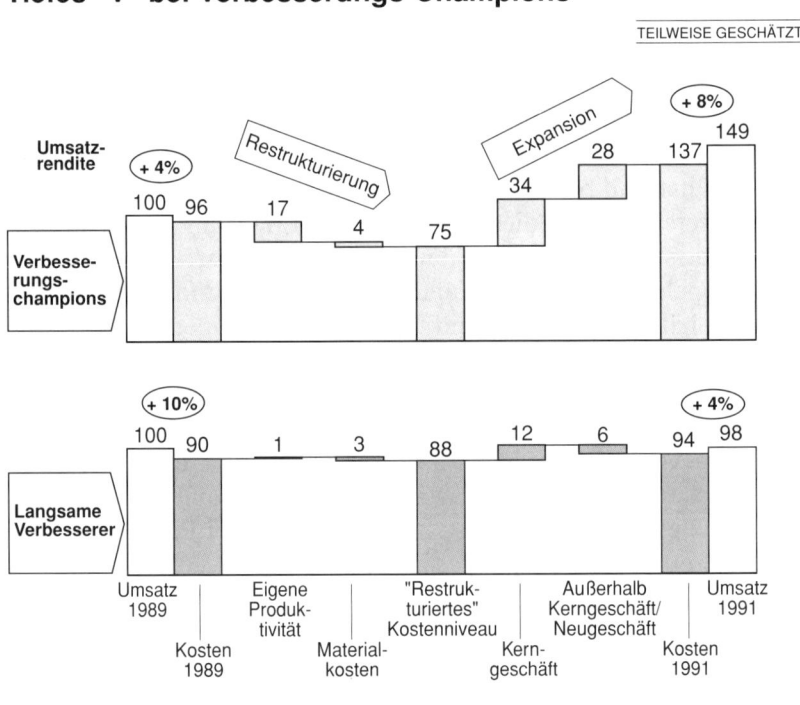

Schaubild 2

sich stellen muß, hängt natürlich in hohem Maße vom aktuellen Leistungsstand, gemessen am Niveau der Besten, ab und von der erwarteten zukünftigen jährlichen Leistungssteigerung der Besten.

Gerade europäische Unternehmen müssen häufig feststellen, daß ihre Produktivität Anfang der achtziger Jahre noch durchaus wettbewerbsfähig war. Konnten sie jedoch ihre Produktivität in den darauffolgenden Jahren nur um drei bis sechs Prozent jährlich steigern, der Wettbewerber in Japan und vor allen Dingen in den USA aber um acht bis 15 Prozent, so können sie sich heute leicht mit einer Produktivitätslücke in der Größenordnung von 50 Prozent wiederfinden. Außerdem verloren sie weltweit Marktanteile gegen schneller wachsende amerikanische und asiatische Wettbewerber.

Im Idealfall sollte es genau so sein: Verbesserungen auf der einen Seite fördern Fortschritte auf der anderen. Die erfolgreichsten Unternehmen sind auch in den Wachstumsraten die besten.

Wachstum durch Restrukturierung – und umgekehrt

Den Takt im Verbesserungsprozeß geben in der Elektronikindustrie die rasanten Leistungssprünge an, die zu Preisverfall und neuen oder erweiterten Anwendungen führen. Die engen Verflechtungen zwischen Restrukturieren und Wachsen werden dabei immer wieder deutlich (Schaubild 3).

So erfordern neue Geschäfte mit neuen Produkten oder die Erschließung neuer Regionen erhebliche Ressourcen, nicht nur in Entwicklung, Fertigung und Vertrieb, sondern vor allem auch im Top-Management. Kapazitäten, die häufig nur durch die rechtzeitige Aufgabe der Geschäfte und Produktlinien »von gestern« freigesetzt werden können.

Die besten Unternehmen betreiben diese Art der Programmgestaltung ganz systematisch. Ihre Entwickler halten nicht auf Gedeih und Verderb am Optimieren der alten, liebgewonnenen Produkte fest; ihr Rechnungswesen blockiert nicht mit Hinweisen auf vermeintliche Deckungsbeiträge der alten Geschäfte den Umstieg auf

Enge Wechselwirkung zwischen Restrukturieren und Wachsen

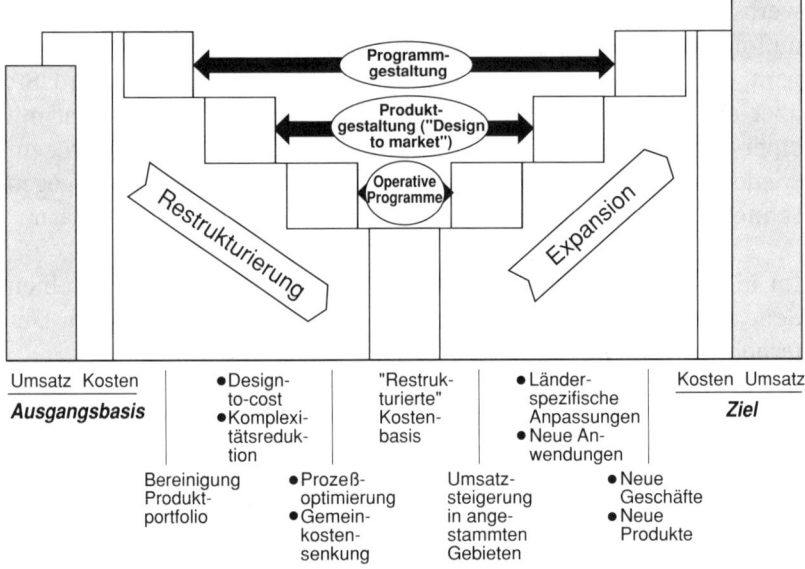

Umsatz Kosten		• Design-	"Restruk-	• Länder-	Kosten Umsatz
Ausgangsbasis		to-cost	turierte"	spezifische	*Ziel*
		• Komplexi-	Kosten-	Anpassungen	
		tätsreduk-	basis	• Neue An-	
		tion		wendungen	
	Bereinigung	• Prozeß-	Umsatz-	• Neue	
	Produkt-	optimierung	steigerung	Geschäfte	
	portfolio	• Gemein-	in ange-	• Neue	
		kosten-	stammten	Produkte	
		senkung	Gebieten		

Schaubild 3

die Zukunft, sondern ist bereit, die mit neuen Produkten und Geschäften verbundenen Chancen und Risiken zu finanzieren. Denn die Führung weiß, was sonst die Folge wäre: der Wettbewerb ist früher im Markt, schöpft die Rendite ab, und das eigene Unternehmen braucht viel Kraft und Geld, um wieder zum Aufholen anzusetzen.

Ganz ähnliche Abhängigkeiten zwischen Abbau und Ausbau wirken in der Produktgestaltung. Design-to-Cost-Programme sind häufig der mächtigste Hebel, die Herstellkosten von Produkten kräftig zu senken. Reduktionen um 50 Prozent alle drei Jahre sind nicht ungewöhnlich. Ob solche Ziele verfolgt werden sollen, ist meist gar nicht mehr die Frage. Worauf es ankommt, ist vielmehr, wer die Kostensenkung als erster realisiert und über Preissenkungen an den

Kunden weitergeben kann. Denn der Pionier kann das Wachstum einheimsen, das bei den Fixkosten Skaleneffekte bringt, die wiederum zu weiteren Produktivitätssteigerungen und damit zu Preissenkungen im Markt führen – für die Gewinner eine Aufwärtsspirale, für die Verlierer ein Abwärtsstrudel.

Besonders in Geschäften mit hoher Preiselastizität schlägt sich die schnelle Stückkostensenkung in enormen Wachstumsraten nieder. Darüber hinaus eröffnen kostenoptimierte Produkte die Möglichkeit, neue Anwendungen zu erschließen und länderspezifische Anpassungen vorzunehmen. Auch diese Erfolgsspirale zeigt jedoch nur für die Unternehmen in die positive Richtung, die Restrukturierung und Wachstum besonders aggressiv angehen.

Wie Restrukturierung und Wachstum die Produktivität steigern und nach außen durch Preisverfall im Markt sichtbar werden, läßt sich am Beispiel praktisch aller elektronischen Produkte demonstrieren. Mobiltelefone etwa kosteten Anfang der 90er Jahre in Deutschland über 4.000 DM. 1994 liegen die Angebote unter 300 DM und bei gleichzeitigem Freischalten auf einen Betreiber sogar unter 50 DM – und mit dem Preisverfall schnellten die Verkäufe in die Höhe. Dies ist zwar ein besonders extremes Beispiel – doch sind jährliche Preisverfallraten von zehn bis 15 Prozent in der Elektronikindustrie durchaus üblich, und mit einer Trendwende ist nicht zu rechnen.

Durch die Leistungssprünge in der Technologie wird allerdings auch massiv Wertschöpfung vernichtet: Funktionsgruppen enthalten weniger, aber höher integrierte Bauelemente, Software ersetzt Hardware, Fertigungstiefe wird reduziert – mit dem Resultat, daß trotz steigender Stückzahl die Fertigungsstunden massiv zurückgehen und ganze Fertigungslinien und sogar Standorte nicht mehr ausgelastet sind. Denn nicht immer gelingt es, wie im Falle des Mobiltelefons nach der Einführung des D- und E-Netzes, den Wertschöpfungsverlust durch gestiegene Stückzahl auszugleichen. Erweiterte Anwendungen wie z.B. Telefone mit Fax oder PCs mit Vernetzungsmöglichkeiten kommen in dieser Situation gerade recht, bieten sie doch die Möglichkeit zur Volumenausweitung.

Damit schließt sich der Kreis. Die neuen Anwendungen mit ihren enormen Wachstumschancen erfordern oft neue Absatzkanäle, andere Fähigkeiten der Entwickler und andere Prozesse im Unternehmen. Die Unternehmen müssen den Einsatz ihrer Finanz-, Personal- und Führungsressourcen immer wieder überprüfen, Ressourcen umschichten, Personal, Geld und Führungskräfte auf neue, expansive Themen ansetzen und damit auch aus alten Geschäften abziehen.

Wachsen durch Restrukturieren, Restrukturieren durch Wachsen – die Wechselwirkungen sind unübersehbar. Je umfangreicher die Restrukturierungen, desto größer die Wachstumschancen; je stärker das Wachstum, desto höher der Restrukturierungsbedarf oder auch die Restrukturierungschance. Dieses Grundmuster gilt für ganze Konzerne mit einer Vielzahl von Geschäften ebenso wie für einen einzelnen Geschäftsbereich, für Großunternehmen wie für den Mittelstand, wie die nachfolgenden Beispiele zeigen.

General Electric. Ein eindrucksvolles konzernweites Restrukturierungs- und Wachstumsprogramm ist in dem Buch »Control your destiny or someone else will« beschrieben. Es ist der Bericht über den Aufstieg von General Electric in die Spitzenliga der Wachstums- und Ertragsführer.

Die Wende begann 1981, als Jack Welch Chef des Unternehmens wurde. In zehn Jahren stieg der Umsatz von 27 auf 60 Milliarden Dollar und die Umsatzrendite von sechs auf 7,5 Prozent. Im Unternehmenswert kletterte GE bei Forbes von Rang 11 im Jahr 1981 auf Rang 3 im Jahr 1992. Der Aktienkurs hatte sich in dem Jahrzehnt verfünffacht.

Was steht hinter dieser äußerlich sichtbaren Zunahme wirtschaftlicher Leistungskraft? Ein immenser Kraftakt interner Ressourcenverschiebung, ein Paradebeispiel des gleichzeitigen radikalen Abbaus und Ausbaus.

Innerhalb von zehn Jahren verkaufte Jack Welch Teile des Unternehmens mit einem Umsatz von 11 Milliarden Dollar. In seinem Geschäftsportfolio behielt er nur die Geschäfte, bei denen General Electric Nr. 1 oder Nr. 2 im Weltmarkt werden konnte. Parallel dazu leitete er Effizienzsteigerungsprogramme ein, mit denen er zwischen 1981 und 1985 von 400.000 Stellen nicht weniger als 100.000 abbaute. Dabei wurden alle Kostenhebel gleichzeitig bewegt: Gemeinkosten, Durchlaufzeiten, Bestände, Logistik, Qualität, Automatisierung etc. Außerdem reduzierte er die Hierarchieebenen von neun auf vier bis sechs.

Diese Restrukturierung wurde von einer Vielzahl von Maßnahmen zur Umsatzsteigerung begleitet. Allein das Akquisitionsprogramm belief sich auf 26 Milliarden Dollar Umsatz.

Man darf gespannt sein, ob General Electric in der Lage sein wird, das hohe Verbesserungstempo langfristig beizubehalten. Jack Welch selbst sagt: »My biggest mistake by far was not moving faster«.

Festhalten dürfte General Electric mit Sicherheit an der Kombination restrukturierender und expansiver Maßnahmen. Denn die Unzulänglichkeit einseitiger Optimierungsversuche hat das Unternehmen, wie viele andere, in der Praxis erfahren. Als man sich in den Jahren 1981 bis 1984 ausschließlich auf Restrukturierungsmaßnahmen konzentrierte, verbesserte sich die Produktivitätssteigerung, inflationsbereinigt, jährlich zwar von einem auf 2,5 Prozent, der Umsatz stagnierte jedoch bei etwa 27-28 Milliarden Dollar. Erst die Umsatzausweitung von 28 auf 48 Milliarden Dollar von 1984 bis 1987 brachte den Durchbruch: jährliche Produktivitätssteigerungen (inflationsbereinigt) von fünf Prozent, in einzelnen Bereichen wie der Medizintechnik sogar acht Prozent.

Hewlett-Packard. Ähnlich erfolgreich wie General Electric bei der Umgestaltung eines ganzen Konzerns war Hewlett Packard bei der Umgestaltung seiner PC-Division. Die Schnitte waren genauso radikal. Und das Ergebnis ebenso durchschlagend.

1991 verkaufte HP 70.000 PCs, war Nummer 17 der Branche und machte Verluste. Zwei Jahre später war die Stückzahl auf über 600.000 gestiegen. Anfang 1994 erzielte die Computer-Division einen höheren Umsatz als Digital Equipment und wurde damit der zweitgrößte amerikanische PC-Hersteller.

Der beeindruckende Erfolg war das Ergebnis einer ganzheitlichen Veränderung in allen Dimensionen des Geschäftes, vorangetrieben durch ein neues Management-Team, das äußerst anspruchsvolle Ziele für Entwicklungszeit, Preisstellung, Ertrag und Marktanteil setzte und ihre Erfüllung einforderte. Die Betonung liegt auf »ganzheitlich«: HP verringerte das Personal um 40 Prozent, reduzierte die Anzahl Fertigungsstandorte von zwölf auf zwei und eliminierte überzogene Preisprämien von 30 Prozent. Gleichzeitig wurden langsam drehende Produkte aus dem Angebot genommen und die Entwicklungszeit von 18 Monaten auf sechs Monate verkürzt. Für die neuen, fertigungsgerechten Designs wurden viel weniger Teile gebraucht, so ging zum Beispiel die Zahl der Schrauben in einem Produkt von 50 auf Null zurück. Die Fertigungszeit für einen PC fiel von 25 auf vier Minuten.

Organisatorisch wurde das Geschäft in drei Geschäftseinheiten aufgeteilt, die auf verschiedene Marktsegmente ausgerichtet waren. Und man bemühte sich erfolgreich, echte Innovationen hervorzubringen. Die Sub-Notebook-Computer und die Infrarot-Local-Area-Networks sind Beispiele für diese neuen Geschäfte.

Auch hier beschreibt Chairman und CEO Lewis Platt sein Erfolgsrezept sehr treffend mit »pre-emptive self-destruction and renewal« – gleichzeitig forciertes Restrukturieren und Wachsen.

WISI. Die Dynamik, auf die sich die großen, weltweit agierenden Firmen einstellen müssen, trifft genauso mittelständische Unternehmen, so die Firma WISI im Süd-Westen Deutschlands, seit 1926 Antennenbauer im Familienbesitz.

Als Ende der 80er Jahre das überaus erfolgreiche Stammgeschäft der terrestrischen Antennen durch Satellitenantennen substituiert wurde, veränderte sich die Geschäftsdynamik grundlegend. Mit den großen Elektroverbrauchermärkten entstanden neue Absatzkanäle, Dutzende neuer Anbieter mit Satellitenempfängern und Receivern aus Fernost drängten in den Markt, Produktlebenszyklen reduzierten sich von fünf bis zehn auf etwa ein Jahr, die Wertschöpfung verschob sich von mechanischen Teilen zu elektronischen Baugruppen. Kurz, der Technologiesprung machte fast über Nacht aus einem relativ langsamen ein außerordentlich dynamisches Geschäft, in dem die Preise jährlich um bis zu 20 Prozent verfielen.

Dabei konnten auch steigende Umsätze (besonders getrieben durch die Wiedervereinigung) den Ergebnisverfall nicht aufhalten. Inhaber Frank Sihn und Sohn Axel nahmen daher 1994 eine tiefgreifende Erneuerung des Unternehmens in Angriff, mit dem Ziel, die Produktkosten zu halbieren. Das Produktportfolio wurde vollkommen überarbeitet, 80 Prozent aller Produkte gestrichen und einzelne Produkte mit hohem Zukunftspotential ergänzt. Das verbleibende Programm wurde einem grundsätzlichen Redesign unterzogen: die Herstellkosten sollten trotz steigenden Kundennutzens um 30 Prozent sinken.

Aufbauend auf der deutlichen Reduktion der Produkt- und Teilevielfalt, begann die Firmenleitung, Standortstrukturen, Abläufe, Funktionen und auch die Organisationsstruktur völlig umzukrempeln, um schlank und schnell zu werden: Von den vier Führungsebenen wurde eine abgeschafft, die Anzahl Führungskräfte wurde halbiert. Die Materialwirtschaft wurde dezentralisiert, fragmentierte Einzelläger zusammengelegt, die Qualitätskontrolle den Produktionsbereichen direkt zugeordnet. Der Einkauf beschränkte sich auf weniger als die Hälfte seiner Lieferanten, und Materialspezifikationen wurden überarbeitet und zusammengefaßt.

Die Gesamtheit der Restrukturierungsmaßnahmen ließ die Stückkosten bereits innerhalb des ersten Jahres um über 20 Prozent sinken. Diese harten Maßnahmen führten jedoch keineswegs zu einer Frustration der verbleibenden Mitarbeiter, da man erkannte, daß das Unternehmen nicht nur in kürzester Zeit einen Turnaround durchlief und sich das Ergebnis deutlich verbesserte, sondern sogar in der Lage war, Produkt- und auch Preisentwicklungen zu antizipieren, anstatt der Marktdynamik reaktiv zu folgen.

Ein erster großer Schritt ist getan. Ob die heutigen Restrukturierungs- und Wachstumserfolge, die das Unternehmen auf den »Elektronikkurs« gebracht haben, langfristig anhalten, hängt davon ab, ob die Erneuerung ein Einmalakt war oder als Prozeß installiert werden kann. In jedem Fall macht das Beispiel Mut, zeigt es doch, daß selbst die mittelständische Elektronikindustrie auch am Standort Deutschland eine Chance hat.

Aber die Unternehmensbeispiele lassen auch keinen Zweifel daran, daß Erfolg nur durch die ständige Reduktion und Zerstörung des Bestehenden zugunsten des Neuzuschaffenden und Zukünftigen erreicht werden kann. Fortschritt entsteht hier nicht in kleinen Schritten, sondern gemäß Schumpeter aus der »schöpferischen Zerstörung« der bequemen alten Ordnung. Permanente Revolutionen, keine Ermüdungserscheinungen nach geglückter Revolution aufkommen zu lassen und ohne Unterlaß die Marktveränderung aktiv zu gestalten – dies sind Erfolgsmuster, die zwar einleuchten, in der Praxis aber gar nicht so leicht umzusetzen sind.

Damit der Schwung nicht verlorengeht, damit die ständige Neuausrichtung der Ressourcen gelingt, haben erfolgreiche Unternehmen eine besondere Unternehmensphilosophie entwickelt. Sie sind kompromißlos in dem, was sie tun; sie schaffen ein revolutionsfreundliches Umfeld. Und sie verleihen ihrer Forderung nach Permanentrevolution immer wieder Nachdruck – nicht zuletzt durch ihren Anspruch »improve or move«, der vor allem für ihre Führungskräfte gilt, aber nicht nur für sie.

Fazit

Erfolg in der Elektronikindustrie ist in gewisser Weise selbstverzehrend und muß immer wieder neu verdient werden. Denn Produktivitätssteigerungen, erzielt durch extremes Ausnutzen neuer Technologien und Lernkurveneffekte, werden weitgehend über niedrigere Preise an den Markt weitergegeben. Den resultierenden Wertschöpfungsverlust muß das einzelne Unternehmen mit Steigerungen der Stückzahl und mit immer neuen Produkten und Geschäften ausgleichen.

Künftiger Erfolg setzt deshalb eine Agenda des anhaltenden schnellen Wandels voraus. Rasche Produktivitätssteigerung *und* rasche Expansion sind Erfolgsbedingung.

⟹ Für Aufholkandidaten, also die meisten europäischen Wettbewerber, bedeutet das ein Gesamtprogramm schneller Verbesserungen im Geschäftssystem, im Produktdesign, in der Marktbearbeitung und im Geschäftsportfolio.

⟹ Erfolgreiche und weniger Erfolgreiche trennen nicht die Stellhebel, die sie – in der Regel kontinuierlich – bewegen, wohl aber die Radikalität, mit der sie dabei zu Werke gehen. Die erfolgreichen Unternehmen geben sich nicht mit evolutionären kleinen Weiterentwicklungen ab, sondern verändern sich revolutionär, und das immer aufs neue. Sie haben erkannt: »Über den Abgrund kommt man nicht mit kleinen Schritten.«

2. Fokus macht fit

Was zuviel ist, ist zuviel. Aber: Wo liegt das Optimum? In der Elektronikindustrie, wo Spurtschnelligkeit und hohe Dauergeschwindigkeit lebenswichtig sind, hat Ballast viele Gesichter: Produktmerkmale oder ganze Produkte, Kundengruppen und Regionalmärkte ebenso wie Stufen in der Wertschöpfungskette oder Schnittstellen in internen Abläufen. Die Besten sind nicht zuletzt durch Einfachheit überlegen – zum Wachstumselixier Restrukturierung gehört für sie auch, durch besonders intelligente Fokussierung jedem Ausufern von Komplexität entgegenzuwirken.

Maximale Sortimentsbreite zur Abdeckung aller Kundenbedürfnisse, Losgröße eins in der Fertigung, Aufbau von extrem flexiblen, stark verketteten, äußerst komplexen und äußerst teuren Fertigungssystemen – der Trend zu höherer Komplexität prägte viele Entscheidungen in der europäischen Industrie der 80er Jahre. Er richtete mehr Schaden als Nutzen an; denn die hohe Komplexität hatte ihren Preis.

Die Prozeßstabilität in der Fertigung litt unter übermäßiger Komplexität und hoher Variantenzahl. Mit zunehmender Produktkomplexität stiegen außerdem die Entwicklungsaufwendungen, und zwar nicht linear, sondern exponentiell; so führt die Verdopplung der Anzahl Programmzeilen in einem Software-Produkt (ceteris paribus) beispielsweise nicht zu doppelt so hohen, sondern zu achtmal höheren Entwicklungskosten[1]. Und ebenso wie bei der Neuentwicklung wirk-

---

[1] Putnam, L. H., »A General Empirical Solution to the Macro Software Sizing and Estimating Problem«, in IEEE Transactions on Software Engineering, Vol. SE-4, No.4, Juli 1978

te sich die eingebaute Komplexität auch auf nachgeschalteten Stufen der Wertschöpfungskette – bei der Verbesserung und Produktpflege oder im Vertrieb und Service – kostensteigernd aus.

Doch sind Produkt- und Sortimentsvielfalt nur eine von vielen Spielarten der Überkomplexität und die hohen Kosten nur eine ihrer negativen Folgen. Die Komplexitätsfalle ist in Wirklichkeit selbst viel komplexer. Überbordende Vielfalt, ob im Produktprogramm, in der internen Wertschöpfungskette oder im Marktauftritt, ist nicht nur teuer – sie bedeutet auch Verzettelung, die leicht von Wichtigem ablenkt und zu handfesten Leistungsdefiziten führt.

Die Gefahr des »Zuviel und trotzdem nicht genug« ist allgegenwärtig. Um sie abzuwehren, machen die erfolgreichsten Elektronikunternehmen Restrukturieren und Wachsen zu ihrer Daueraufgabe. Ihre Spielregel lautet: »Fokussieren, überall und immer wieder«.

Die Komplexitätsfalle: zuviel, aber nicht genug

Überlegenheit durch Fokussierung zeigt sich bei erfolgreichen Unternehmen besonders deutlich in der Produktpalette: Sie kommen mit viel weniger Produkten aus als schwache Wettbewerber. So brauchen sie für 100 Millionen Dollar Umsatz im Segment Konsumelektronik 20 Prozent weniger Produktvarianten. Dieser Abstand ist doppelt so groß im Segment Computer/Kommunikation, und noch größer – nämlich 70 bzw. 95 Prozent – in der Industrieelektronik/Meßtechnik und bei großen Systemen (Schaubild 1).

Was die Spitzenunternehmen damit gewinnen, zeigt ein Blick auf die Konsequenzen, die ein Übermaß an Variantenreichtum und Sortimentsvielfalt im gesamten Geschäftssystem mit sich bringt:

⟹ Entwicklung: Entwickler sind um so produktiver, je weniger Projekte sie gleichzeitig bearbeiten müssen. Werden sie durch

Erfolgreiche Unternehmen haben weitaus weniger Produktvarianten

Anzahl der Varianten von Fertigerzeugnissen 1991
pro US$100 Mio. Umsatz*

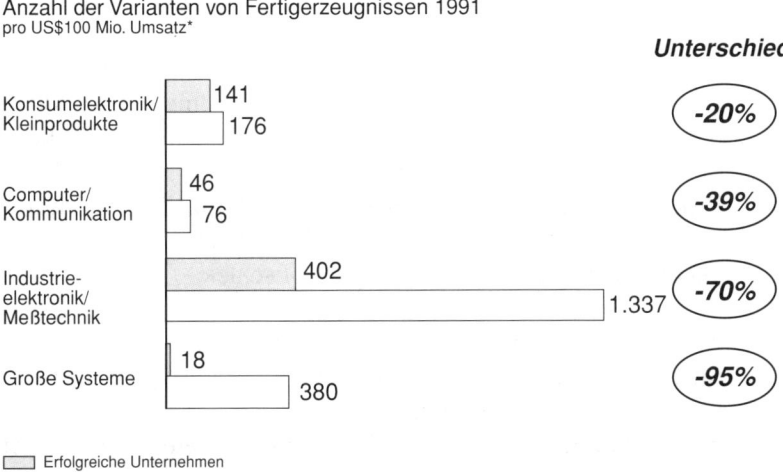

Unterschied

Konsumelektronik/Kleinprodukte: 141 / 176 — **-20%**

Computer/Kommunikation: 46 / 76 — **-39%**

Industrie-elektronik/Meßtechnik: 402 / 1.337 — **-70%**

Große Systeme: 18 / 380 — **-95%**

☐ Erfolgreiche Unternehmen
☐ Weniger erfolgreiche Unternehmen
* Währungsumrechnung mit Kaufkraftparitäten

Schaubild 1

eine Vielzahl von Projekten defokussiert, geht alles langsamer. Durch immer neues »Hineindenken« in andere Projekte kommt es zu spür- und meßbaren Effizienzverlusten. Und auf der breiten Front geht gelegentlich auch der Überblick verloren; das Optimieren an vielen vertrauten Projekten läßt wichtige und vor allem neue Schwerpunkte zu kurz kommen.

⟹ Produktion: In der Produktion muß die Vielzahl von Bauteilen nicht nur zusammengebaut, sondern auch gelagert und transportiert werden. Mehr Rüstzeiten durch häufigeres Umrüsten, aufwendigere Qualitätsprüfungen und höhere Ausschußraten (z.B. durch verwechselte Teile/Komponenten) kommen hinzu. Und fast zwangsläufig werden dann ebenso komplexe Produktionssteuerungsverfahren, verkettete Fertigungseinrichtungen und Lagermaschinen mit erheblichem Aufwand installiert und betrieben.

⟹ Marketing und Vertrieb: Sie sind in der Regel die treibenden Kräfte bei der Steigerung der Produktkomplexität, aber nicht selten sind sie auch ihre Opfer. Verkäufer, die in Einzelfällen über tausend Bestellpositionen für ein einziges Software-Paket durchforsten und ärgerliche Aufpreislisten erklären müssen, können sich nicht intensiv attraktiven Produkten und Märkten widmen. Der Erwerb des nötigen Wissens über viele, komplexe Produkte geht zu Lasten der Verkaufszeit. Jede zu breite Produktpalette entzieht dem einzelnen Produkt Aufmerksamkeit. Ab einer gewissen Zahl von Varianten werden damit aus »economies« rasch »diseconomies of scale«.

⟹ Service: Der Kundendienst am Ende der Kette wird von hoher Komplexität besonders stark betroffen. Er muß die Vielzahl unterschiedlicher Produkte betreuen; er kann sich der Verpflichtung nicht entziehen, über lange Zeit Zehntausende veralteter Bauelemente für Hunderte von veralteten Baugruppen bereitzuhalten. Mit der Komplexität des Produktdesigns und des Sortiments steigt außerdem sein Aufwand für die Einweisung der Bediener beim Kunden, für die Schulung und den Einsatz des eigenen Personals ebenso wie für die Dokumentation, die zudem schwer zu handhaben und anfällig für Fehler wird.

Wie in jeder Art von Komplexität lauert auch in der Sortimentsvielfalt eine doppelte Gefahr: kostspielige Üppigkeit, die gleichzeitig zu gefährlichen Mangelerscheinungen führen kann. Die erfolgreichsten Unternehmen sehen darin ein untragbares Risiko für ihre Veränderungsdynamik – Kostensenkung und Innovation gehen viel zu langsam vonstatten, und möglicherweise in die falsche Richtung.

Kostspielige Üppigkeit. Jedes Entwicklungsprojekt ist nach den üblichen Kosten/Nutzen-Betrachtungen, zumindest zu dem Zeitpunkt, an dem es aufgesetzt wird, auf dem Papier rentabel. Wird das Produktportfolio eines Unternehmens nur über die inkrementelle Betrachtung der Marginalrendite festgelegt, so bleiben die Komplexitätskosten unberücksichtigt – der notwendige Abgleich zwischen zusätzlichem Kundennutzen und zusätzlicher Komplexitätslast findet nicht statt. Bei genauerer Betrachtung subventionieren die Rennerprojekte die Marginalprojekte, und diese sind nur vermeintlich attraktiv.

Den verhängnisvollen Weg der kostspieligen Üppigkeit ist die europäische Industrie in den letzten Jahren oft gegangen. Mit ihrer Technologiebegeisterung und falsch verstandener Kundenorientierung ist sie in vielen Fällen in die Komplexitätsfalle gelaufen. Teure Produktmerkmale wurden bereitgestellt, die beim Kunden keinen entsprechend hohen Zusatznutzen erzeugten, nicht über die »Hörschwelle« kamen und deshalb nicht hinreichend oder gar nicht honoriert wurden. Technologiegetrieben, wurden neue Produkte für kleinste Nischenmärkte mit hohem Aufwand entwickelt, obwohl absehbar war, daß die erreichbaren Volumina diesen Aufwand kaum wieder einspielen konnten.

Die Kunden zogen für sich die Konsequenzen: Sie kehrten dem teuren, »überzüchteten« Produkt den Rücken und wandten sich preisgünstigeren Alternativen zu. Diese, auf das Volumensegment zugeschnitten, erwiesen sich in ihren Spezifikationen für die meisten Anwendungen als ausreichend.

Erst kürzlich mußten das die deutschen Werkzeugmaschinenhersteller, und mit ihnen die Lieferanten ihrer numerischen Steuerungen, erfahren. Nachdem sie den technologischen Anschluß an die japanischen Wettbewerber geschafft hatten, glaubten sie lange, sie könnten jene durch technologische Überlegenheit deklassieren. Sie rüsteten ihre Werkzeugmaschinen-Designs ständig auf, steigerten Genauigkeit, Geschwindigkeit und Anzahl der Bearbeitungsachsen. Das ging einher mit Kostensteigerungen, die sie an die Kunden weitergeben mußten. Viel zu spät nahmen sie wahr, welche Gefahr ihnen hieraus entstand.

Die japanische Konkurrenz hatte nicht nur aufgeholt – sie war vorbeigezogen. Ihre Produkte erfüllten für das Volumengeschäft die technischen Spezifikationen bei Genauigkeit, Haltbarkeit und Flexibilität zur vollen Zufriedenheit der Kunden, und sie waren nur halb so teuer. Den industriellen Investoren kamen diese Produkte in Zeiten schwacher Konjunktur und entsprechend knapper Mittel gerade recht. Sie griffen zu den soliden Produkten aus Fernost. Das Volumengeschäft war fest in der Hand der japanischen Unternehmen; den Deutschen blieben meist nur die hochpreisigen Nischen für Spezialanwendungen.

Die vordergründig naheliegende Überlegung, durch das Abdecken zahlreicher Nischen die Auslastung abzusichern, geht selten auf. Die erwähnten Maschinenbauer und ihre Elektroniklieferanten zum Beispiel hatten sich durch diese Politik wichtiger Absatzchancen beraubt, sich dafür aber ungeheure Komplexität und Komplexitätskosten eingehandelt. Und damit stehen sie nicht allein – was keinen Kenner von Unternehmen mit Ingenieurkultur überraschen wird. Nicht von ungefähr liegt die Zahl der Teile, die europäische Hersteller im Mittel für 100 Mio. Dollar Umsatz benötigen, in allen Segmenten der Elektronikindustrie deutlich über dem Niveau der Wettbewerber in den USA oder Asien (Schaubild 2).

Zahlreiche Reverse-Engineering-Aktionen an europäischen Produkten zeigen dann auch, daß fast jedes Produkt viele Merkmale enthält, die der Kunde mit keiner einzigen Mark honoriert. Diese Features verursachen aber hohe Kosten. So wurde zum Beispiel bei einem Regler ein Kostensenkungspotential von 45 Prozent ermittelt (nur durch Designveränderung und nicht etwa durch die zusätzlich noch mögliche und nötige höhere Produktivität in der Fertigung). Knapp die Hälfte der Einsparungen ging auf das Konto von Produktmerkmalen ohne ersichtlichen Kundennutzen. Allein durch ihr Weglassen konnten die Herstellkosten um ein Fünftel gesenkt werden.

Was unterschiedlicher Umgang mit solchen Potentialen für das Unternehmensergebnis bedeuten kann, zeigt die Erfahrung zweier Hersteller von Analysegeräten für die Prozeßkontrolle in der chemi-

Europäer erlauben sich sehr viele Teilevarianten

Zahl der Teile/Komponenten pro US$100 Mio. Umsatz 1991*

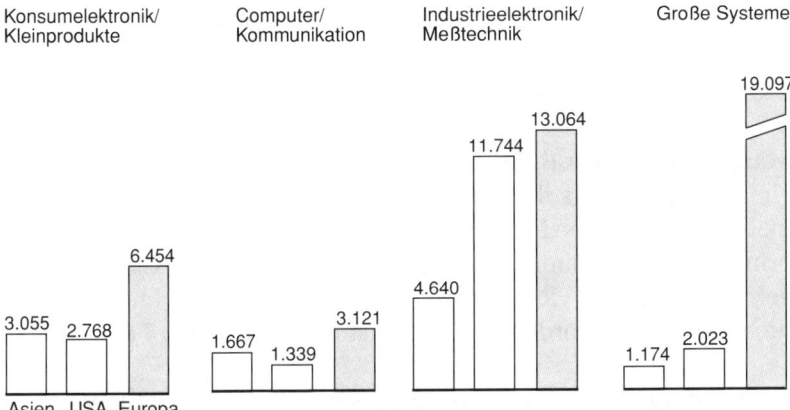

| Konsumelektronik/ Kleinprodukte | Computer/ Kommunikation | Industrieelektronik/ Meßtechnik | Große Systeme |

* Währungsumrechnung mit Kaufkraftparitäten

Schaubild 2

schen Industrie. Bei diesen Geräten wird das Meßverfahren je nach Anwendung unterschiedlich ausgelegt. Eine explosionsgeschützte Ausführung ist für die Mehrzahl der Fälle vorzusehen, einige wenige Anwendungen können darauf verzichten. Einfachanalysen, Doppelanalysen oder Analysen mit Temperaturprogramm sind für die Bestimmung spezifischer chemischer Komponenten erforderlich.

Das größte Marktsegment, mit über 60 Prozent der Prozeßanwendungen, erreicht die Einfachanalyse in explosionsgeschützter Umgebung. Auf dieses Volumensegment konzentrierte sich ein Unternehmen mit großem wirtschaftlichen Erfolg. Ein anderer Hersteller begnügte sich nicht mit einer Produktreihe, sondern entwickelte gleich fünf, von denen keine auf das Volumensegment ausgerichtet war. Dafür waren alle mit teuren Produktmerkmalen ausgestattet, die nur in kleinen Marktnischen eine Anwendung finden.

Die erheblichen Entwicklungsaufwendungen, die hohe Komplexität in der Fertigung und die mit den teuren Geräten erzielbaren geringen Volumina führten das Unternehmen tief in die Verlustzone.

Ablenkung durch Defokussierung und den damit verbundenen Ballast kann sich in dem überaus raschen Wandel der Elektronikbranche niemand erlauben – und das nicht nur aus Kostengründen.

Mangel im Überfluß. Stückkostennachteile durch volumenschwache Varianten und durch »Overengineering« – zu viele Produktmerkmale, die keine Preisprämien durch Nutzendifferenzierung einbringen – sind schlimm genug. Fatal werden die Fokussierungsmängel, wenn bei aller Vielfalt auch noch wesentliche Marktchancen gar nicht abgedeckt werden. Auch das ist nicht selten der Fall.

Die Erfahrung machte ein Hersteller von elektronischen Steuerungen für industrielle Anwendungen. Nachdem er wegen mangelnden Markterfolges und damit schrumpfender Volumina tief in die Verlustzone geraten war, überprüfte er seine Palette von fünf Produktreihen. Er analysierte die relevanten Kundennutzendimensionen – z.B. erforderliche Genauigkeit, Zahl der zu steuernden Parameter – und definierte schließlich drei Kernsegmente. Allerdings, seine fünf Produktreihen diesen drei Segmenten zuzuordnen, erwies sich als unlösbare Aufgabe: Die Produktreihen enthielten zwar in ihrer Gesamtheit alle nötigen Produktmerkmale und mehr, aber in Bündelungen, die nicht genau zu den einzelnen Kundensegmenten paßten. Keines der Segmente konnte wirklich zufriedenstellend bedient werden.

Alle Produktreihen waren zudem mit sehr teuren Merkmalen ausgestattet, die nur für kleinste Nischen im Markt Bedeutung hatten und die Produkte verteuerten. Kurz: Die fünf Produktreihen boten zu viele Produktmerkmale, aber nicht die richtigen für die Einzelsegmente.

Ein Redesign war unausweichlich. Um teure Produktmerkmale auszuschließen und wettbewerbsfähige Preise in allen Produktreihen gewährleisten zu können, verzichtete der Hersteller auf eine vollständige Abdeckung des Gesamtmarktes bis in die kleinste Nische. Er richtete sich vielmehr an den Kernkundensegmenten aus und konzipierte statt seiner fünf überkommenen Produktreihen drei neue. Gleichzeitig führte er, gestützt auf die preisgünstige Rechner-Hardware eines in großen Stückzahlen fertigenden Zulieferers, ein modulares System ein. Die Steuerungsanlagen konnten so nach Bedarf mit den passenden Rechner-Modulen bestückt werden.

Die neuen, sauber geschnittenen Produktreihen erreichten mehr als 80 Prozent des Marktes; die »teuren« Nischen überließ das Unternehmen anderen. Mit knapp der Hälfte der Produkte wurde eine bessere Marktabdeckung zu wesentlich günstigeren Kosten erreicht. Das Resultat: Der Umsatz konnte innerhalb von zwei Jahren unter Marktanteilsgewinnen um über 40 Prozent gesteigert werden.

Erfahrungsgemäß läßt sich ohne Qualitäts- und Marktrisiken ein erheblicher Aufwand vorausschauend einsparen, ist im Unternehmen der Zusammenhang zwischen Designkomplexität, Sortimentskomplexität und Kosten erst einmal verstanden. Wichtig ist dabei die optimale Abstimmung der Produktlinien auf die Kundenbedürfnisse. Eine Segmentierung des Marktes nach Kundennutzendimensionen und nicht etwa nach technologischen Dimensionen oder gar nach vorhandenen Produktreihen erweist sich immer als sinnvoll. Vor allem aber: Die Komplexität breitet sich im Produktdesign, im Sortiment, in der Produktion, im Ersatzteilwesen, im Vertrieb um so mehr aus, je weniger Beachtung ihr das Management schenkt.

Und mit all dem ist auch der Ausweg aus der Komplexitätsfalle schon vorgezeichnet.

Der Ausweg: Fokussieren, überall und immer wieder

Daß die erfolgreichsten Elektronikunternehmen sowohl beim Restrukturieren als auch beim Wachstum Spitzenplätze besetzen und halten, verdanken sie in hohem Maße kompromißloser Einfachheit und klarem Fokus. In ihrem Sortiment etwa haben »Null-Dreher« keine Überlebenschance, und C-Produkte sind bei ihnen viermal seltener als bei den weniger Erfolgreichen (Schaubild 3). Zum Ein-

Erfolgreiche Unternehmen haben weit weniger C-Produkte
ABC-Analyse der Produktvarianten (aus Sicht des Vertriebs)

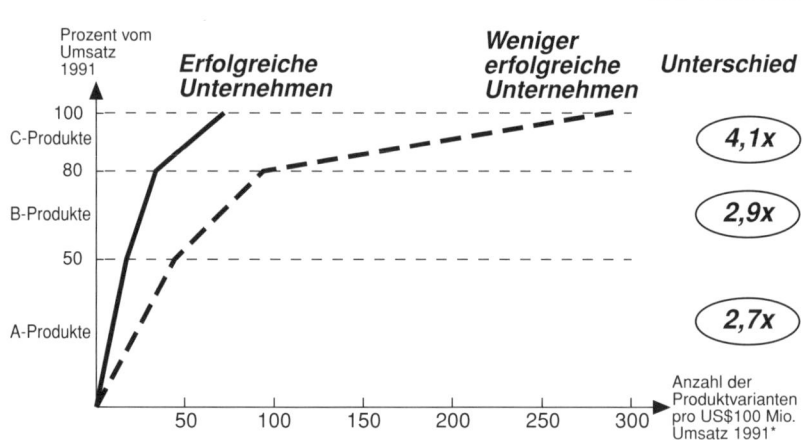

Schaubild 3

Produkt-Unternehmen werden sie dabei in der Regel trotzdem nicht - auch ihre Kunden erwarten ein gewisses Maß an Varianz. Doch im Vergleich zu den weniger erfolgreichen Wettbewerbern treffen die Produkte genauer einen angestrebten Kundennutzen, ohne Abstriche, aber auch ohne »Over-engineering«, sie sind früher am Markt eingeführt und kostengünstiger zu fertigen.

Natürlich gibt es auch erfolgreiche Nischenstrategien. Allerdings wird es mit steigendem Entwicklungsaufwand schwieriger, überlegenen Kundennutzen für die Nische bereitzustellen und daran zu verdienen. Dafür sorgt die immer höhere Leistungsfähigkeit der Standardprodukte, die zudem über Software-Programme leichter konfigurierbar werden. Erfolgreiche Unternehmen, die in attraktiven Volumensegmenten aktiv sind, statt eine Nischenstrategie zu verfolgen, wissen um den abnehmenden Grenznutzen. Sie haben erkannt, daß etwa 90 Prozent der Komplexität für nur zehn Prozent der Kunden erzeugt werden.

Aber selbst für diese Kunden ist eine so hohe Komplexität oft keineswegs zwingend, wie sich bei Straffung von Sortimenten immer wieder zeigt. So läßt eine drastische Komplexitätsreduktion um 80 bis 90 Prozent die betroffenen Kunden nicht etwa allesamt abspringen. Vielmehr können Volumenverluste weitgehend mit den eigenen Rennerprodukten aufgefangen werden. Kundeneinbußen betragen – oft sehr zum Erstaunen des Vertriebs – nur selten mehr als drei Prozent, werden aber oft sogar weit überkompensiert, wenn die Kostenvorteile aus der Komplexitätsreduktion teilweise an die Kunden weitergegeben werden.

Der Verzicht auf Komplexität steigert deshalb nicht nur die Produktivität, unter anderem in den indirekten Funktionen der Fertigung, in den Bereichen Arbeitsplanung, Einkauf und Lager. Er zahlt sich auch direkt in mehr Umsatz aus, denn Märkte wie die der Elektronikbranche sind bekanntlich für Preissenkungen immer empfänglich.

Gelingen kann die Gratwanderung zwischen dem »so wenig wie möglich« und »soviel wie nötig« nur bei Mut zum Verzicht auch in der Auswahl von Zielsegmenten – und bei treffsicherem Urteil darüber, was diese Segmente als Kundennutzen honorieren. Die erfolgreichen Unternehmen haben hierfür einen so einfachen wie wirksamen Weg gefunden: Sie beziehen ihre Kundenkenntnis grundsätzlich aus erster Hand. Um den erkannten Kundennutzen möglichst ausreichend und überschneidungsfrei bereitzustellen, perfektionieren sie das Management ihres Produktportfolios, sie vereinfachen Strukturen und Abläufe auf allen Stufen des Geschäftssystems, und über die gesamte Wertschöpfungskette legen sie ihre Eigenleistung sehr selektiv fest.

Kundenkenntnis aus erster Hand. Wie muß ein Produkt ausgelegt sein, damit es seine Abnehmer findet? Wann ist die Zeit gekommen, sich von einem Produkt oder einem Geschäft zu trennen und die Ressourcen umzuschichten? Wie radikal darf die Abmagerung ausfallen, wieviel Komplexität ist für die Spezifikation von Neuprodukten angemessen?

Erfolgreiche Unternehmen entscheiden all das in erster Linie mit Blick auf die Kundenbedürfnisse. Der Kunde weiß über seine eigenen Bedürfnisse sehr viel besser Bescheid als die Entwicklungsabteilung und auch als die Vertriebs- und Marketingabteilung. Die Devise der Besten lautet deshalb: »Verantwortliche Produktentwickler direkt an die Kundenfront!« Oder genauso gut: »Kunden in die Entwicklungsteams!«

Erst die »Wahrheit aus erster Hand« – über den Kunden, den Wettbewerb und die technologische Entwicklung – erlaubt die richtige Weichenstellung. Sony und Panasonic, zum Beispiel, betreiben seit Jahren »Antenna Shops« an Plätzen, die von Meinungsbildnern ihrer Kundschaft besonders stark besucht werden. Sie präsentieren in exklusiven Einkaufszentren oder ausgewählten Flughäfen Prototypen von neuen Produkten; ein fachkundiger Entwicklungsingenieur oder Produktmanager ist vor Ort, und so gelangt die Kundenmeinung ohne große Umwege und Mehrfach-«Übersetzung« direkt in die verantwortlichen Entwicklungsteams im Unternehmen.

Welche Kommunikation mit dem Kunden die Unternehmen wählen – ob sie die Kundenmeinung im Laden »einfangen« oder, ganz nebenbei, beim Servicebesuch erhalten – ist nicht entscheidend. Wichtig ist, daß »direkter Empfang« das Hörensagen ablöst. Das von Entwicklungsleuten häufig ins Feld geführte Argument: »Unsere Entwickler werden fürs Entwickeln bezahlt und sind für Gespräche mit dem Kunden zu teuer und zu knapp«, sticht nicht mehr.

Die Forderung nach direkter Kommunikation ohne Zwischenschaltung interner oder externer Dolmetscher ist längst noch nicht in allen Unternehmen erfüllt. Noch immer dient vielen Unternehmen nur das Produktangebot der Wettbewerber als Quelle für Informationen über das Marktgeschehen. Sie vergleichen deren Produktmerkmale regelmäßig mit denen der eigenen Produkte und vergessen darüber, daß die Produktauslegung der Wettbewerber und die Abdeckung der Kundenbedürfnisse zweierlei sind. Könnte es nicht sein, daß auch der Wettbewerb mit seinen Merkmalen die Kundennachfrage nicht voll trifft? Oder daß er zwar heute mit seinen Produkten gerade noch richtig liegt, sich aber schon bald umorientieren muß?

Jede Orientierung am Wettbewerb ist ein Blick in den »Rückspiegel«, nicht in die Zukunft, denn zwischen den käuflichen Produkten der Konkurrenz und der Realisierung der eigenen Planung liegen mindestens eine, häufig sogar zwei Produktgenerationen. Mögen gestern die Anforderungen noch ausreichend erfüllt gewesen sein, morgen sind sie es vielleicht nicht mehr. Wer sein Verhalten nur am Angebot des Wettbewerbs ausrichtet, wird nicht zum Gestalter, sondern zum Nachahmer. Im schlimmsten Fall beginnt er eine Aufholjagd bei Produktmerkmalen, die den Kundennutzen verfehlen.

Das Bild aus dem Rückspiegel der Konkurrenzprodukte muß deshalb grundsätzlich um den direkten Blick nach vorne – auf den Kunden und seine latenten Wünsche – ergänzt werden. Für die erfolgreichen Unternehmen ist der direkte Kontakt zum Kunden mit Abstand die wichtigste Ideenquelle.

Die Gefahr, daß maximale Ausrichtung auf den Kundennutzen erst recht überbordende Komplexität hervorruft, besteht nicht. Die Kunden selbst sind daran nicht interessiert, sie wollen überschaubare

Produktreihen mit leicht verständlichen Features. Gerade der Fokus auf Kundennutzen schützt vor der Komplexitätsfalle. Und, mindestens so wichtig, er hilft auch aus ihr heraus.

Gerade beim Ausbrechen aus der Komplexitätsfalle ist jede Hilfe nötig. Denn hier sind mutige Schritte und kühne Schnitte unumgänglich, mit inkrementeller Anpassung ist es nicht getan. Die aufgebauten Fixkosten sind erst bei deutlicher Komplexitätsreduktion wirksam abbaubar.

Das Elektronikunternehmen, das den erforderlichen Turnaround in einem großen Geschäftsfeld durch Variantenmanagement schaffte, brauchte dazu eine Reduzierung des Produktprogramms um weit über die Hälfte der Erzeugnisse. Und damit ging ein Redesign der Produkte einher, das die Anzahl der zugehörigen Komplexitätstreiber (in diesem Fall: Flachbaugruppen und Bauelemente) um über 80 Prozent senkte. Die Stückkosten wurden so um 40 Prozent gedrückt – und damit eine Umsatzsteigerung um mehr als ein Drittel eingeleitet.

Kleine Korrekturen bringen fast nie den gewünschten Erfolg. Doch wie tief die Schnitte sein müssen, kann sich »am grünen Tisch« kaum jemand vorstellen. Viele halten eine Komplexitätsreduktion von 30 Prozent für eine kühne Tat – und müssen später feststellen, daß sich an ihren Fixkosten nichts (oder nur wenig) geändert hat. Gerade in der Elektronikindustrie machen sich Kostensenkungen meist erst dann bemerkbar, wenn 60 bis 80 Prozent der Baugruppenvarianten gekappt wurden. Zuverlässig sind solche Einschätzungen nur möglich, wenn die Bedürfnisse und Verhältnisse des Kunden so gut verstanden sind, wie es nur im direkten Kontakt erreichbar ist.

Perfekt ausgetrimmtes Produktportfolio. In einem Unternehmen, in dem alle Strukturen und Verfahren auf ein hohes Komplexitätsniveau abgestimmt sind, wird sich an den teuren und komplexen Verfahren mit all ihren Folgekosten nichts ändern, wenn nur die eine oder andere Variante gestrichen wird. Die erfolgreichen Unternehmen geben sich beim Management ihres Produktportfolios damit auch nicht zufrieden. Sie wissen, daß erst mit radikalen Schnitten bestimmte Schwellen überschritten werden, die es erlauben, auf einfachere Verfahren und Prozeduren umzusteigen.

Ein Beispiel ist die Reduktion der Anzahl Bauelemente und Flachbaugruppen in einem Ausmaß, daß die Bestückungslinien nicht mehr für verschiedene Baugruppen umgerüstet werden müssen. Mit Feströstung entfallen natürlich die Rüstzeiten – aber was noch viel wichtiger ist –, eine deutlich höhere Prozeßstabilität wird möglich, das Qualitätsniveau steigt, die Prüfung der Baugruppen und Nacharbeit können entfallen. (Mehr hierzu in Kapitel 3.)

Erfolgreiche Unternehmen haben einfachere Baukästen. Sie schaffen es, aus weniger Modulen mehr Fertigerzeugnisse zu konstruieren. Im Segment Computer/Kommunikation, zum Beispiel, haben weniger erfolgreiche Unternehmen im Durchschnitt 1,7mal mehr Produktvarianten, annähernd viermal mehr Submodule und sogar 4,5mal mehr Teile. Damit entwickeln erfolgreiche Unternehmen 2,3mal weniger Submodule je Produkt und müssen nur etwa halb soviele unterschiedliche Designs durch die Fertigung schleusen (Schaubild 4).

Die Kostenwirkung modularen Designs wird von erfolgreichen Technologieunternehmen heute gut verstanden. Neben der enormen Vereinfachung der Fertigungsprozesse stärkt Modularität auch die Position gegenüber Lieferanten und führt auch auf diesem Wege zu niedrigeren Kosten und höherer Produktivität. Einsparungen von 30 bis 40 Prozent des betroffenen Kostenvolumens sind durchaus typisch, wenn ein hoher Grad an Kommunalität zwischen den einzelnen Modulen erreicht wird.

Weniger bekannt sind die vorteilhaften Auswirkungen modularen Designs auf den Entwicklungsprozeß und damit die Innovations- und Expansionsraten. Die Entkopplung von Kerntechnologien und

Dramatisch geringere Komplexität durch besseren Baukasten

BEISPIEL: COMPUTER/KOMMUNIKATION

Anzahl der Varianten pro US$100 Mio. Umsatz 1991*

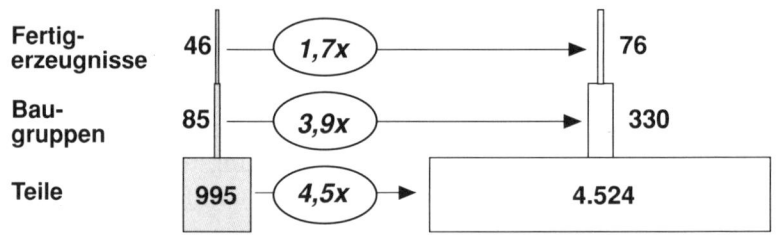

* Währungsumrechnung mit Kaufkraftparitäten

Schaubild 4

Produktmerkmalen in Einzelmodulen und deren unabhängige Entwicklung mit unterschiedlichen Entwicklungszyklen birgt sowohl die Chance zu schnellerer Innovation und Produktivitätsgewinnen im Entwicklungsprozeß als auch die Möglichkeit, rascher und flexibel auf das Marktgeschehen zu reagieren. (Näheres dazu in Kapitel 4.)

Bauelementevorzugslisten als Standard-Bibliotheken fördern das Baukastenprinzip. Je weniger Teile außerhalb der Liste verwandt werden und je kürzer die Liste, um so besser. Die besten Computerhersteller setzen nur Teile ein, die auf der Vorzugsliste erfaßt sind, und sie tun alles, damit die Liste nicht »ausufert«. So muß ein Entwickler, der ein neues Bauelement einsetzen möchte, für dieses Element kämpfen: Er muß Überzeugungsarbeit leisten, die Vorteile des Einsatzes herausstellen und als Gegenleistung mindestens ein altes Bauelement, in manchen Fällen sogar zwei, von der Liste streichen. Gelingt der Beweis der Notwendigkeit und wird die Streichung akzeptiert, darf er das Element verwenden, sonst nicht.

In der Elektronikindustrie ist dieser Idealzustand längst nicht überall erreicht. Im Durchschnitt stehen bei den Erfolgreichen der Branche 73 Prozent der eingesetzten Teile auf der Vorzugsliste, bei den weniger Erfolgreichen nur 32 Prozent. Und trotzdem ist die Vorzugsliste der weniger Erfolgreichen viel länger – und damit schwieriger und aufwendiger zu handhaben.

Ein weiteres Kernthema für aktives Portfoliomanagement stellt der Umgang mit Altprodukten dar. Mut zum Verzicht haben nicht nur Unternehmen, die ihre Variantenzahl beschränken, sondern auch diejenigen, die Altprodukte vorausschauend ausphasen und sich nicht scheuen, mit neuen Produktreihen ihre eigenen Produktportfolios zu kannibalisieren. Statt der Konkurrenz Angriffsflächen zu bieten, ergreifen sie lieber selbst die Initiative. Attacken sind am ehesten im attraktiven Volumensegment zu erwarten – und dementsprechend beginnen die Unternehmen mit der Überarbeitung der Produktlinien am unteren Ende.

Radikaler Verzicht prägt auch das Portfoliomanagement der Unternehmen, die aus der Sackgasse als Nischenanbieter ausbrechen und sich künftig als Volumenanbieter versuchen wollen. Sie schwören ihren teuren technologischen Extraleistungen ab. Folgerichtig stellen sie fast immer die Weiterentwicklung ihrer Produkte für das obere Segment ein. Ihre neue preisgünstige Standardproduktreihe entwickeln sie nicht über ein »Abspecken« ihrer High-end-Produkte, weil sie remanente Kosten aus teurem Design nicht in Kauf nehmen wollen. Sie fangen ganz neu an und tun gut daran.

Einfache Strukturen und Abläufe. Die Zerschlagung großer, komplexer Strukturen ist das Fokussierungsinstrument schlechthin. Widmet man eine neugeschaffene kleine Einheit einem spezifischen Kunden- oder Produktsegment und stattet sie mit unternehmerischer Freiheit, d.h. ausreichender Entscheidungsbefugnis und Unabhängigkeit von der Gesamtorganisation aus, reduziert sich die zu bewältigende Komplexität automatisch.

So sind fokussierte Pipelines zur Produktentwicklung, bei denen die Produkte und Kundenbedürfnisse – nicht die Technologie – im Mittelpunkt stehen, ein bewährtes Mittel zur Optimierung der Entwicklungsarbeit. Für jede Produktlinie ist eine kleine schlagkräftige Einheit zuständig – sie koordiniert Kundenwünsche, Entwicklungsinteresse und Fertigungserfordernisse. Ihr Augenmerk richtet sich auf ihr Produkt, für das sie die vollständige Geschäftsverantwortung übernimmt. Funktionale Interessenkonflikte und damit zusammenhängende Reibungsverluste sind so von vornherein ausgeschlossen. Nicht mehr Funktionen, sondern Geschäfte werden optimiert.

Auch in der Fertigung sind derartige fokussierte Pipelines Grundlage für hohe Produktivität. Das Ziel ist, ohne viel Umrüsten, am besten mit Festrüstung, Rennerprodukte ohne Unterbrechung vom Band laufen zu lassen. »Renner-« und »Exotenprodukte« werden auf getrennten Linien gefertigt, die Fertigung wird nach Produktlinien und nicht nach Fertigungsart segmentiert. So wird zum Beispiel eine Plastikspritzgußmaschine für die Gehäuse ohne weiteres mit einer Leiterplattenbestückung integriert.

Mit zunehmendem Fortschritt in der Fertigungstechnologie werden die Stückzahlen, die zur Vollauslastung von Fertigungslinien nötig sind, immer kleiner. Reicht das Volumen trotzdem nicht zur Auslastung, wird versucht, Cluster von Baugruppen zu bilden, die mit demselben Bauelementespektrum auskommen. Dieses Konzept bietet sich gerade für die Flachbaugruppenfertigung an: Es ermöglicht, die Fertigungslinie voll auszulasten und zur Festrüstung überzugehen; das Bauelementespektrum in den Bestückungsautomaten muß nicht gewechselt werden, eine längere Verfügbarkeit der Maschinen und bessere Prozeßstabilität werden erreicht.

Die Meßumformerfabrik von Rosemount in Chanhassen verdankt ihren Erfolg einem solchen neuen Fertigungskonzept, das die zu bewältigende Komplexität in den Vordergrund rückte. Angesichts einer Vielzahl von Meßbereichen, unterschiedlicher Materialien sowie in die Hunderttausende gehender Kombinationen führte sie modulares Design ein – wenige Standardmodule für alle Meßumformer. Die Standardmodule werden dann in dedizierten Endmontagelinien montiert. Die hohe Produktvarianz – und damit die Fertigungskomplexität – entsteht erst in den letzten Schritten, sehr weit hinten im gesamten Fertigungsprozeß.

Eine intelligente Anordnung der Linien in der Endmontage hilft außerdem den Mitarbeitern, sich jeweils rasch auf die zu fertigende Produktvariante einzustellen. U-förmige Linien verkürzen die Kommunikationswege. Die Mitarbeiter können unmittelbar auf Änderungen im Produktionsprozeß und in den Materialien eingehen. Bei Rosemount bewirkte diese Fertigungsstrategie eine Revolution: Die Herstellungskosten sanken von 1990 bis 1993 um die Hälfte und die Durchlaufzeiten sogar um 62 Prozent. Gleichzeitig erhöhte sich die Prozeßqualität deutlich.

Wie bei Rosemount zu beobachten, lassen modularisierte Konzepte einen Zuschnitt auf Kundenbedürfnisse im letzten Fertigungsschritt zu. Die Komplexität der Produktpalette durchzieht nicht den gesamten Fertigungsprozeß; erst am Ende des Fertigungsprozesses entsteht aus einigen Modulen die individuelle Kundenlösung. So ähnlich verfährt auch der PC-Hersteller VOBIS – wenn auch noch viel extremer. Bei ihm wird die Konfiguration nach Kundenwunsch nicht in der Fabrik, sondern erst im Laden vorgenommen.

Unternehmen, die sich auf Volumengeschäft und Baukastenprinzip stützen, geben weit weniger für Automatisierung aus. Bei Festrüstung oder Einschränkung der Rüstvorgänge wären teure flexible Anlagen reiner Luxus. So verzeichneten die Erfolgreichen zwischen 1992 und 1994 nur knapp ein Drittel der Automatisierungsinvestitionen der weniger erfolgreichen Konkurrenz (Schaubild 5).

Foxboro, ein amerikanischer Hersteller von Industrieelektronik, hat sich die Entkopplung von Strukturen für den Umgang mit der Komplexität, die aus Altprodukten rührt, zunutze gemacht. Sein Lösungsweg, die Fertigung von Altprodukten und Neuprodukten strikt

Automatisierungsinvestitionen allein keine Erfolgsgarantie
Ausgaben für Automatisierungstechnologien pro Jahr
Prozent der Wertschöpfung 1991

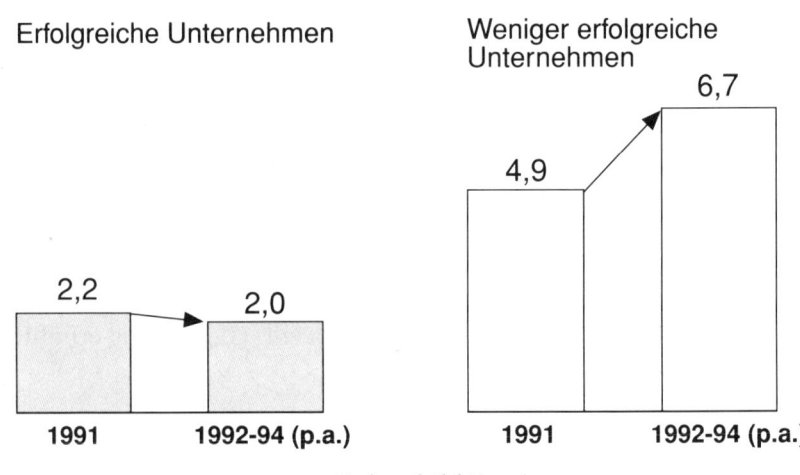

Schaubild 5

zu trennen, ist eine Weiterführung der dedizierten Fertigung. Er übertrug die personalaufwendige Fertigung der Ersatzbaugruppen von Leitsystemen, die nahezu in allen amerikanischen Kernkraftwerken installiert sind, seiner Tochter im Niedriglohngebiet Shanghai. Die Neuprodukte können so – ungehindert von der Komplexität der Altprodukte – in den hocheffizienten US-Fertigungen vom Band laufen.

Unnötige Komplexität in der Fertigung ist auch durch konsequentes Ausnutzen des technologischen Fortschritts zu vermeiden. Anders als früher kann heute in vielen Fällen ein und dieselbe Hardware eingesetzt werden; der Zuschnitt auf die spezifische Situation geschieht mit der Software. So auch bei den Ein- und Ausgabebaugruppen komplexer Leitsysteme. Dort, wo früher 45 verschiedene Baugruppen nötig waren, genügt heute jeweils eine Baugruppe für digitale Anschlüsse und eine für analoge Anschlüsse.

Die notwendigen Einstellungen für die Meßbereiche und Bus-Systeme werden über die Software erreicht. Damit entfällt eine Vielzahl von zu fertigenden Baugruppen. Dieses Beispiel verdeutlicht auch, wie wichtig die Entwicklung für die Fertigung ist. Im Produktentwicklungsprozeß wird der Grundstein für die Komplexität gelegt, die in der Produktion verkraftet werden muß. Deshalb können auch Einzelaktionen, mit denen Funktionalbereiche die Komplexität reduzieren wollen, nur in den seltensten Fällen erfolgreich sein.

Selektive Eigenleistung. Selbstbeschränkung, wie sie erfolgreiche Unternehmen praktizieren, heißt nicht nur, mit der Sortimentskomplexität, mit der Teile- und Bauelementevielfalt, mit der Vielzahl von Entwicklungsprojekten, kleinen Fertigungslosen und unzähligen Umrüstvorgängen aufräumen. Selbstbeschränkung heißt auch, freiwillig auf Leistungen zu verzichten, die per Saldo das Unternehmensergebnis schmälern, und seine eigenen Fähigkeiten und Stärken so einzusetzen, daß sie voll zum Tragen kommen können.

Apple Computer, beispielsweise, verzichtet vollständig auf die Fertigung seiner Laptops, der Power Books und des neuen Personal Digital Assistant (Newton). Apple sieht seinen höchsten Beitrag in der Entwicklung – dementsprechend hat das Unternehmen hier seinen Schwerpunkt und überläßt die Fertigung Sony, einem Unternehmen mit hoher Fertigungskompetenz.

Für welche Wertschöpfungstiefe sich das einzelne Unternehmen letztendlich entscheiden sollte, hängt vor allem vom individuellen Stärken- und Schwächenprofil ab. Ein technologisch und operativ überlegenes Unternehmen tendiert eher zu einer relativ großen Leistungstiefe, sichert sie ihm doch einen Wettbewerbsvorteil; ein Unternehmen mit Schwächen neigt verständlicherweise zum Verzicht. Für Unternehmen, die aus einer schlechteren Position zur Spitze aufschließen wollen, ist eine Verringerung der Eigenleistung die richtige Strategie, solange die innovationstragenden Wertschöpfungsschritte im Hause bleiben (Schaubild 6).

Hohe Renditespreizung bei Eigenfertigung
Umsatzrendite-Vergleich 1991 in Prozent

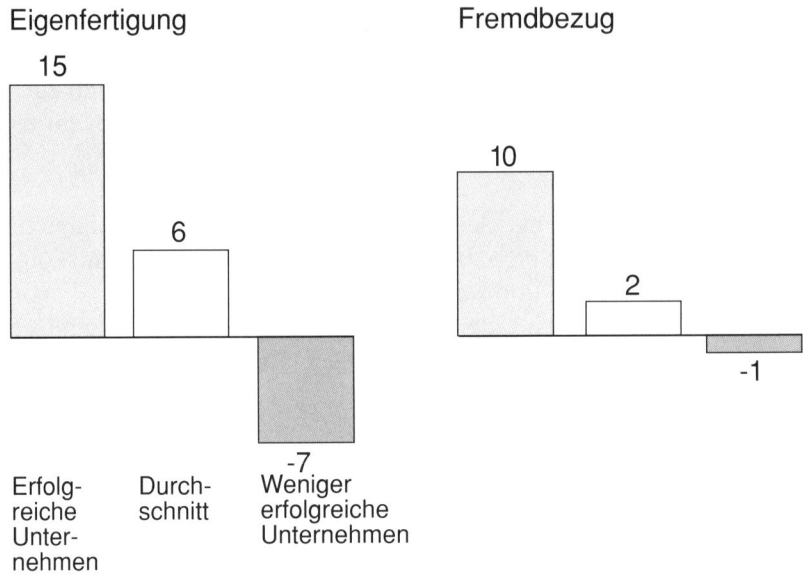

Schaubild 6

Das Thema Fremdbezug oder Eigenleistung wird die Elektronikunternehmen in der Zukunft noch weit stärker als heute beschäftigen. Zunehmenden Innovationsgeschwindigkeiten und steigendem Kostendruck können sie nur mit dem Erwerb eines großen Weltmarktanteils begegnen. Dies setzt eine Beschränkung auf wenige Produkte, Komponenten und Module voraus. Bei einigen Produkten und Modulen werden die Unternehmen zum Weltlieferanten aufsteigen, dafür andere aufgeben und vollständig zukaufen. Als Erfolgsfaktoren müssen dann nicht mehr ein großer Gesamtmarktanteil und tiefe Kontrolle der Wertschöpfungskette betrachtet werden, sondern die Beherrschung von Schlüsseltechnologien und ein hoher Weltmarktanteil bei einigen Schlüsselkomponenten oder -modulen.

Die Konzentration der Unternehmen auf einzelne Module und Wertschöpfungsschritte hat eingesetzt und wird sich mit zunehmender Modularität der Produkte und Standardisierung der Schnittstellen zwischen Produkten und Modulen weiter verstärken. In der Computer- und Kommunikationsindustrie sowie der Konsumelektronik ist diese Spezialisierung besonders gut zu beobachten. Diskettenlaufwerke, Festplattenspeicher und Motherboards kommen fast ausschließlich von Spezialanbietern. Gleiches gilt in der Konsumelektronik zum Beispiel für das Lasermodul der CD-Spieler mit der zugehörigen Mechanik, für das Sony und Philips inzwischen die Weltlieferanten sind. Auch Fernsehröhren werden nur noch von einer Handvoll Herstellern angeboten. Ähnliche Tendenzen zeichnen sich übrigens auch bei den Automobilzulieferern mit dem Entstehen von Systemlieferanten, beispielsweise für Elektronik, ab.

Dem Trend zur Spezialisierung entsprechend, bezogen 1991 die erfolgreichen Unternehmen der Computer- und Kommunikationsindustrie 52 Prozent ihrer Elektronikbaugruppen von Zulieferern – mehr als doppelt so viel wie die weniger erfolgreichen. Diese planten jedoch, ebenfalls auf den Spezialisierungszug aufzuspringen und bis 1994 ihren Fremdbezugsanteil von 25 auf 35 Prozent zu steigern. Lediglich die weltweit besten und produktivsten »Bestücker« aus dem Segment Konsumelektronik/Kleinprodukte reduzieren ihren Flachbaugruppen-Fremdbezug im gleichen Zeitraum von 33 auf 27 Prozent. Bestückung ist eine ihrer Kernkompetenzen.

Fokussierte Eigenleistung heißt, einmal mehr, Wachstum durch Verzicht. Die Unternehmensphilosophie »Selbst ist der Mann« wird abgelöst durch intelligentes »Outsourcing« der jeweils besten Komponenten, aber auch Dienstleistungen - sei es Fertigung oder Entwicklung oder Logistik – vom besten Lieferanten.

Fazit

Enthält ein Produkt zu viele und vom Kunden nicht honorierte Merkmale, entstehen Stückkostennachteile, die nicht durch Preisprämien für Zusatznutzen aufgewogen oder gar überkompensiert werden. Die Nachteile der Überkomplexität – sowie überlanger interner Wertschöpfungsketten – vermeiden erfolgreiche Elektronikunternehmen konsequent. Nur soviel Komplexität wie nötig, um die Kundenbedürfnisse im Zielsegment gut abdecken zu können, lassen sie zu. Denn Fokussierung verbessert das Ergebnis und schafft neues Wachstum.

⟹ Nachhaltiger Unternehmenserfolg verlangt eine Beschränkung auf die wichtigsten Zielsegmente; die Produktpalette sollte die Kundensegmentierung möglichst klar widerspiegeln; und die Produkte für die bedienten Kundensegmente müssen auf deren Anforderungen genau zugeschnitten sein – das nötige Kundenverständnis ist aber nur im direkten Kontakt zu gewinnen.

⟹ High-end-Nischenprodukte geraten häufig unter Druck aus dem Volumensegment. Dann vernichten sie Gewinne, verschlechtern die Kostenposition und versperren den Blick auf attraktive Volumenmärkte.

⟹ Kontinuierlich aufgebaute Komplexitätskosten jeder Art lassen sich nicht inkrementell verringern; statt dessen sind radikale Schnitte nötig.

⟹ Nur wer Refokussierung ständig zum Bestandteil seiner unternehmerischen Bemühungen macht, kann langfristig wachsen und nachhaltig ertragreich sein – ganz besonders im preisempfindlichen Elektronikmarkt.

3. Kostennachteile sind hausgemacht

Zwei Drittel ihrer höheren Umsatzrendite verdanken erfolgreiche Elektronikunternehmen ihren niedrigeren Herstellkosten. In der Fertigung, so der Umkehrschluß, verschenken die weniger Erfolgreichen ihre Gewinne. Ist für sie Weltklasse-Fertigung damit schon Utopie? Müssen, deutlicher gesagt, die Europäer das Rennen verloren geben? Nach der Langzeitstudie ist die Antwort »nein, aber...« Nein: weil die wichtigsten Stellhebel im Unternehmen selbst bewegt werden können. Aber: nur wenn einschneidende Maßnahmen ergriffen werden, um die gewaltige Lücke zu schließen und anschließend die Verbesserungsraten der Weltbesten zu erreichen.

Dreizehn Pfennige pro eingenommene Mark sind eine ganze Menge, zumal in einer Industrie, in der die Margen immer enger werden. Und soviel machen tatsächlich die besten Elektronikunternehmen gegenüber ihren schwachen Wettbewerbern allein in den Herstellkosten ihres gesamten Produktspektrums gut (Schaubild 1).

Wie groß die Stückkostenunterschiede in der Fertigung zwischen durchschnittlichen europäischen Anbietern und Weltklasseunternehmen mittlerweile sind, zeigen Reverse-Engineering-Aktionen. Unterschiede von vierzig bis sechzig Prozent für einzelne, direkt vergleichbare Produkte sind kein Sonderfall. Standortdiskussionen und Geschichten vom unschlagbaren ameisenartigen Fleiß in den asiatischen Entwicklungs- und Schwellenländern, wie sie in dieser Situation meist wieder aufleben, gehen am Problem vorbei. Schlimmer noch, sie lenken davon ab, daß die wesentlichen Verbesserungen im Entscheidungsbereich des Managements liegen.

Wo diese Verbesserungen ansetzen müssen, verrät die genaue Analyse der Herstellkostenlücke. An ihr sind Design-Unterschiede mit

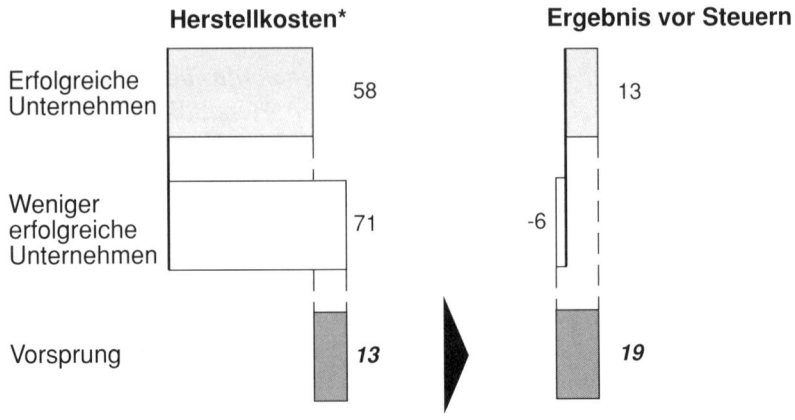

Ergebnisvorsprung erfolgreicher Unternehmen stark fertigungsbedingt

Prozentpunkte vom Umsatz 1991

Herstellkosten*   **Ergebnis vor Steuern**

Erfolgreiche
Unternehmen   58   13

Weniger
erfolgreiche
Unternehmen   71   -6

Vorsprung   *13*   *19*

* Material und Fertigung

Schaubild 1

gut der Hälfte beteiligt. Verantwortlich für die zweite Hälfte sind zu etwa gleichen Teilen operative Ineffizienzen und Faktorkostenunterschiede (Schaubild 2). Die Steigerung der Leistungsfähigkeit in der Fertigung sollte sich dementsprechend auf drei Ansatzpunkte stützen:

⟹ *Fertigungsgerechtes Design* muß zum marktgerechten Design hinzukommen: Das attraktive Produkt, das durch die Fokussierung auf hohen Kundennutzen entsteht, muß auch leicht und kostengünstig zu fertigen, zu installieren und zu warten sein.

⟹ Rasche *operative Prozeßverbesserungen* müssen zusätzlich für mehr Produktivität, Qualität und Geschwindigkeit sorgen.

⟹ Die ständige Überprüfung der Wertschöpfungstiefe, der Fertigungsstandorte und des Fertigungslinienaufbaus muß eine

Stückkostenunterschiede im Vergleich zur Weltklasse großteils Design-bedingt

FALLBEISPIEL: ELEKTRONIKSYSTEM

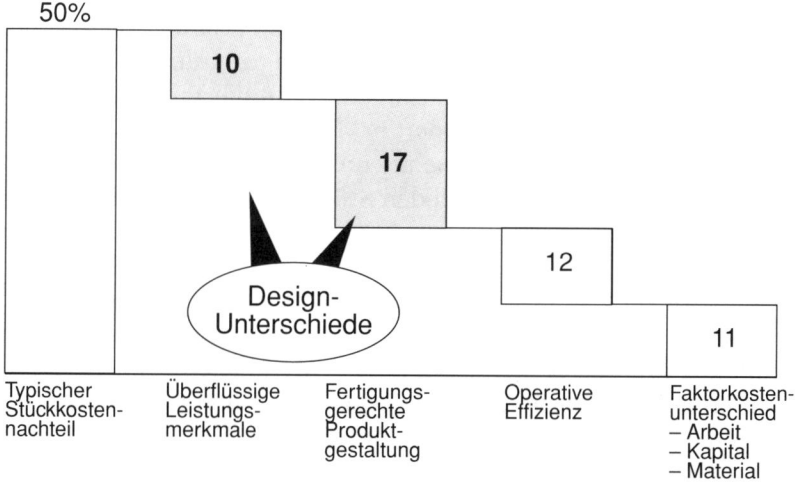

Schaubild 2

schnelle *Anpassung der Produktions-«Architektur»* an neue Erfordernisse sicherstellen.

Fertigungsgerechtes Design

Stecker extra stark vergoldet, die auch bei dauerndem Einstecken und Herausziehen eine Ewigkeit halten, viele Gehäuseschrauben statt Schnappverschlüsse, die Produktion und Service Zeit rauben, viele verschiedene Bauteile, die den Fertigungsfluß stören und das Lager füllen, fehlende Selbstdiagnosesysteme, die Reparaturen erleichtern könnten – die Liste der Design-Versäumnisse ließe sich endlos ausdehnen.

Diese Versäumnisse schlagen sich unmittelbar in höheren Kosten nieder. Aber eine weitere, oft übersehene Gefahr, ist ihre stark demotivierende Wirkung. Wenn Mitarbeiter sehen, daß Probleme bei Fertigung, Installation und Wartung (oder im Betrieb beim Endkunden) auf ein unzureichendes Design zurückgehen, dann nehmen sie das gern zum Vorwand, auch operative – vom Produktdesign völlig unabhängige – Verbesserungsanstrengungen zu unterlassen. »Warum sollen wir das Letzte herausholen, wenn die Entwicklung uns mit ihren Produkten behindert?« Mit solch einer Verweigerungshaltung büßt das Unternehmen dringend benötigte operative Verbesserungen ein; es fällt bei den Stückkosten weiter zurück.

Ein Teil des Designproblems ist aus der Welt – wie in Kapitel 2 gezeigt – sobald die Fokussierung auf Kundenbedürfnisse gelingt. Dann sorgt kundenorientiertes Design dafür, daß funktional richtige Produkte, unbelastet von überflüssigen Merkmalen, zum richtigen Preis erhältlich und einfach zu bedienen sind. Außerdem macht servicegerechtes Design die Installation und Wartung so einfach, daß sie Laien überlassen werden können.

Noch stärker ins Gewicht fallen allerdings Designschwächen, die direkt die Fertigung beeinträchtigen. Viel zu häufig kommt es vor, daß die Designs der Entwickler Probleme in der Fertigung aufwerfen. Leiterplatten-Layouts sind so gestaltet, daß sie beim Setzen der Bauelemente und beim Löten Fehler geradezu herausfordern, Spritzgußteile sind so geformt, daß teure Formen notwendig und schadhafte Oberflächen wahrscheinlich sind, Komponenten und Gehäuse so gestaltet, daß komplizierte Montageanleitungen zu befolgen sind, um Fehler zu vermeiden. Dabei können, wie Erfahrungen von Elektronikherstellern zeigen, Fehlerraten schon per Design um fünfzig Prozent reduziert werden.

Bei fertigungsgerechtem Design ist das Produkt allein durch seine Konstruktion und Gestaltung mit hoher Prozeßsicherheit produzierbar; solche intelligenten, die Erfordernisse der Fertigung berücksichtigenden Produkte sind noch immer viel zu selten. Es gilt, die

Konstruktion so auszulegen, daß die Schwankungen der Material-
qualität sowie der maschinellen und menschlichen »Handgriffe«
möglichst ohne Einfluß auf die Qualität des Endprodukts bleiben.
Eine hohe Qualität setzt außerdem eine hohe Prozeßstabilität voraus, die nicht zuletzt durch einen hohen Anteil von Gleichteilen
und damit große Fertigungslose erreicht werden kann.

Intelligente Konstruktion. Daß die Robustheit der Prozesse öfter
als nötig auf der Strecke bleibt, ist so lange nicht verwunderlich, wie
die Entwicklungs- und Konstruktionsingenieure ihre Lösungen
ohne Rückkopplung mit den Werkern an der Fertigungslinie und
ohne ausreichende EDV-Unterstützung für den Entwurf, die Infor-
mationsverwaltung und Simulationen isoliert am Schreibtisch ersinnen. Wie soll ein Entwickler all die winzigen Details kennen und
bedenken, die in der Produktion stören können und in denen nicht
selten vergleichsweise große Einsparungspotentiale stecken? Wie
soll der Entwickler wissen, was für Fertigung und Montage wirklich
»einfach« ist, wenn er nicht im Detail über die Abläufe, Maschinen
und Menschen in der Fabrik Bescheid weiß?

Schnelle Verbesserer und hochproduktive Unternehmen sorgen daher für engen Kontakt zwischen Entwicklung und Fertigungslinie,
und sie – allen voran die Amerikaner – stellen sicher, daß ihre De-
sign-Abteilungen die bestmögliche Systemunterstützung erhalten,
durch Modulbibliotheken und Simulationsumgebungen sowohl für
die Software als auch für die Hardware. In ihrem CAD-System halten sie zum Beispiel Konstruktionselemente vor, und sie stellen
auch Detailwissen zu einigen Spezialthemen bereit, wie zur Gestaltung von Oberflächen und Ecken bei Spritzgußteilen oder Positionierung von Bauelementen auf Leiterplatten für optimale Setz-
und Lötbarkeit.

Daneben versuchen die führenden Hersteller zunehmend, mit
Simulationen Fehlerquellen im Produkt- und Prozeßdesign bereits
im Vorfeld aufzuspüren. So verwenden sie die FMEA-Methode
(»Failure Mode and Error Analysis« oder auch »Fehler-Möglich-

keits- und -Einfluß-Analyse«), um systematisch den Produktionsvorgang auf Fehlerursachen im Produkt oder System zu analysieren. Dazu werden gedankliche Experimente der Form »Was passiert, wenn dieses schiefgeht?« durchgeführt. Der gesamte Fertigungsprozeß wird so Schritt für Schritt durchgespielt, die Auswirkungen werden dokumentiert und Maßnahmen zur Beseitigung oder Eindämmung möglicher Fehler am Produkt oder am Prozeß vorgenommen.

Mit Hilfe der Taguchi-Methode gelingt es außerdem, mit verhältnismäßig wenigen Versuchs- und Analyseschritten bei komplizierten Produktionsverfahren Produkteigenschaften und Prozeßparameter optimal aufeinander abzustimmen. Diese Methode ist, vereinfacht, die wissenschaftlich-experimentelle Ergänzung der FMEA-Methodik. Sie ermöglicht speziell für Fälle komplexer Produkte oder Prozesse, in denen viele Parameter simultan optimiert werden müssen, die Erarbeitung eines »robusten« Designs.

Hierzu wird zum Beispiel für Prozesse eine Qualitätsfunktion auf Basis der relevanten Parameter gebildet (z.B. die Zahl nichtleitender Lötstellen als Funktion der Löttemperatur, der Geschwindigkeit, der Form der Bauelemente, der Vorbehandlung der Kontaktstellen), und es wird ein sehr effizienter Plan für die Experimente zur Analyse der Abhängigkeiten zwischen Endergebnis und den zu optimierenden Parametern entwickelt.[1]

Neben diesen »intellektuellen« Werkzeugen und Methoden kommen auch mehr und mehr DV-gestützte Simulationsverfahren zum Einsatz. Mit ihnen simulieren erfolgreiche Unternehmen der Elektronikindustrie sowohl den Fertigungsprozeß mit, zum Beispiel, Leiterplattenbestückung und Endmontage als auch die Funktion unter störenden Umwelteinflüssen, zum Beispiel die Reaktion von

---

[1] Ealy, Lance: Quality by Design – Taguchi Methods and US Industry; Phadke, Madhar S.: Quality Engineering Using Robust Design

Schaltungen auf elektromagnetische Felder. Damit werden langwierige und kostspielige Überarbeitungsschleifen überflüssig, und schon der erste, spätestens der zweite Designentwurf kann problemlos realisiert werden.

Schließlich verfeinern die erfolgreichen Elektronikunternehmen im Verlaufe der Entwicklung und der Vorserienfertigung ihr Wissen über prozeßgerechtes Konstruieren. Für schnellen Zugriff bereiten sie dieses Wissen in Handbüchern, Expertensystemen oder DV-gestützten Bibliotheken systematisch auf, sorgen dann aber auch für ständige Aktualisierung.

Stabile Prozesse. Die einzelnen Produkte können noch so intelligent konstruiert sein und trotzdem der Forderung nach »robusten Prozessen« nicht gerecht werden. Wenn zu viel Neues, zu viel Unterschiedliches mit dem Produkt in die Fertigung einfließt, ist sie überfordert, Fehler treten vermehrt auf. Deshalb halten sich die Erfolgreichen an drei Prinzipien, die wieder viel mit Fokus und Einfachheit zu tun haben.

Erstens setzen sie nur eine *geringe Anzahl unterschiedlicher Technologien* ein. Sie verwenden in ihren elektronischen Baugruppen nur wenige Elemente mit unterschiedlichen Bauformen; sie minimieren die Bearbeitungsschritte bei Metall- und Kunststoffteilen.

Zweitens setzen sie auf die *Wiederverwendung von bewährten Modulen,* und zwar nicht nur in den Produkten innerhalb einer Produktfamilie, sondern auch in den Nachfolgeprodukten. Öffnet man zum Beispiel eine Reihe von Panasonic-Telefonen, so erkennt man, daß Schaltungsgruppen unverändert über mehrere Produkte und Produktfamilien hinweg Verwendung finden.

Und ebenso gehen sie, drittens, *besonnen an den Übergang zu neuen Technologien* heran. Eine bewährte Technologie hat bei ihnen erst dann ausgedient, wenn eine neue nachweislich die Funktionalität verbessert oder die Produktivität steigert. Die Umstellung wird im voraus gründlich bewertet. Ist sie dann beschlossen, geht alles rasend schnell; die Erfolgreichen setzen eine beschlossene Neuerung kompromißlos um – so gesehen bei den elektronischen Komponenten, mit denen sie gezielter und konsequenter als weniger erfolgreiche Wettbewerber die mechanischen oder elektromechanischen Bauteile ablösten.

Auch beim Umstieg auf moderne Techniken der Oberflächenmontage elektronischer Bauelemente sind die Erfolgreichen führend. Die neue SMD(Surface Mounted Device)-Technologie hat sich bei ihnen im Durchschnitt früher gegenüber der hergebrachten PTH-(Pinthrough-hole)-Technologie oder der Montage von Hand durchgesetzt (Schaubild 3).

Schnellerer Übergang zu SMD

Trend Bauelementetechnologie
in Prozent der gesetzten Bauelemente

Erfolgreiche Unternehmen   Weniger erfolgreiche Unternehmen

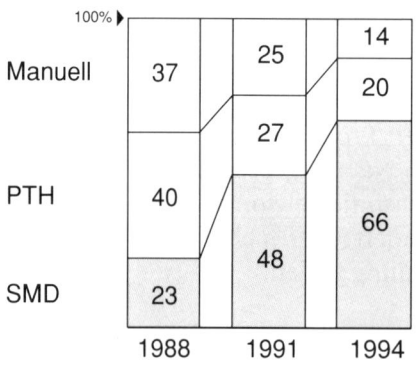
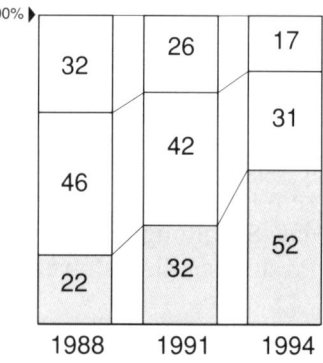

Schaubild 3

Die pragmatische und sehr gezielte Kombination von Bewährtem und Neuem bestätigt sich beim genaueren Blick auf die Platinen der Produkte erfolgreicher Anbieter: Modernste Technologien für die Chip-Montage auf Leiterplatten und kleinste SMD-Bauformen werden dort eingesetzt, wo es der Kundennutzen rechtfertigt. Handflächengroße Videokameras und Mobiltelefone im »Handy«-Format beispielsweise erfordern aus Platzgründen eine Miniaturisierung und Integration auf engstem Raum.

Bei diesen Produkten beweisen die Erfolgreichen, daß sie den Umgang mit den hier erforderlichen Technologien rechtzeitig gelernt haben. Die Konkurrenzprodukte weniger erfolgreicher Anbieter fallen dagegen häufig schon durch ihre klobige Größe auf, und der Blick ins Innere zeigt dann, daß der Hersteller noch mit Fertigungs- und Bauelemente-Technologien kämpft, die zwei Generationen älter sind als die von der Weltklasse eingesetzten.

Ganz anders der Anblick und der technische Aufbau von Produkten der Weltbesten überall dort, wo – wie zum Beispiel bei Fernsehgeräten – massive Größenbeschränkungen oder hoher Innovationsdruck keine Rolle spielen. Hier finden sich häufig erstaunlich alte Schaltungsmodule und Komponenten. Und diese werden, wie Besuche in den zugehörigen Fabriken zeigen, auf ebenso alten, dedizierten Fertigungseinrichtungen – häufig sogar in spezialisierten Fabriken in Niedriglohnländern – gefertigt.

Schnelle operative Prozeßverbesserungen

Mit dem »umfassenden Redesign« von Produkten und Prozessen ist die Weiterentwicklung der Fertigungsprozesse keineswegs ausgereizt. Erfolgreiche Unternehmen schenken auch den vermeintlich kleinen Verbesserungen ungeminderte Aufmerksamkeit und treiben sie kontinuierlich voran. Die Ergebnisse dieser ständigen Verbesserungsaktionen bauen sich zu einem ungeheuren Erfahrungsschatz auf, der immer wieder in neue Produktgenerationen und neue Fertigungsprozesse einfließt.

Die Wirkung ist zum Beispiel am Automatisierungsverhalten zu beobachten, wo die Erfolgreichen mit sehr viel mehr Augenmaß vorgehen. Und besonders plastisch führen, einmal mehr, die Japaner den Erfolg der laufenden kleinen Verbesserungen vor.

Automatisierung mit Augenmaß. Die Fertigungen weniger erfolgreicher Unternehmen setzen meist auf übermäßige Automatisierung. Sie glauben, mit hochmodernen, vollautomatisierten, stark verketteten Anlagen den Anforderungen der dynamischen Elektronikmärkte am ehesten gerecht werden zu können. Sie wollen die vielzitierte »Losgröße eins« mit vollautomatischen Rüstvorgängen erreichen. Tatsächlich führt dieser Ansatz jedoch zu überteuerten und weniger produktiven Fertigungen, wenn nicht zuvor das Produkt- und Prozeßdesign in ausreichendem Maße fokussiert und die Komplexität sehr stark reduziert wurden (s.a. Kapitel 2).

Unternehmen mit einer übertriebenen Automatisierungsstrategie halten in der Regel eine Steigerung der Personalproduktivität für weniger wichtig. Und damit begehen sie ihren zweiten großen Fehler. Weil sie nur mit den direkten Lohnkosten rechnen, die heute bei zwei bis fünf Prozent der Herstellkosten liegen, erwarten sie – wenn überhaupt – nur marginale Verbesserungsmöglichkeiten der Gesamtkostenposition. Sie übersehen dabei den weit größeren Anteil indirekter Kosten und die Wechselwirkungen mit Kosten für Räume, Geräte und Material, die eine Steigerung der Personalproduktivität durchaus lohnend machen.

Der eingangs erwähnte Unterschied in den Herstellkosten findet sich zum überwiegenden Teil in den Konversionskosten, die erforderlich sind, um das bezogene Material zu Endprodukten zu verarbeiten. Innerhalb der Konversionskosten wiederum spielt die Personalproduktivität eine herausragende Rolle: Im Segment Computer/ Kommunikation beispielsweise benötigen die erfolgreichen Unternehmen 3,5 Mitarbeiterstunden in der Fertigung, um 1.000 Dollar Wertschöpfung zu erarbeiten. Die weniger erfolgreichen brauchen dafür 10,3 Stunden. Ähnlich ausgeprägt sind die Unterschiede bei großen Systemen mit 3,3 gegenüber 7,3 Stunden für ebenfalls 1.000 Dollar Wertschöpfung; weniger groß ist der Abstand in der Konsumelektronik mit 20,4 zu 24,4 Stunden (Schaubild 4).

Weniger Personal in der Fertigung

Arbeitsstunden in der Fertigung
pro US$1.000 Wertschöpfung*

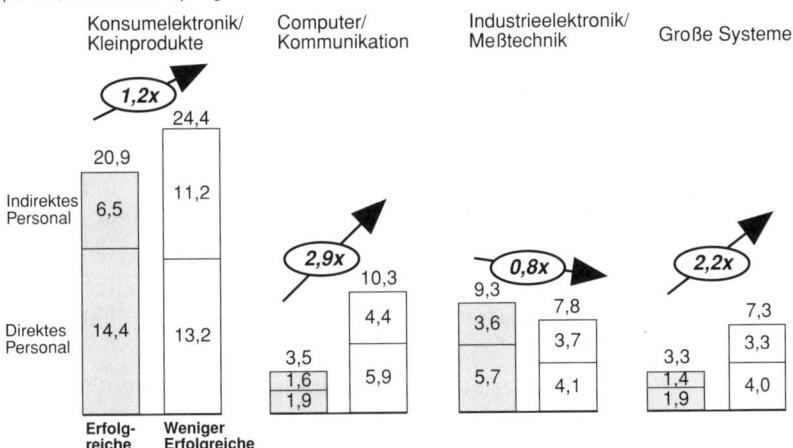

* Währungsumrechnung mit Kaufkraftparitäten

Schaubild 4

Das bedeutet, daß im Durchschnitt dieser hart umkämpften Industriesegmente die Erfolgreichen etwa halb so viele Mitarbeiter in der Fertigung (direkt und indirekt) benötigen wie ihre Wettbewerber. Ein solcher Unterschied ist natürlich keineswegs mehr vernachlässigbar. Er führt einerseits zu eindeutigen operativen Vorteilen, und andererseits werden in Fabriken mit extrem hoher Personalproduktivität auch Investitionen in Maschinen und Automatisierungstechnik anders bewertet. Soll Personal durch Maschinen substituiert oder auch die Produktivität weiter gesteigert werden, wächst automatisch der Anspruch an den Nutzen solcher Investitionen.

Einmal auf dem »Maschinenkurs« dagegen, halten Unternehmen schon bald Ausschau nach der nächsten Automatisierungslösung. Ihre Automatisierungsinvestitionen sind dementsprechend mehr als doppelt so hoch wie die der Erfolgreichen (s. a. Kapitel 2). Zum Beispiel versuchen solche Unternehmen häufig, ihre niedrigere Setzleistung für elektronische Bauelemente durch einen frühzeitigen Umstieg auf höher integrierte Schaltkreise und die Verringerung der Anzahl Bauelemente auszugleichen. Auf diese Weise senken sie zwar ihre Setzkosten; dafür steigen ihre Kosten pro Bauelement, da die benötigten Chips speziell entworfen und in verhältnismäßig kleinen Fertigungslosen produziert werden müssen. Außerdem müssen sie die Anschaffungskosten für neue, teure Setzautomaten verkraften, die Risiken für Entwicklung und Produktion neuer Chips tragen, und an die Produktivitätssteigerungsraten schneller Unternehmen in den USA oder Japan kommen sie damit auch nicht heran.

Die Erfolgreichen beschreiten einen anderen Weg. Nicht nur erschließen sie zunächst mit prozeßorientierten Produktdesigns das volle Produktivitätspotential der einmal gewählten Lösung, sondern sie verbessern auch in mühevoller Kleinarbeit laufend die Funktionsfähigkeit des bestehenden Maschinenparks, erreichen so eine höhere Prozeßsicherheit, haben weniger Produktionsausfälle und benötigen weniger Kapazität. Damit können sie ihre Automaten länger nutzen und reduzieren den Investitionsbedarf und das Umstellungsrisiko.

Unternehmen mit einer höheren Prozeßsicherheit erreichen auch eine bessere Qualität. Das spart Prüf- und Nacharbeit. Dadurch werden Personalkapazitäten für andere Aufgaben frei. Zum Beispiel, wenn die Setzköpfe von Maschinen zur automatischen Bestückung von elektronischen Bauelementen auf Vorschlag der Mitarbeiter an der Linie so justiert werden, daß die Beinchen der Bauelemente weniger häufig knicken und der Setzautomat statt weniger Minuten eine ganze Stunde ohne Unterbrechung läuft. Dann können die Mitarbeiter an der Linie sich um die Lösung weiterer Probleme kümmern, mehr Maschinen übernehmen und für die rechtzeitige Bereitstellung von Material sorgen; Stillstandszeiten durch fehlende Bauteile am Band werden minimiert. Die Produktivität steigt deutlich; das Unternehmen läßt weniger konsequente Optimierer unter den Wettbewerbern weit hinter sich.

Erfolgsbeispiel Japan. Japanische Unternehmen gelten seit langem zu Recht als Meister der kontinuierlichen Verbesserung; sie haben eine erstaunliche Prozeßsicherheit erreicht. Daß ihre Qualitätszahlen bei der Bestückung von elektronischen Leiterplatten vor Nacharbeit bis zu 99 Prozent betragen, über mehrere Tage hinweg sogar 100 Prozent erreichen können, und daß sie schon von einem Verfügbarkeitsproblem sprechen, wenn einmal pro Jahr ihr Band aufgrund von Fehlteilen stillsteht, hat viele europäische Produktionsmanager lange Zeit verblüfft – waren sie doch an Qualitätszahlen von 85 Prozent und wöchentliche fehlteilbedingte Stillstände der Produktion gewöhnt.

Wie massiv die Unterschiede im Einzelfall werden können, zeigt der Vergleich einer westeuropäischen Linie zur Bestückung von Baugruppen im herkömmlichen »Automatisierungs«-orientierten Stil mit den optimierten Fertigungslinien nach japanischem Vorbild (Schaubild 5). Bei der Linie nach japanischem Muster wurden zunächst durch das Redesign der Produkte höhere Prozeßstabilität und Qualität erreicht, vor allem wurde die Zahl der Exoten – nicht mit Standardmaschinen setzbare Bauelemente – reduziert und die Baukastenanordnung für bessere Lötbarkeit optimiert. Hinzu kamen jedoch kontinuierliche Verbesserungen im Betrieb; so wurden zum Beispiel detaillierte Erkenntnisse über die Feinjustage der Automaten genutzt, um den Materialfluß zu vereinfachen. Außerdem brachte der Verzicht auf manuelle Bestückung und starr verbundene Automaten umfassende Verbesserungen.

Drastische Verbesserungen sind auch in Deutschland möglich

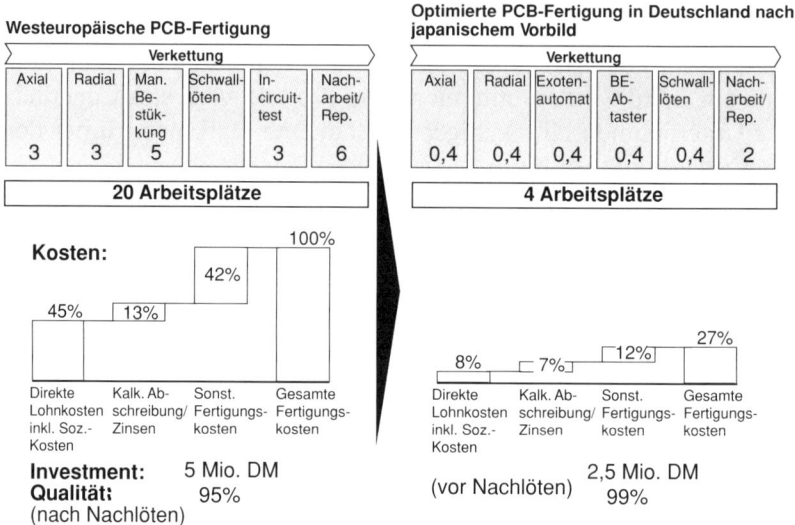

Schaubild 5

Durch Erhöhung der Qualität auf über 99 Prozent vor Nacharbeit kann auf einen In-Circuit-Test in der Linie verzichtet werden. Es gibt nur noch eine Funktionsprüfung nach der Montage des Gerätes und eine automatische Prüfung der Bestückung durch einen Bauelemente-Abtaster. An der Linie sind dadurch nicht mehr 20, sondern nur noch vier Mitarbeiter notwendig. Durch Design-Optimierung und Übergang zu Festrüstungen kann auf mehrere Automaten des gleichen Typs verzichtet werden. Die Investitionen halbieren sich, denn die Kapazität der Linie verdoppelt sich nahezu. Parallel dazu wird deutlich weniger Platz benötigt, und die sonstigen Fertigungskosten können auf ein gutes Viertel gesenkt werden.

In Summe ergibt sich eine Kosteneinsparung von 73 Prozent bei gleichzeitig erhöhter Qualität, Liefersicherheit und Kapazität.

Nach wie vor überrascht es viele, daß sich auch nach mehreren Optimierungswellen noch neue Verbesserungsmöglichkeiten auftun. Aber erfolgreiche Prozeßoptimierer finden immer wieder Wege zu neuen Leistungsebenen. Zum Beispiel dadurch, daß sie sich scheinbar widersprüchliche Ziele setzen – so etwa »Rüstkosten und Lagerkosten gleichzeitig senken«. Gelingt das, zum Beispiel durch Minimierung der Rüstzeiten und Vereinfachung von Lagerstrukturen und -technik, so erreichen sie einen neuen »Optimalpunkt« der Losgrößenformel, der nicht selten um mehr als fünfzig Prozent unter dem alten liegt.

Die halbierten Kosten sind jedoch vielfach nicht das einzige und vielleicht nicht einmal das wichtigste Ergebnis. Wertvolle Nebenprodukte sind unter Umständen Verbesserungen wie höhere Flexibilität und Verkleinerung der wirtschaftlichen Losgröße.

In der Tat liegen selbst die besten Unternehmen erfahrungsgemäß mit ihren Herstellkosten noch um einen Faktor 2 über dem theoretischen Optimum - den sogenannten Kernkosten. Das zeigt eine Analyse des Anteils der eigentlich wertschöpfungsnahen Tätigkeiten am Gesamtaufwand.

Kein Wunder also, daß die Weltmeister trotz ihrer besseren Ausgangslage häufig auch bei der Verbesserungsgeschwindigkeit vorne liegen. Sie machen nicht halt, wenn ein Potential erschöpft scheint, sondern erschließen mit immer neuen Aktionswellen neue Quellen der Überlegenheit. Sind es in der Anfangsphase eines Optimierungszyklus zunächst vor allem Personaleinsparungen, stammen die Potentiale später meist aus einer besseren Maschinenauslastung oder verringertem Ausschuß, Materialeinsatz und Energieverbrauch. Mit neuen Technologien und den darauf basierenden Produkten wird wieder ein neuer Optimierungszyklus begonnen. (Die für derartige schnelle und fortlaufende Verbesserungsprozesse erforderlichen organisatorischen Rahmenbedingungen werden in Kapitel 7 noch ausführlicher diskutiert.)

Schnelle Anpassung der Produktions-»Architektur«

Siemens baut Kapazität ab, PKI zieht mit seiner Telefonproduktion ins Verwaltungsgebäude. Honeywell räumt die ehemaligen Produktionshallen und fertigt seine Haustechnikregelungen im Bürogebäude. Japanische Elektronikhersteller schließen kurzfristig Standorte in Japan, um die Produktion nach China zu verlagern. Vor einigen Jahren hätten Schlagzeilen wie diese ungläubiges Erstaunen hervorgerufen. Heute klingen solche Meldungen schon fast vertraut, interessant bleibt jedoch in jedem einzelnen Fall die Frage, wie es zu dieser Entwicklung kommen konnte und was der Trend für die Zukunft der Elektronikindustrie bedeutet.

Die Vorgeschichte ist fast immer sehr ähnlich. Ungünstige Produktionskosten, verbunden mit rückläufigen Fertigungsvolumina durch rasante Innovation und raschen Produktivitätsfortschritt, haben zu einer Überprüfung der Fertigungsstrategie geführt. Als Ergebnis legen die Unternehmen neu fest, wo sie produzieren, was sie davon selbst machen und welche Kapazitäten sie vorhalten. Denn gerade die erfolgreichen Unternehmen bleiben bei der operativen Schlankheitskur durch fertigungsgerechtes Produktdesign, Baukastenprinzip, kontinuierliche operative Verbesserung und Anpassung der Organisationsstruktur und der Prozesse nicht stehen. Sie nutzen die Restrukturierung und Neufestlegung der »Architektur« ihrer Produktion als Mittel zur Leistungssteigerung.

Dabei konzentrieren sie ihre oft aus historischen Gründen vielfältigen und weit verstreuten Fertigungsstandorte, um an einem oder wenigen Plätzen die kritische Masse an Know-how und Fertigungsvolumen zu erreichen. Daneben nutzen die aggressiven Wettbewerber auch ganz gezielt die Standortwahl als Mittel, um näher an Lieferanten und Absatzmärkte heranzukommen und/oder von niedrigen Faktorkosten zu profitieren.

Konzentration und Kapazitätsanpassung. Für die Ewigkeit ausgelegt sind die Produktionsstandorte und Fertigungsanlagen schon lange nicht mehr. Dafür bietet die dynamische Elektronikindustrie nicht genug Planungssicherheit. Erfolgreiche Unternehmen haben dies erkannt und passen ihre Fertigungskapazitäten schneller und radikaler an die benötigten Volumina an. Im Vergleich zu den weniger erfolgreichen sind sie deshalb um bis zu 26 Prozentpunkte besser ausgelastet (Schaubild 6), ihre Gewinne entsprechend höher.

Deutlich höhere Kapazitätsauslastung

Prozent Auslastung*

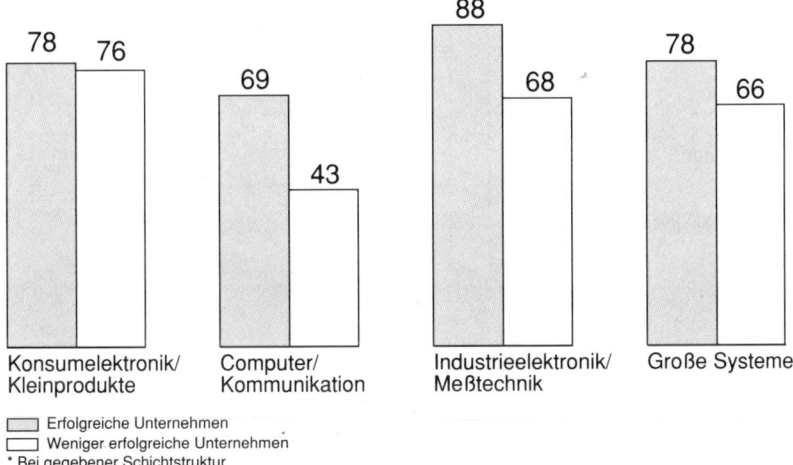

Schaubild 6

Langfristig vermeidbar sind solche Kapazitätsveränderungen nicht. Denn die Industriedynamik in der Elektronik führt zu fortlaufendem Wertschöpfungsverlust für die Unternehmen. Der Vergleich der

Wertschöpfung in Prozent des eingekauften Materials zeigt es (Schaubild 7): In der teilweise noch mechanisch geprägten Industrieelektronik beträgt die Wertschöpfung 334 Prozent des Materialwertes. In der reifen und hochkompetitiven Konsumelektronik ist die Wertschöpfung dann auf 61 Prozent des direkten Materials geschrumpft.

Wertschöpfung und Margen nehmen mit zunehmender Segmentreife rapide ab

Durchschnittliche Kostenstrukturen (erfolgreiche Unternehmen) 1991

Anteil Materialkosten = 100

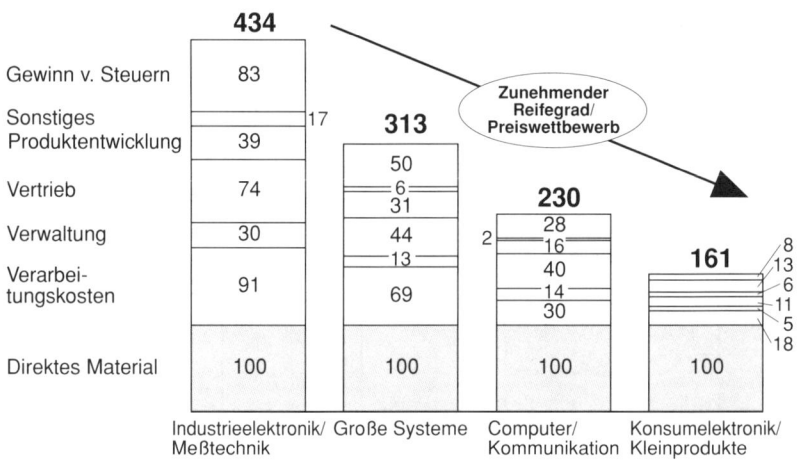

Schaubild 7

Hinter diesen Veränderungen stehen vor allem drei Entwicklungen: Erstens führt die zunehmende technische Integration von Elektronik-Hardware zu weniger Bauteilen. Zweitens reduzieren Design- und operative Verbesserungen Fehler, Rüstzeiten und andere nicht-produktive Elemente. Drittens schließlich führt der Wettbewerbsdruck zur Herausbildung von Komponentenspezialisten. Damit werden Endprodukthersteller mehr zu reinen Montagebetrieben für zugekaufte bzw. in eigenen Tochterunternehmen gefertigte Module.

Als Reaktion auf diese zwangsläufige Entwicklung konzentrieren Erfolgreiche ähnliche Produkte in dedizierten Standorten, bündeln Aktivitäten und schließen Standorte mit unterkritischer Masse. Gleichzeitig passen sie sowohl die maschinelle als auch die Personalkapazität an die aktuellen Erwartungen zur Wertschöpfungsentwicklung an, um die erforderliche Produktivitätssteigerung von ca. sieben Prozent p.a. der Erfolgreichen fortlaufend zu realisieren.

Bei dieser Restrukturierung sind Standorterweiterungen und -neueröffnungen die Ausnahme, sieht man einmal von der Verlagerung der Produktion in Billiglohnländer ab. Die Standortverkleinerungen oder -schließungen, weit eher an der Tagesordnung, haben gleichwohl nichts vom Charakter eines dramatischen Ereignisses verloren, da sie zwangsläufig mit personellen Konsequenzen verbunden sind.

Aber ohne diese Anpassungen geht es nicht. Denn Überkapazitäten über längere Zeit gefährden alle Arbeitsplätze. Die Branchendynamik in den schnellebigen Elektronikmärkten begünstigt die effizienten Anbieter mit mehr Volumen und höherer Auslastung, die zu geringeren Stückkosten führt. Schlecht ausgelastete Unternehmen müssen irgendwann die Kosten der leeren Kapazitäten auf ihren Absatz umlegen. Dann erhöhen sie entweder die Preise und verlieren damit mehr Volumen, oder sie reduzieren die Gewinne und riskieren damit ebenfalls den wirtschaftlichen Exitus. Bei der Optimierung der Kapazitäten kann es keine Tabus geben. Wenn Markt und Produktivitätsfortschritt es erfordern, gilt es schnell zu handeln.

Standortwahl. »Offshore-Fertigung« in Niedriglohnländern oder Fertigung in Hochlohnländern – über diese beiden Grundoptionen muß jedes Elektronikunternehmen in Europa, Japan und den USA nachdenken. Die Entscheidung für die »Offshore-Fertigung« fällt in der Konsumelektronik immer häufiger; nach der Langzeitstudie wählen bereits 35 Prozent der Unternehmen dieses Bereichs vorwiegend diese Lösung.

Wo die Kosten eine so überragende Rolle spielen wie in der Konsumelektronik, hat eine Produktion in den Billiglohnländern offensichtliche Vorteile. Die Fabriken in den Grenzzonen der Industrialisierung, in den chinesischen Freihandelszonen um Shenzhen oder Shanghai, in Indonesien, Thailand oder Vietnam, operieren mit Lohn- und Personalkostenanteilen von ca. einem Prozent der Gesamtkosten; die Immobilienkosten sind gleichfalls deutlich niedriger; Unternehmen treffen hier aber trotzdem schon auf eine weitgehend funktionsfähige Infrastruktur mit Strom, Wasser, Telekommunikationsanbindung; das einheimische Personal erreicht einen hohen Ausbildungsstand – in Einzelfällen sogar westliches Niveau.

Diesen unübersehbaren Vorteilen stehen in der Regel höhere Transportkosten, geringere Personalproduktivität sowie Sprach- und Kulturbarrieren gegenüber, die eine Integration erschweren. Auch das politische und soziale Risiko der atemberaubenden Dynamik dieser Regionen darf nicht unterschätzt werden.

Per Saldo lohnt sich jedoch für viele Unternehmen die Verlagerung; manchmal haben sie auch keine andere Wahl, und zwar dann, wenn Produkte mit geringer Innovationsrate aus stabiler Großserienfertigung einem extremen Preisdruck ausgesetzt sind – und vor allem, wenn die Güter relativ kleinvolumig sind. Im Hinblick auf die »landed cost«, also die Vollkosten des Produktes im Absatzland, ist zum Beispiel ein Walkman für die Offshore-Fertigung besser geeignet als ein Fernsehgerät, weil die Frachtkosten nicht zum dominierenden Teil der Kostenstruktur werden sollten. In Konsequenz sind bei Sony zum Beispiel Fernsehproduktionen regional verteilt, während die Produktion, zum Beispiel für Walkman oder Minidiskgeräte, zentral in Fernost liegt.

Die erfolgreichsten Konsumelektronikhersteller nutzen geschickt selbst kleinste Faktorkostenvorteile. Ihr Management versteht es,

Fabriken so zu gestalten, daß sie schnell aufgebaut und hochgefahren werden können. Innerhalb eines halben Jahres erreichen diese Fabriken annähernd die Produktivität wie in Japan. Nach drei bis fünf Jahren, wenn der für Schwellenländer typische Lohnkostenanstieg nicht mehr durch Produktivitätssteigerungen ausgeglichen werden kann und der vorteilhafte »Borderzone-Status« schwindet, brechen diese Unternehmen wieder ihre Zelte ab. Sie ziehen wie Nomaden zum nächsten Standort weiter – vor kurzem noch in Singapur, heute in Vietnam oder Shenzhen und in ein paar Jahren vielleicht in weiteren aufstrebenden Entwicklungsländern oder in den Ländern der GUS (Schaubild 8).

Steigendes Weltklasseniveau, neue Billigländer und neue Gesamtoptima gefährlich für europäische Hersteller

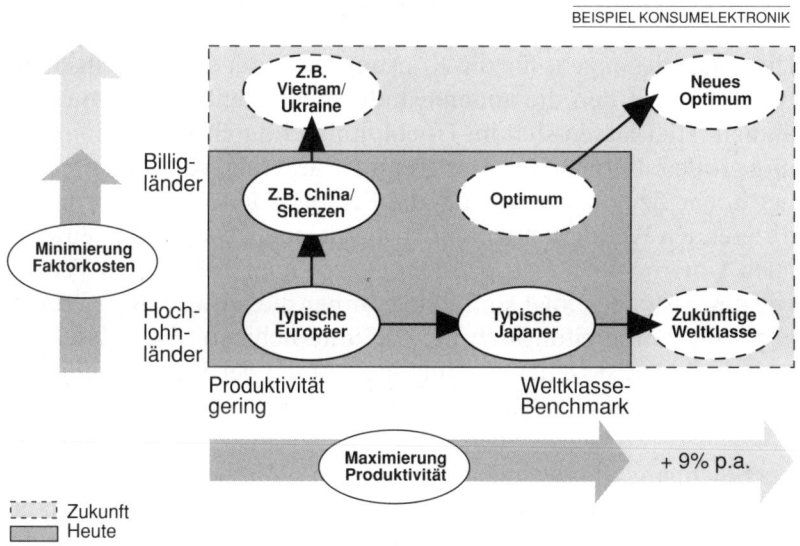

Schaubild 8

Das Spiel mit den »Wanderfabriken« an den geographischen Grenzen der industriellen Entwicklungswelt kann sich allerdings niemand leisten, der es nicht voll beherrscht. Ein Produktionsleiter formulierte es treffend: »Wer schon zu Hause seine Fabrik nicht auf Leistung bringt, wird es auch in Singapur oder China nicht schaffen.« Statt der erhofften Vorteile kommt es zu weiteren Rückschlägen.

Jede Standortverlagerung aus Kostengründen muß deshalb besonders gut vorbereitet sein. Es gilt, zunächst das Produktdesign zu optimieren, dann die Standortfrage mit fachkundiger Unterstützung vor Ort zu sondieren und einen kompetenten Partner auszuwählen, der das Management und den Betrieb vor Ort führen kann. Am Heimatstandort sollten parallel alle Effizienzsteigerungspotentiale in der Fertigung erschlossen werden, um genau zu verstehen, welche operativen Leistungsgrenzen in den meist weniger automatisierten Fertigungen der Niedriglohnländer erreicht werden müssen.

Diese Überlegungen, für die Konsumelektronik schon weitgehend Alltag, sind in den die anderen Industriesegmenten noch nicht so aktuell. Hier lassen sich im Hochlohnland durch Innovationsgeist und größere Pfiffigkeit in Design und Marketing, verbunden mit einer hocheffizienten Fertigung, die Faktorkostenvorteile der nomadisierenden Wanderfabriken noch ausgleichen. Das stellen teilweise auch Unternehmen fest, die dem allgemeinen Trend nach Fernost wie einer Mode gefolgt sind, ohne vorher die notwendigen Prüfungen und Vorbereitungsschritte zu unternehmen. Sie wissen inzwischen, daß sie einen signifikanten Anteil der Wertschöpfung in ihrer Stammregion belassen sollten.

Vergleichbare Überlegungen wie für die »Wanderfabriken« gelten auch für Softwareentwicklung, wo schon heute, über Satelliten gekoppelt, Hunderte von Softwareentwicklern in Rußland oder in Indien für weltweite Konzerne arbeiten und täglich ihre fertigen Programmzeilen an das jeweilige Hauptquartier überspielen. Hier muß allerdings sorgfältig über die Arbeitsteilung nachgedacht werden. Russische Entwickler, die bisher komplexe Probleme mit weniger potenten Rechnern als ihre westlichen Kollegen lösen mußten, sind beispielsweise bekannt für sehr effiziente und hochwertige Algorithmen. Im Umgang mit modernsten Programmiersprachen und -werkzeugen haben sie jedoch meist noch erheblichen Nachholbedarf.

Natürlich sind Kostenüberlegungen nicht der einzige Grund für eine Verlagerung einzelner Funktionen in andere Regionen der Welt. Häufig entscheiden sich Unternehmen für einen neuen Standort, um näher an den Kunden und die Informationsmärkte oder auch die Zulieferer heranzurücken.

In vielen Ländern Asiens beispielsweise ist Anwesenheit die Eintrittskarte in die lokalen Märkte mit ihrem großen Wachstumspotential. Denn für Eintrittsbarrieren sorgen in diesen Ländern nicht nur die Regierungen mit ihren Local-content-Bestimmungen. Zuweilen sperren sich Unternehmen selbst aus; besonders die Europäer vergessen offenbar leicht, daß Präsenz vor Ort in einigen Geschäften unabdingbar ist. Warum aber sollten für Asien die Erwägungen nicht gelten, die im europäischen Ausland und den USA Anlaß waren, dort einzelne Funktionen wie Entwicklung und Montage in kundenspezifischen Geschäften anzusiedeln?

Und schließlich sichern sich viele Hersteller neben dem Marktzugang über ihre Unternehmensteile im Gastland auch eine »Insider«-Position, die sie direkt in die Informationskanäle der örtlichen Anbieter und Lieferanten einbindet. Ihnen geht es zum Beispiel besonders in hochinnovativen Bereichen um die räumliche Nähe zu Lieferanten und Komponentenentwicklern, durch die sie sich frühzeitig und genau über neue Entwicklungen informieren können und möglicherweise eher als die Konkurrenz Prototypen zur Erprobung erhalten. Oder sie stehen unter starkem Kostendruck, und es haben sich beispielsweise in Singapur Spot-Märkte für Standard-Bauelemente der Elektronik gebildet, auf denen die Preisniveaus bis zu 30 Prozent unter den offiziellen Listenpreisen in USA oder Europa liegen. Zugang zu diesen regionalen, häufig informellen Märkten erlangen aber nur »Insider«-Unternehmen, die mit lokalen Mitarbeitern in der betreffenden Region aktiv sind.

Auf Seiten der Gastländer hat im übrigen auch eine Bewegung weg vom reinen »Durchgangslager« für nomadisierende, die Faktorkostenunterschiede radikal nutzende Unternehmen eingesetzt. So beginnen einige Regierungen ehemaliger Grenzzonenländer, wie etwa Taiwan und Malaysia, inzwischen mit gezielten Förderprogrammen für die Entwicklung von dauerhaftem Spezial-Know-how, zum Beispiel in der Chip-Entwicklung und -Produktion. Sie versuchen damit, einen Gegenpol zu ihrer sich verschlechternden Faktorkostenposition zu schaffen und Know-how-abhängige Firmen zum Bleiben oder zu neuen Investitionen zu bewegen.

Fazit

Erfolg ist nahezu standortunabhängig. Selbst der Nachteil bei den Fertigungskosten ist kein unabänderliches Standortmerkmal. Allerdings ist hier der Rückstand der Nachzügler besonders groß und der Aufholprozeß besonders anstrengend. Auch daran lassen Stückkostenunterschiede von 30 bis über 50 Prozent keinen Zweifel.

$\Longrightarrow$ Gut die Hälfte des Fertigungskostennachteils (ca. 25 Prozentpunkte) läßt sich durch fertigungsgerechteres Produkt- und Prozeßdesign abbauen, weitere zehn bis 20 Prozentpunkte durch höhere operative Effizienz; nur fünf bis zehn Prozentpunkte entziehen sich als Faktorkostenunterschiede weitgehend dem Einfluß des Managements; sie müssen in den Hochlohnländern durch innovativere Produkte und intelligentere Abläufe mindestens kompensiert werden.

$\Longrightarrow$ Fertigungsgerechtes Design ermöglicht bei deutlich geringerem Aufwand sowohl höhere Qualität als auch stabilere Prozesse. Dazu trägt Systemunterstützung bei, vor allem aber intensivere überfunktionale Zusammenarbeit. Überforderung der Fertigung durch zuviel Unterschiedliches ist zu vermeiden.

$\Longrightarrow$ Die Erfolgreichen ruhen sich nicht auf einmaligem Redesign aus und legen sich keine Fesseln durch überdimensionierte Automatisierungslösungen an. Durch laufende kleine Weiter-

Verbesserungen tragen sie wesentlich zu ihrem Qualitätsrekord von 99 und zeitweilig 100 Prozent Fehlerfreiheit bei. Wollen die heute weniger Erfolgreichen aufholen, so müssen sie mehr über die Ausschöpfung der Potentiale ihrer technischen Einrichtungen und ihrer Mitarbeiter nachdenken, statt Anforderungen an die Fertigung nur über Systeme, Roboter und Automaten lösen zu wollen.

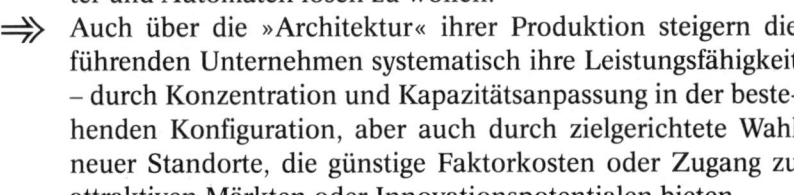 Auch über die »Architektur« ihrer Produktion steigern die führenden Unternehmen systematisch ihre Leistungsfähigkeit – durch Konzentration und Kapazitätsanpassung in der bestehenden Konfiguration, aber auch durch zielgerichtete Wahl neuer Standorte, die günstige Faktorkosten oder Zugang zu attraktiven Märkten oder Innovationspotentialen bieten.

4. Erst die Ausbeute macht Innovation erfolgreich

Zielgenaue Produktmerkmale, die ohne kostspielige Extras den Kunden zufriedenstellen, unaufwendige Konstruktionen und Prozesse – all das, womit die Fertigung über günstige oder ungünstige Herstellkosten den Unternehmenserfolg bestimmt, ist zum großen Teil gar nicht ihr Verdienst (oder ihr Verschulden). Die Grundlage für die innovativen Lösungen (oder den Mangel daran) legen schon die Kollegen in der Entwicklung. Und hier zeichnen sich die erfolgreichen Unternehmen dadurch aus, daß sie ihre besseren Ergebnisse mit deutlich geringerem Aufwand erzielen.

Sie haben überlegene Produkte und niedrigere Stückkosten, und sie sind mit den Neuentwicklungen früher am Markt. Die erfolgreichen Elektronikunternehmen haben sowohl die Effizienz, d.h. die Entwicklungsproduktivität, als auch die Effektivität, d.h. die Entwicklungsausbeute, besser im Griff als ihre Verfolger.

Mißt man die Entwicklungsproduktivität an der Höhe der Entwicklungskosten, so zeigt sich, daß die erfolgreichen Unternehmen pro Umsatz-Mark knapp 30 Prozent weniger für die Produktentwicklung ausgeben. In allen Segmenten liegen die Entwicklungsausgaben der Erfolgreichen unter zehn Prozent vom Umsatz. Und trotz dieser relativ wie absolut niedrigen Aufwendungen schaffen es ihre Entwickler, zwei- bis dreimal soviel Umsatz pro Kopf mit neuen Produkten zu generieren wie die weniger Erfolgreichen (Schaubild 1).

Die Erfolgreichen führen auch signifikant mehr neue Produkte pro Entwickler im Markt ein: im Segment Computer/Kommunikation sind es 35 eingeführte Produkte pro 100 Entwicklungsmitarbeiter und Jahr, also um den Faktor 3,9 mehr; in der Industrieelektronik/ Meßtechnik sind es mit 22 Produkten 3,1mal soviel.

Zwei- bis dreimal höhere Entwicklungsproduktivität

Umsatz aus neuen Produkten* pro Entwickler 1991
in Mio. US$**

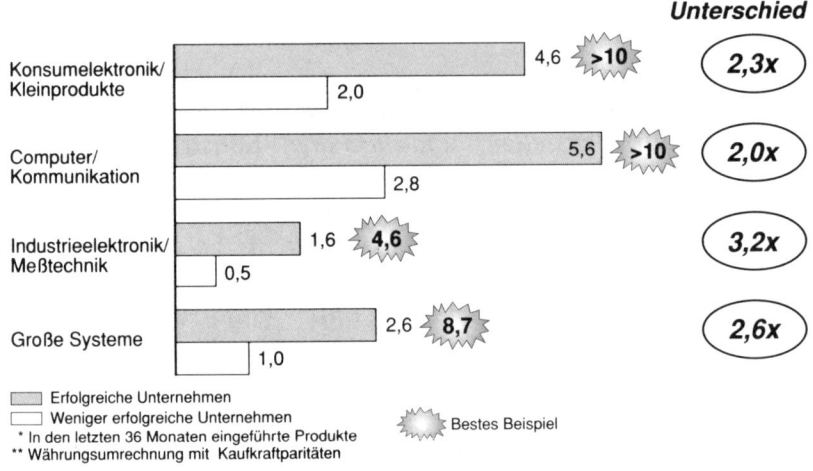

Schaubild 1

Wie schaffen sie es? In ihrem äußerst treffsicheren und hochproduktiven Innovationsprozeß fallen einige Gemeinsamkeiten auf, die sich zu drei Erfolgsfaktoren bündeln lassen:

⟹ **Projektportfolio: Ausbeute als Maß aller Dinge.** Weder die Selbstverwirklichung technikverliebter Ingenieure noch Marketingträume von der totalen Marktabdeckung haben eine Chance, wenn erfolgreiche Elektronikunternehmen ihre Entwicklungsprojekte definieren. Was zählt, ist die Ausbeute an Kundennutzen und die interne Produktivität.

⟹ **Entwicklungsprozeß: Integriert und flexibel.** Das Risiko, am Bedarf vorbei zu entwickeln, wird durch einen Entwicklungsprozeß entschärft, der maximale Integration aller Beteiligten sichert – seien es Kunden, Lieferanten oder Funktionen im Unternehmen – und der auf sich ändernde Markterfordernisse agil und flexibel reagiert.

⇒ **Innovationsfreundliches Umfeld: Anregungsdichte ist Trumpf.**
Ideenfülle und Ergebnisreichtum gedeihen am besten, wenn
viele Quellen dazu beitragen. Dafür sorgen die erfolgreichen
Unternehmen durch Freiräume für die an der Entwicklung beteiligten Mitarbeiter und Durchlässigkeit für Impulse von allen
internen Funktionen ebenso wie von Kunden und Lieferanten.

Ausbeute-orientiertes Projektportfolio

Wie wichtig ein bewußtes Management des Entwicklungsportfolios,
also der anstehenden Entwicklungsaufgaben, für den Erfolg in der
Elektronikindustrie ist, zeigt das Beispiel eines europäischen Herstellers elektronischer Komponenten: Sein Einsatz von Entwicklungsressourcen ging weit über das Branchenübliche hinaus, und
trotzdem konnte er mit der Innovationsgeschwindigkeit des Wettbewerbs nicht Schritt halten.

Ein Kostennachteil bei den direkten Fertigungskosten von hundert
Prozent machte die Produkte nur im geschützten Hochpreismarkt
verkäuflich. Auch der Innovationserfolg blieb weitgehend aus und
damit Einnahmen aus neuen Geschäften, die den Preisverfall des
bestehenden Geschäfts und den Wegfall veralteter Produkte hätten
kompensieren können. War ein gewisser Funktionalitätsvorteil erreicht, so gab es entweder kein Einstiegsfenster – die Zeit war noch
nicht reif –, oder der Vorteil war nur von kurzer Dauer.

Die Gegenmaßnahmen, mit denen ein Ausweg gesucht wurde,
verschärften das Problem eher noch: Was lag näher, als sich die sogenannten schlechten Segmente vorzunehmen und diese mit zusätzlichen Entwicklungsprojekten und Produktkostenoptimierun-
gen »in Ordnung zu bringen«? Danach müßte in einem defizitären
Segment eine Task-force aus Entwicklungsingenieuren und Technologen diejenigen Produkte, die im Wettbewerb weit zurückblieben,

einem gründlichen Redesign unterziehen. Die Investition müßte sich innerhalb kürzester Zeit rentieren.

Doch so einfach ist die Rechnung leider nicht, wie sich in ähnlichen Fällen immer wieder herausstellt. Sicher würde eine solche Maßnahme – isoliert betrachtet – den versprochenen Nutzen bringen. Aber woher kommen die dafür erforderlichen Ressourcen? Entweder muß der gesamte Forschungs- und Entwicklungsetat aufgestockt werden, was die Kostenposition insgesamt verschlechtern würde, oder diese Ressourcen müssen von anderen Geschäftssegmenten – nämlich denen mit hoher Kernkompetenz und guter Ertragskraft – abgezogen werden. Dies läßt jedoch die Dynamik der Branche nicht zu: Die wenigen »guten« Segmente brauchen den maximalen Einsatz von Entwicklungsressourcen, um mit der Innovationsgeschwindigkeit des Wettbewerbs mithalten zu können und durch Redesign- und Design-to-cost-Aktionen ihre auskömmliche Kostenposition zu behalten.

Die »Nachbesserungsstrategie«, die Ressourcen aus den erfolgreichen Segmenten abzieht, wird höchstwahrscheinlich ein Fiasko. Zwar machen die geförderten Segmente Fortschritte; sie bleiben aber trotzdem hinter den bisher schon erfolgreichen Wettbewerbern zurück, die sich ja mit unvermindertem Tempo weiter verbessern. Gleichzeitig verlieren die »guten« Segmente an Boden – sie können den Ressourcenabzug nicht verkraften.

Zu viele Aufgaben gleichzeitig sind nicht zu bewältigen. Maximale Ausbeute im Entwicklungsportfolio kommt auf anderen Wegen zustande. Allen voran diese: Konzentration auf wenige Projekte, Beschränkung der Eigenleistung, realistische und klare Definition der Geschäfts- und Projektziele.

Konzentration auf wenige Projekte. Die Beschleunigung der Innovation in einem Produktsegment verschlingt zusätzliche Ressourcen. Eine hohe Geschwindigkeit kann ein Unternehmen nur erreichen, wenn es all die Projekte aufgibt, bei denen es im Wettbewerb nicht mithalten kann, und es seine Ressourcen geballt in die »guten« Segmente steckt. Die unvermeidlichen Risiken dieser Fokussierung sind erfahrungsgemäß deutlich geringer als die sicheren Verluste durch Verzettelung.

Dafür steht das Beispiel eines kleinen Herstellers im Microcontroller-Geschäft. Er wollte es dem Branchenführer Motorola gleichtun und bediente die gleiche Anzahl von Anwendungssegmenten. In diesem Geschäft dürfen aber die Entwicklungskosten etwa zehn Prozent des Umsatzes nicht übersteigen, soll eine auskömmliche Kostenstruktur erreicht werden – und dieser Hersteller hatte nur ein Fünfzehntel des Motorola-Umsatzes. Nutzt Motorola die mögliche Summe voll aus, kann es somit für jede seiner Architekturen und Anwendungssegmente 15mal mehr Entwicklungsaufwand betreiben – der Vorsprung muß sich immer weiter vergrößern. Langfristig hat der kleine Wettbewerber nur eine Überlebenschance, wenn er die Zahl der unterstützten Architekturen radikal zusammenstreicht und sich dabei auf Anwendungssegmente konzentriert, in denen er besondere Kernkompetenz zum Tragen bringen kann.

Auch die Langzeitstudie in der Elektronikindustrie bestätigt den Erfolgsgrundsatz Konzentration der Kräfte auf wenige Projekte. Erfolgreiche Unternehmen haben ein weit weniger komplexes Portfolio von Entwicklungsprojekten. Da sie in ihrem Produktspektrum mit deutlich weniger Varianten auskommen, ist auch die Anzahl der zu entwickelnden Submodule und Teile entsprechend geringer.

Im Durchschnitt laufen bei den Erfolgreichen deshalb nur etwa halb so viele Projekte gleichzeitig (Schaubild 2); die Entwicklungsressourcen werden nicht verzettelt – so daß bei insgesamt geringerem Entwicklungsaufwand der Mitteleinsatz pro Projekt, ebenso wie der Projekterfolg, höher ist.

Beschränkung der Eigenleistung. Wo, wie in der Elektronikindustrie, maximale Innovationsgeschwindigkeit ein Muß ist, können es sich die wenigsten Unternehmen leisten, die gesamte Entwicklung

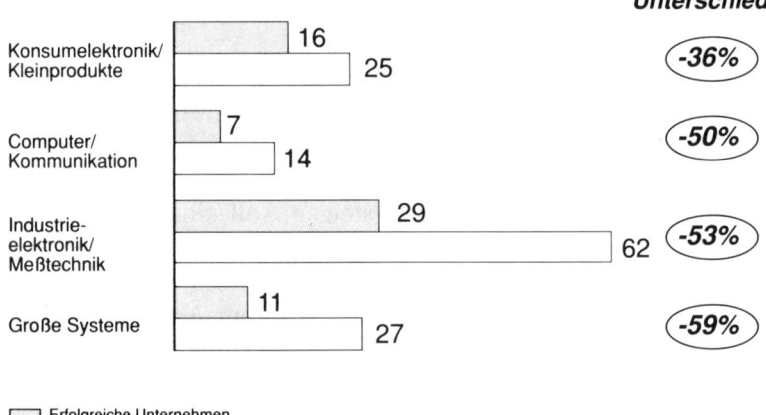

Weniger Entwicklungsprojekte gleichzeitig
Anzahl Entwicklungsprojekte 1991
pro US$100 Mio. Umsatz*

Unterschied

Konsumelektronik/
Kleinprodukte
16
25
-36%

Computer/
Kommunikation
7
14
-50%

Industrie-
elektronik/
Meßtechnik
29
62 *-53%*

Große Systeme
11
27
-59%

☐ Erfolgreiche Unternehmen
☐ Weniger erfolgreiche Unternehmen
* Währungsumrechnung mit Kaufkraftparitäten

Schaubild 2

in eigener Regie zu betreiben. Die Erfolgreichen waren auch hier die Vorreiter. Sie haben ihre Eigenentwicklung längst auf die wichtigsten Aufgaben beschränkt und die Entwicklungsinhalte nach außen vergeben, die keine Differenzierung gegenüber dem Wettbewerber ermöglichen und relativ einfach zu definieren sind.

Um schnell genug und immer schneller zu werden, stellen sie die Frage heute anders. Nicht: »Was ist so unwichtig, daß wir es fremdvergeben können?« Sondern: »Wie erzielen wir in kürzester Zeit den größten Innovationsfortschritt?« Wenn – was gar nicht so selten vorkommt – ein absehbares »Einstiegsfenster« mit einer Eigenentwicklung nicht mehr rechtzeitig zu erreichen ist, muß eine Lösung, soweit möglich, zugekauft werden. In diesem Fall stellen die Erfolgreichen traditionelle Bedenken zum Thema Abhängigkeit und Know-how-Verlust entschlossen zurück. So kaufte zum Beispiel

Hewlett-Packard von Beginn an bei seinen weltweit erfolgreichen Druckern den Druckkopf zu.

Um den angestrebten Effizienzgewinn tatsächlich zu erreichen und die eigenen Kräfte konzentrieren zu können, geben die Erfolgreichen den Zulieferern die notwendigen Leistungsmerkmale und Termine detailliert vor. Außerdem kann es die effiziente Zusammenarbeit fördern, einzelne Teile zu Baugruppen oder Modulen zu bündeln, die insgesamt fremdbezogen werden. So verzichtete ein Hersteller auf die Eigenentwicklung und -fertigung ganzer Flachbaugruppen und konnte damit die Anzahl der von ihm zu betreuenden Komponenten um über 90 Prozent senken.

Eine andere Form der Arbeitsteilung sind Entwicklungskooperationen, für die erfolgreiche Unternehmen einen ausgeprägten Hang zeigen. Sie machen im Mittel dreimal so häufig Gebrauch davon wie die weniger Erfolgreichen (Schaubild 3). Diese Joint-ventures er-

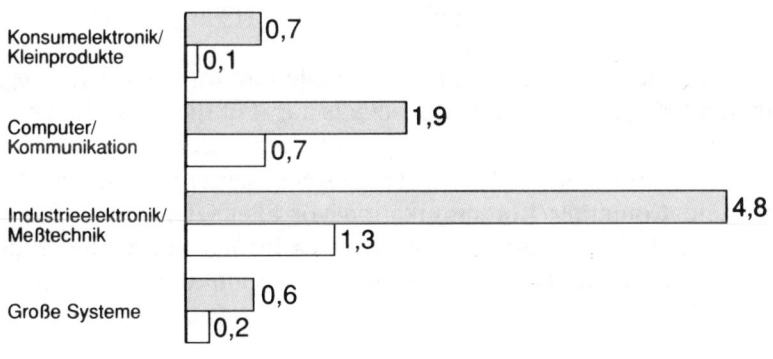

Externe Integration durch mehr Joint-Ventures

Anzahl der Entwicklungs-Joint-Ventures 1991
pro US$100 Mio. Umsatz*

Konsumelektronik/Kleinprodukte: 0,7 / 0,1
Computer/Kommunikation: 1,9 / 0,7
Industrieelektronik/Meßtechnik: 4,8 / 1,3
Große Systeme: 0,6 / 0,2

Erfolgreiche Unternehmen
Weniger erfolgreiche Unternehmen

* Währungsumrechnung mit Kaufkraftparitäten

Schaubild 3

möglichen das Anzapfen kritischen Wettbewerber-Know-hows. Gleichzeitig dienen sie dazu, Risiken, besonders in der Grundlagenforschung, zu verteilen.

Klar definierte Geschäfts- und Projektziele. »Ein Massenartikel, so billig, daß er für alle erschwinglich ist.« Diese Zielvorgabe, von Nintendo-Chef Hiroshi Yamaouchi seinen Entwicklern und Spiele-Designern zu Beginn des Famicom-Projektes auf den Weg gegeben, läßt an Deutlichkeit nichts zu wünschen übrig. Wichtiger noch: sie definiert gleichzeitig den Charakter des Geschäftes, in dem man sich bewegt, und das Ergebnis des konkret anstehenden Entwicklungsprojektes. Beides ist unerläßlich, wiederum ganz besonders bei extrem hoher Innovationsgeschwindigkeit.

Ohne präzises gemeinsames Geschäftsverständnis bleibt das vielbeschworene unternehmerische Denken und Handeln Illusion, und damit auch eine wirksame Innovationsstrategie. Selbst Grüne-Wiese-Ausgründungen – oft als Allheilmittel zur Stärkung der Innovationskraft und Verkürzung der Entscheidungswege gepriesen – helfen nicht viel, solange sich nicht alle Akteure einig sind, ob ihr Geschäft die Systemintegration ist, ein Hardware- oder ein Software-Geschäft oder eine Kombination aus beiden.

Erfolgreiche Unternehmen richten gerade ihre Innovationsstrategie an den Erfolgsfaktoren ihres Geschäfts aus. Für die in der Langzeitstudie untersuchten Branchensegmente ergibt sich dabei, grob gesagt, eine Zweiteilung. Während in den Segmenten Konsumelektronik und Computer/Kommunikation vor allem der Anschaffungspreis für den Markterfolg zählt, sind es in den Segmenten Industrieelektronik und Große Systeme die Produktleistung und der Kundennutzen über den gesamten Produktlebenszyklus.

Im Commodity-Geschäft (z.B. Standard-PC, Videorekorder), in dem eine Differenzierung fast ausschließlich über den Preis gelingt, zielen die Innovationen deshalb vorrangig auf kostengünstige Produktionsmöglichkeiten. (Natürlich ist es auch für Anbieter in diesen Segmenten nicht unmöglich, sich durch überlegenen Kundennutzen zu differenzieren, wie jüngst mit der direkten Spracheingabe bei Autotelefonen gezeigt.)

Bei den hochspezialisierten Anlagen, wie etwa industrieller Leittechnik, steht dagegen die Verbesserung der Produktleistung weiter im Vordergrund. Dort kann durch Elektronik-unterstützte Erhöhung von Ausbeute oder Produktivität beim Anwender oft sehr viel mehr gewonnen werden als durch eine bloße Senkung des Investitionsvolumens. Kann etwa der Ausschuß in einem verfahrenstechnischen Prozeß durch bessere leittechnische Möglichkeiten halbiert werden und erhöht sich damit die Prozeßausbeute von 90 auf 95 Prozent, so spielt der Preis dieser neuen Leittechnik – wenn sie mit den bestehenden Anlagen kompatibel ist – eine untergeordnete Rolle für die Kaufentscheidung.

Erfolgreiche Unternehmen haben ihre Schwerpunkte entsprechend gesetzt. In den Segmenten Konsumelektronik/Kleinprodukte und Computer führen sie ihren Umsatzerfolg nicht auf technologisch höherwertige, sondern auf preisgünstige Produkte zurück; in allen anderen Segmenten schreiben sie dagegen ihren Erfolg einem hohen Umsatzanteil mit technologisch überlegenen Produkten zu.

Die Ziele der Entwicklungsprojekte entsprechen diesem Geschäftsverständnis. Besonders in den Segmenten Konsumelektronik/Kleinprodukte und Computer/Kommunikation, schlägt sich das bei den erfolgreichen Unternehmen in einer jungen Produktpalette nieder: Knapp die Hälfte ihrer Produkte wurden im letzten Jahr eingeführt, bei den weniger erfolgreichen war es nur ein Viertel (Schaubild 4).

Mit einer jungen Produktpalette sind immense Einspareffekte zu erreichen. Rasch aufeinanderfolgende Produktredesigns der Entwicklung bieten immer wieder die Chance, die letzten Erfolge der Bauelementeintegration zur Kostensenkung zu nutzen. Dank dieser Taktik konnten die in der Langzeitstudie erfaßten erfolgreichsten

Höherer Umsatzanteil junger Produkte bei Konsumelektronik und Computer/Kommunikation

Umsatzanteil der in den letzten 12 Monaten eingeführten Produkte (1991)
in Prozent

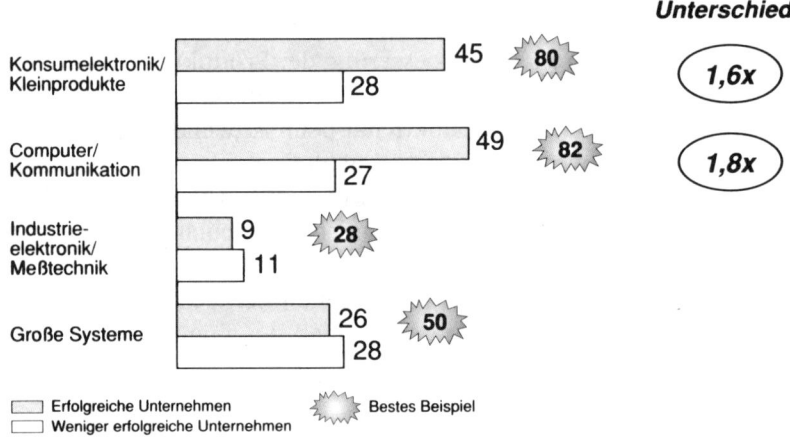

Schaubild 4

Unternehmen 1991 ihre Produktkosten um 40 Prozent stärker senken als die weniger erfolgreichen.

Hingegen sind in den technologisch höherwertigen Segmenten Industrieelektronik/Meßtechnik und Große Systeme extrem junge Produktpaletten nicht erfolgsentscheidend. Die erfolgreichen Unternehmen verfügen hier über klare Produktvorteile, die auch über etwas längere Zeiträume Bestand haben. Allerdings sind erfolgreiche Hersteller von Industrieelektronik/Meßtechnik, im Vergleich zu den weniger Erfolgreichen, mit ihren Innovationen mehr als doppelt so oft als erste am Markt. Als Innovationsführer in einem Geschäft, in dem die Produktleistung kaufentscheidend ist, können sie hohe Volumina zu hohen Preisen im Markt plazieren und damit beträchtliche Gewinne abschöpfen.

Integrativer und flexibler Entwicklungsprozeß

Daß Produktentwicklung nicht allein Sache der Entwicklungsabteilung sein kann, ist weithin akzeptiert. Wie weit Theorie und Praxis dennoch auseinanderklaffen können, zeigt das – keineswegs einmalige – Beispiel eines Herstellers von Meßtechnik.

Auf Basis bisher nicht verwendeter physikalischer Prinzipien entwickelte das Unternehmen mit großem Aufwand Meßverfahren zur Produktreife, die deutlich präziser waren als die bisher verfügbaren. Allerdings stellte sich heraus, daß der Gesamtmarkt für diese neuen Produkte in seinem Volumen ziemlich genau den Entwicklungsaufwendungen entsprach. Eine technologisch gelungene Entwicklung wurde ein kommerzieller Mißerfolg. Da man vor Entwicklungsbeginn versäumt hatte, die Größe des relevanten Marktsegmentes zu ermitteln, hatte man völlig am Markt vorbei entwickelt.

Eine andere Entwicklung führte zu großen Schwierigkeiten beim Produktionsanlauf. Nachdem schon einmal ein Produkt am Markt vorbei entwickelt wurde, legte das Unternehmen größten Wert darauf, die Produktdefinition genau auf die Kundenbedürfnisse abzustimmen. Mit erheblichem Aufwand wurde ein neues Produktkonzept entwickelt, das für die Kunden signifikanten Zusatznutzen stiften sollte, besonders durch hohe Stabilität in der Kalibration des Meßgeräts, durch die kostenintensive Wartungsarbeiten entfallen würden.

Eine begrenzte Auswahl von Nullserienprodukten für einen eingeschränkten Meßbereich wurde mit Erfolg gefertigt, dann wurde das neue Produktspektrum über alle Meßbereiche groß am Markt angekündigt und kurzfristige Lieferbarkeit versprochen. Das Konzept leuchtete den Kunden ein, eine Vielzahl von Bestellungen lief ein. Allein – es gab große Schwierigkeiten in der Fertigung, in einigen Linien wurden nur 30 Prozent der Stückzahl auf Anhieb fehlerfrei erzeugt; 70 Prozent der Produkte mußten entweder weggeworfen oder mit großem Aufwand repariert werden. In einzelnen Schritten des Fertigungsprozesses waren oft ganze Fertigungslose fehlerhaft.

Die Probleme im Fertigungsprozeß erwiesen sich als komplex und hartnäckig; selbst nach einem Jahr waren sie noch nicht vollständig behoben. Mittlerweile kam es natürlich zu erheblichen Lieferproblemen, die Kunden und – noch viel schlimmer – die eigene Vertriebsorganisation verloren das Vertrauen in das neue, mit hohem Aufwand entwickelte Produkt. Die erheblichen Anlaufschwierigkeiten gefährdeten den wirtschaftlichen Erfolg des Gesamtprojektes.

Das Produkt wurde in der Entwicklung entwickelt, ohne hinreichende Einbindung von Fertigungsfachleuten, und nach »Abschluß« der Entwicklung »über den Zaun« in die Fertigung geworfen – wo dann die Entwicklungsarbeit von neuem beginnen mußte. Natürlich hätten die Probleme im Fertigungsprozeß schon früher, während der Entwicklung, erkannt und gelöst werden können – wäre nur die Produktion hinreichend eingebunden gewesen.

Das Entwicklungsrisiko liegt eben nicht nur in einer Fehleinschätzung der Marktgegebenheiten, sondern auch der internen Anforderungen. Dagegen helfen nur die wirkliche Einbindung aller beteiligten internen Funktionen und eine systematische Integration von Kundenanforderungen.

Engste funktionale Integration. Erfolgreiche Unternehmen sehen die frühzeitige Einbindung aller relevanten Funktionen fest vor. Im stark kostenorientierten Computersegment sind das Fertigung, Einkauf und Rechnungswesen, im kundennutzenorientierten Segment Industrieelektronik/Meßtechnik ist es üblich, im Interesse wartungs- und servicefreundlicher Produkte schon in der Konzeptphase den Kundendienst hinzuzuziehen.

Die organisatorische Lösung für dieses überfunktionale Zusammenwirken sehen erfolgreiche Unternehmen immer häufiger in speziellen »Produkt-Pipelines«, die sich an den Marktsegmenten orientieren und alle für den Produkterfolg nötigen Funktionen einschließen. Markt-, Entwicklungs-, Fertigungs- und Service-Erfordernisse können in diesen kleinen vertikalen Einheiten mit kurzen Feedback-Schleifen besser berücksichtigt werden als in einer funktional geprägten Matrixorganisation.

Das Produktmanagement nimmt in diesen Einheiten die Rolle des »Unternehmers« ein – als Stabsfunktion der Marketing-Abteilung hat es ausgedient. Lieferanten, die einzelne Produktbestandteile eigenverantwortlich entwickeln und fertigen, sind ebenfalls in diese vertikalen Einheiten voll integriert.

Als Argument gegen die vertikalen Einheiten ist noch immer zu hören, daß mit dieser Aufstellung Synergien verschenkt werden. Man kann aber nur etwas preisgeben, was auch tatsächlich vorhanden ist. Und Tatsache ist, daß die Synergiepotentiale – im Sinne von Kundenbindung durch das Angebot »alles aus einer Hand« – meist nur noch in der Vorstellung der Anbieter bestehen und der Kunde ganz andere Prioritäten setzt. Der zusätzliche Programmnutzen, der entsteht, weil der Kunde aus einer breiten Palette bei einem Anbieter auswählen kann, liegt typischerweise in der Größenordnung von fünf bis zehn Prozent Preisprämie und ist damit meist deutlich niedriger als die mit der zusätzlichen Komplexität verbundenen Kosten.

Für den Kunden hat in einer »offenen Welt«, in der die Komponenten zunehmend kompatibler werden, ein fokussiertes, an seinen Wünschen orientiertes Angebot Vorrang. Er schätzt es, wenn er für seine Systeme die besten Komponenten unterschiedlicher Hersteller zusammenstellen kann. Alles aus einer Hand wollen immer weniger Kunden. Gerade bei großen Systemen sind sie kaum noch bereit, sich einem einzigen Hersteller auszuliefern.

Unternehmen mit Produkt-Pipelines tun also genau das Richtige. Sie geben überholte Synergie-Vorstellungen auf und gewinnen bei ihren Kunden an Ansehen und Vertrauen, weil ihre Fokussierung ihnen überlegene kundenspezifische Kompetenz verleiht.

Systematische Integration von Kundenanforderungen. Um Kundenpräferenzen in ihre Designspezifikationen einfließen zu lassen, nutzen die erfolgreichen Unternehmen beispielsweise das »Quality Function Deployment (QFD)«. Bei diesem Verfahren werden zuerst die Kundenanforderungen an ein neues Produkt den Hauptproduktmerkmalen zugeordnet und erst dann in technische Anforderungen übersetzt.

Kiyoshi Uchimaru, Präsident von NECs Microchip-Tochter NIMS, löste so sein Problem mit dem Design von Chips. Seine Ingenieure hatten bei der Entwicklung ihres 16-Bit-Chips einige wenige, aber für die Kunden wichtige Spezifikationen falsch ausgelegt, mit der Konsequenz, daß der fertige Chip am Markt nicht den gewünschten Erfolg hatte. Nach dieser Erfahrung setzte Uchimaru auf die QFD-Systematik. Für die Entwicklung des NIMS-32-Bit-Mikroprozessors erstellte er mit seinem Team Matrizen, mit denen sie die Korrelation zwischen Kundenanforderungen, technischer Spezifikation, Ausprägung des Hardware-Designs und jeder geforderten Funktion ermitteln konnten. Dieses Verfahren half, potentielle Probleme mit dem Design früh zu erkennen, Design-Engpässe zu identifizieren und die Grenzen des Designs auszuleuchten. Das Resultat spricht für sich: keine einzige der Spezifikationen wurde nicht erfüllt, und gleichzeitig erhöhte sich die Produktivität im Entwicklungsprozeß erheblich.

Entwickler können auf diesem Wege die Kundenanforderungen gezielt berücksichtigen und kostspielige nachträgliche Anpassungen vermeiden. In der Konsumelektronik wird QFD von erfolgreichen doppelt so oft wie von weniger erfolgreichen Unternehmen angewandt. Im Segment Industrieelektronik/Meßtechnik nutzen etwa die Hälfte aller erfolgreichen Unternehmen diese Methode, die weniger erfolgreichen haben sie noch gar nicht entdeckt.

Der systematischen Ermittlung der Kundenpräferenz folgt die Produktdefinition. Hier schauen erfolgreiche Unternehmen nicht nur darauf, ob das Produkt die Bedürfnisse der anvisierten Kunden erfüllt, sondern auch, ob das Streben nach Kundennutzen in kostenträchtige Verzettelung und übertriebene Vielfalt umschlägt. In jedem

Segment müssen die Vorteile einzelner Produktmerkmale und deren Zusatzkosten sorgfältig gegeneinander abgewogen werden; dabei ist besonders in den Segmenten Computer/Kommunikation und Konsumelektronik, in denen es auf möglichst geringe Kosten ankommt, die geringstmögliche Vielfalt anzustreben.

Überlegene Projektführung. Im Ablauf des einzelnen Entwicklungsprojektes unterscheiden sich die erfolgreichen Unternehmen von den weniger erfolgreichen nicht so sehr durch die Projektdauer. Diese ist für vergleichbare Produkte annähernd gleich (Schaubild 5); in einigen Fällen sind sogar die weniger Erfolgreichen schneller. Unterschiede zeigen sich vor allem in der Projektführung.

Kaum unterschiedliche Entwicklungszeiten

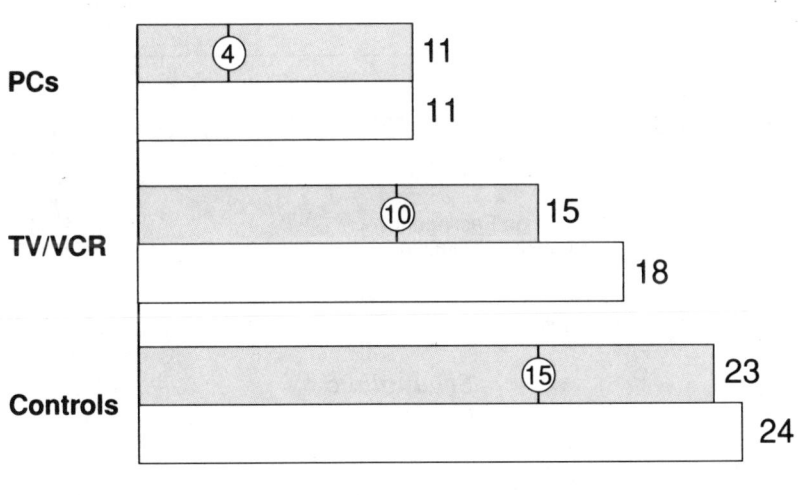

VERGLEICHBARE PRODUKTE
Monate (1991)

Schaubild 5

Erfolgreiche Unternehmen genehmigen sich nur eine sehr kurze Zeitspanne zwischen Spezifikationsfestlegung und Markteinführung, denn sie wollen so lange wie möglich auf Markterfordernisse reagieren können. Der »Design freeze« für PCs liegt beispielsweise in erfolgreichen Unternehmen etwa sieben Wochen vor der Markteinführung, bei den weniger Erfolgreichen sind es mehr als fünf Monate (Schaubild 6).

Kurze Zeitspanne zwischen "Design-freeze" und Markteinführung

VERGLEICHBARE PRODUKTE
Monate (1991)

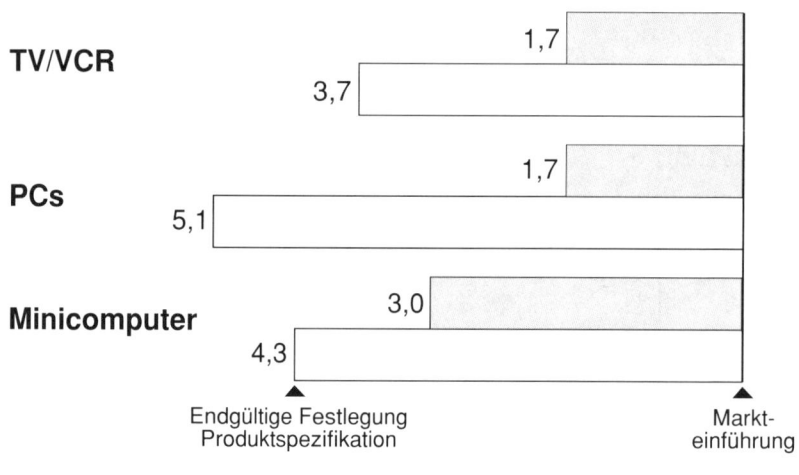

TV/VCR — 1,7 / 3,7
PCs — 1,7 / 5,1
Minicomputer — 3,0 / 4,3

Endgültige Festlegung Produktspezifikation — Markteinführung

☐ Erfolgreiche Unternehmen
☐ Weniger erfolgreiche Unternehmen

Schaubild 6

Entsprechend häufen sich die Änderungen bei erfolgreichen Unternehmen vor der Markteinführung; die Spezifikationen werden immer wieder an den neuesten Kenntnisstand angepaßt. Was auf den ersten Blick nach Ineffizienz aussieht, braucht in Wirklichkeit weniger Ressourcen und hilft den Erfolgreichen, mit einem ausgereiften Produkt auf den Markt zu kommen. Anders die weniger Erfolgreichen; sie halten sich weitgehend an einmal verabschiedete Spezifikationen, nehmen lieber umfangreiche Änderungen nach Markteinführung in Kauf und riskieren viel höhere Änderungskosten und verärgerte Kunden.

Ein sehr erfolgreicher japanischer Hersteller von medizinischen Großanlagen beispielsweise berücksichtigt in seinen Lastenheften laufend die neuesten Markt- und Technologieentwicklungen. Er ändert seine Spezifikationen dreimal häufiger als der weniger erfolgreiche europäische Anbieter. Umgekehrt sieht es nach der Produkteinführung aus. Da die Produktpositionierung nicht stimmt, holt das europäische Unternehmen mit einem dreimal höheren Änderungsaufkommen nach, was es vorher versäumt hat (Schaubild 7).

Anzahl der Spezifikationsänderungen vor und nach Markteinführung

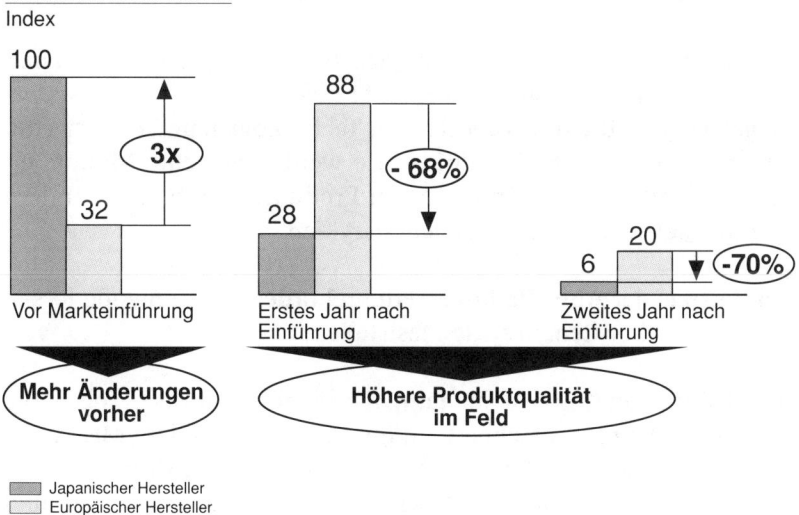

Schaubild 7

Natürlich sind Änderungen nach der Produktionseinführung sehr viel teurer. Werkzeuge müssen geändert, der Produktionsablauf angepaßt, die Servicemitarbeiter neu geschult und die Dokumentation neu erstellt werden. Neue Lieferanten müssen gesucht werden, für nicht mehr brauchbare Lagerbestände muß neue Verwendung gefunden werden, die Änderungen müssen also durch die gesamte Organisation geschleust werden. Erfolgreiche Unternehmen haben die Konsequenz gezogen, erlauben hohe Flexibilität während des Produktentwicklungsprozesses, fordern aber ein stabiles Design bei der Fertigungseinführung.

Robuste modularisierte Produktarchitektur. Offen für Innovationen muß alles in der Elektronikindustrie sein – auch das einzelne Produkt. Käme es aber mit jeder Produktverbesserung zu einem kompletten Redesign, wären Störungen, vor allem in der Produktion, an der Tagesordnung. Bei den meist nur marginalen Verbesserungen wäre dies ein zu hoher Preis. Erfolgreiche Unternehmen wählen deshalb einen anderen Weg. Sie bauen auf ein modulares Konzept, das neben seinen erheblichen Kostenvorteilen in der Fertigung auch in der Entwicklung selbst zu Effizienzsprüngen verhilft.

Modulare Strukturen mit unveränderten Plattformen und klaren Schnittstellen über mehrere Produktfamilien hinweg sind besonders gut geeignet für die Integration neuer Technologien und die Erweiterung der Funktionalität. Schrittweise werden einzelne Module erneuert; damit gibt es nicht nur einen Produktlebenszyklus, sondern auch Modul- und Technologielebenszyklen.

Am Beispiel der Auto-Radiokassettenrekorder von Kenwood lassen sich vier solcher Lebenszyklen feststellen:

(1)   Mindestens einmal im Jahr, für manche Modelle sogar alle sechs Monate, erscheint ein neues Design auf dem Markt. Erfaßt werden von diesem Redesign nur für den Kunden direkt sichtbare Teile des Geräts wie Bedienelemente, Anzeigen- und Gehäusedesign.

(2) Etwa alle zwei Jahre kommt es zur Modifizierung oder Neu-entwicklung einzelner Komponenten der Funktionselektronik, z.B. Empfangsteilfilter, Abstimmelektronik oder Verstärker.

(3) Die mechanischen Komponenten – so auch das Kassettenlaufwerk oder die Mechanik für die Tonkopfbewegung - werden etwa alle drei Jahre erneuert.

(4) Alle vier bis fünf Jahre schließlich nimmt Kenwood grundsätzliche Änderungen an der Gerätearchitektur vor. Der Modulzuschnitt wird überprüft, ebenso einzelne Funktionsprinzipien.

Die Innovationsgeschwindigkeit ist bei diesem modularen Aufbaukonzept für den Kunden hoch; für den Hersteller durch Begrenzung in der Komplexität beherrschbar und von den Kosten her erschwinglich. Allerdings, so ganz ohne Risiken ist dieses Vorgehen nicht. Ein Hersteller, der sein Design auf modular entkoppelte Entwicklungszyklen stützt, braucht ein tiefes Verständnis der eingesetzten Technologien und ihrer verbleibenden Leistungspotentiale. Die Modulbildung muß berücksichtigen, daß sich bei modernen Geräten die Technologie einzelner Funktionseinheiten mit unterschiedlicher Geschwindigkeit weiterentwickelt.

Ein stufenweises Vorgehen ist nicht nur bei der Weiterentwicklung bestehender Produktlinien vorteilhaft. Es hat seine Tauglichkeit auch beim Übergang auf völlig neue Basistechnologien bewiesen. Ein Beispiel hierfür liefert Northern Telecom. Statt auf einen Schlag die gesamte Palette der angebotenen Telefonanlagen von Analog- auf Digitalbetrieb umzustellen, setzte das Unternehmen die Digitaltechnik zunächst in den einfacheren Nebenstellenanlagen – und auch dort nur in einer Teilfunktion – ein. Erst nach erfolgreichem »Probelauf« wurden Schritt für Schritt auch die größeren Vermittlungseinrichtungen digitalisiert.

Mit dieser »Scheibchentaktik« konnte Northern Telecom seine Ressourcen bündeln – das einzelne Produkt war schneller am Markt. Aber nicht nur das – die Erfahrungen aus den Teiletappen flossen auch in die Entwicklungsarbeit ein. Der Entwicklungsaufwand konnte ohne Abstriche an der Entwicklungsgeschwindigkeit minimiert werden. Mit dem Ergebnis: Northern Telecom hatte seine voll digitale Generation von Nebenstellenanlagen viel eher und zu viel geringeren Kosten als alle Konkurrenten.

Die Kombination von stufenweiser Innovation und Baukastenprinzip erlaubt einen geballten Einsatz der Entwicklungsressourcen. Entwickler werden nicht mehr durch eine Vielzahl von Projekten zum Engpaß. Mit der Beschränkung der Projektzahl steigt die Produktivität der Entwickler. Und auch das Entwicklungsportfolio ist leichter zu managen: Kostspielige Schnittstellenanpassungen entfallen, die Änderungs-Schleppe bei Modifikationen wird besser beherrschbar.

Innovationsfreundliches Umfeld

Ein streng Ausbeute-orientiertes Projektportfolio und ein integrierter, fokussierter Entwicklungsprozeß tragen wesentlich dazu bei, daß die Entwicklungsfunktion zur Quelle von Produktivität und Wachstum im Unternehmen wird. Wie üppig diese Quelle sprudelt – ob ein steter Fluß von Verbesserungsideen das Unternehmen zum Treiber statt zum Getriebenen im Innovationswettlauf macht –, das entscheidet sich auch noch an einer anderen Front: in der Art der organisatorischen Aufstellung für die Entwicklungsaufgabe. Sie kann für maximale interne und externe Anregung und ein ausgesprochen fruchtbares Innovationsklima sorgen, aber auch im anderen Extrem Abschottung und Verkümmerung bewirken.

Die besten Unternehmen haben das innovationsfreundliche Umfeld zur Perfektion entwickelt. Im wesentlichen durch konsequente Erfüllung von drei Forderungen: Entwicklungsteams müssen ausreichend Eigenverantwortung haben, um höchste Flexibilität und Reaktionsfähigkeit zu sichern; die Besetzung der Entwicklungsteams mit den besten Leuten muß sicherstellen, daß aus den Freiräumen das Beste gemacht wird; die Wahl des Entwicklungsstandorts muß ganz gezielt die Kompetenzbasis und Anregungsdichte für Innovationen stärken.

Eigenverantwortliche Entwicklungsteams. Jedes Unternehmen würde die Behauptung strikt von sich weisen, es verzichte bei der Entwicklung neuer Produkte auf die Vorteile von Projektteams. Doch nicht überall deckt sich dieser Anspruch mit der Wirklichkeit.

Zwar weiß jeder, daß die Projektorganisation sich für Entwicklungsaufgaben besonders gut eignet, die Linienorganisation hingegen eher Interessenkonflikte und nicht selten auch Fehlverhalten fördert. Aber bisher geht die sogenannte Projektorganisation oft nicht weit über konventionelle Arbeitskreise hinaus. Noch immer befinden sich Entwickler in einem Zwiespalt, weil sie sich gleichzeitig den Anforderungen von Linienmanagement und Entwicklungskoordinatoren gegenübersehen. Noch immer gibt es unter den Entwicklungsprojekten »Dauerläufer« – Produkte werden auch lange nach der Markteinführung weiter verbessert, weil die für sie abgestellten Ressourcen noch nicht auf neue Projekte umgewidmet wurden. Das verschlingt nicht nur Entwicklungskapazität und defokussiert das Entwicklungsportfolio, auch das ganze Unternehmen wird mit enormen Änderungskosten belastet.

Projektteams, die so arbeiten müssen, sind eher lose Arbeitsgemeinschaften, und sie sind verbreiteter, als gemeinhin vermutet. So erfüllen nach der Langzeitstudie zum Beispiel im Segment Konsumelektronik/Kleinprodukte lediglich zwei Drittel aller erfolgreichen Unternehmen die wesentlichen Voraussetzungen für eine wirksame Projektorganisation: Entwicklungsteams mit Vollzeitbesetzung und festem Auftrag und Projektmanager mit ausreichenden Kompetenzen. Unter den weniger erfolgreichen Konsumelektronikherstellern weist kein einziger diese beiden Merkmale auf.

Die dedizierten Entwicklungsteams werden für einen speziellen Auftrag gegründet und nach dessen Erledigung wieder aufgelöst.

Ihre Mitglieder sind fest ernannt und stehen vollzeitig zur Verfügung. Die Entlohnungssysteme für diese Teams orientieren sich am Markterfolg der Produkte und nicht an internen Größen wie Zeitplanerfüllung oder Dienstalter. Und in diesen Teams sitzen natürlich nicht nur Entwickler, sondern vollzeitig abgestellte Mitarbeiter aus allen Funktionen: Marketing, Einkauf, Produktion, Service, Vertrieb und – soweit möglich – Vertreter der Kunden.

An der Spitze dieser Projektteams stehen kompetente Projektmanager mit erweiterten Befugnissen. Sie haben direkten Zugang zum Top-Management und ein Mitspracherecht bei der Besetzung ihrer Teams. Die erfolgreichen Unternehmen sind auch hier wieder weiter als die weniger erfolgreiche Konkurrenz. Bei Ihnen berichten mehr als doppelt so viele Projektmanager direkt an das Top-Management; sie haben etwa doppelt so häufig die letzte Entscheidung über das Projektbudget, und bei der Zusammensetzung ihrer Teams entscheiden sie fünfmal öfter mit (Schaubild 8).

Nur solche Eigenverantwortung der Teams erlaubt es, flexibel und schnell auf Markterfordernisse zu reagieren. Ohne lange Abstimmungsschleifen können Kursänderungen vorgenommen werden. Über die Beteiligung von Kunden, Vertrieb und Marketing dringen wichtige Markttrends schnell und ohne Umwege zum Team durch, und die unterschiedlichen funktionalen Sichtweisen sorgen für Anregungsvielfalt, wie sie in einem reinen »Entwicklerclub« unmöglich zustande kommen kann.

Die weniger erfolgreichen Unternehmen werden auch hier von den erfolgreichen lernen. Sie werden ihren losen Arbeitsgemeinschaften nach und nach eine Absage erteilen und sich kleinen, festgefügten Teams zuwenden. Und dabei werden sie hoffentlich auch eine weitere Erfahrung der Erfolgreichen berücksichtigen: Die beste Teamstruktur hilft nichts, wenn die Besetzung nicht stimmt. Haupterfolgsfaktor ist die Auswahl der richtigen Leute.

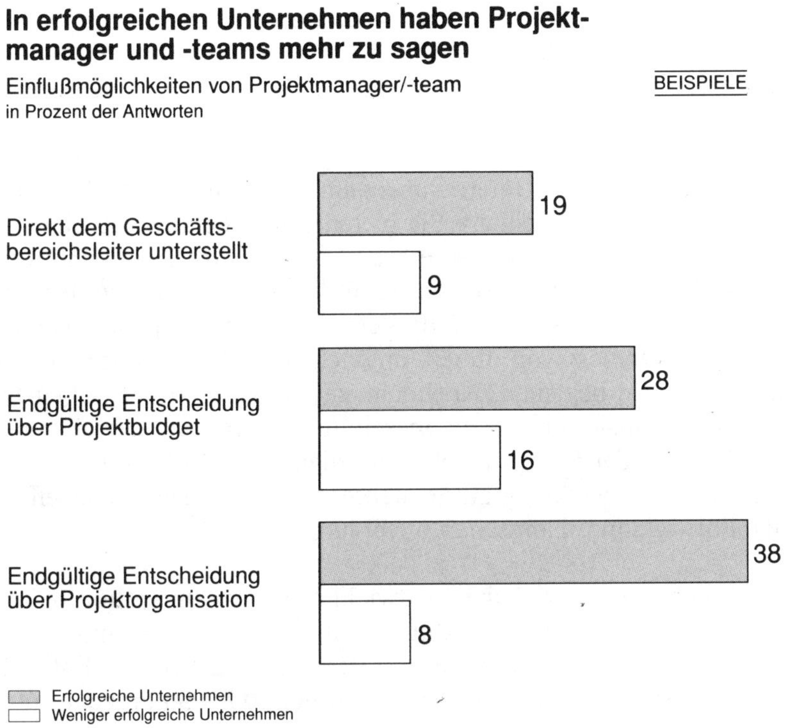

In erfolgreichen Unternehmen haben Projektmanager und -teams mehr zu sagen

Einflußmöglichkeiten von Projektmanager/-team
in Prozent der Antworten

BEISPIELE

Direkt dem Geschäfts-
bereichsleiter unterstellt

19

9

Endgültige Entscheidung
über Projektbudget

28

16

Endgültige Entscheidung
über Projektorganisation

38

8

▨ Erfolgreiche Unternehmen
☐ Weniger erfolgreiche Unternehmen

Schaubild 8

Spitzenleute ins Team. Die Entwicklungsabteilungen erfolgreicher Unternehmen haben meist deutlich weniger, aber durchweg höher qualifizierte Entwickler, darunter meist auch einige echte »Stars«. Sie schauen auf Qualität und nicht Quantität, weil sie wissen, daß eine Vielzahl minderqualifizierter Entwickler nicht soviel wert ist wie eine einzige herausragende Entwicklerpersönlichkeit.

In der sich rasch wandelnden Elektronikindustrie muß in den Entwicklungsabteilungen häufig neue Kompetenz aufgebaut werden. Und nicht immer sind die Ergebnisse überzeugend. Viel zu oft findet man in Entwicklungsabteilungen, in denen sich mittlerweile das

Gewicht auf die Erstellung von Software verlagert hat, noch einen hohen Anteil von Hardware-Entwicklern, die Software-Engineering nicht von der Pike auf, sondern nur in Fortbildungskursen gelernt haben.

Was tun erfolgreiche Unternehmen, um den Hemmschuh überholter Kompetenz zu vermeiden? Sie bieten Karrierepfade, die nicht als Kaminkarrieren ausgelegt sind; sie nutzen die Rotation – ihre Entwicklungsingenieure versetzen sie in die Fertigung und in den Vertrieb. Bewährt hat sich besonders ein Modell, bei dem die Ingenieure die einzelnen von ihnen entwickelten Produkte durch das Unternehmen begleiten. Nachdem sie das Produkt entwickelt haben, bereiten sie seine Fertigungseinführung vor und begleiten den Hochlauf in der Fertigung. Nur die Allerbesten dürfen danach wieder in die Entwicklung zurückkehren. Ein wichtiger Nebeneffekt: die Entwicklungsmannschaft bleibt jung.

Natürlich kann man Spitzenentwickler nur gewinnen und halten, wenn eine gute Infrastruktur bereitsteht. Und so sind in erfolgreichen Unternehmen die Infrastrukturausgaben pro Entwickler, je nach Segment, durchschnittlich um 30 bis 90 Prozent höher (Schaubild 9).

Der Aufbau solcher personellen Ressourcen, das Heranziehen von Entwicklungsstars, ist ein langwieriger Prozeß. Was tun, wenn für eine bestimmte Entwicklung ein »Einstiegsfenster« in zwei Jahren wahrgenommen werden muß, das Unternehmen in dieser Frist das erforderliche Know-how aber nicht aufbauen kann?

Das erfolgreiche, innovative Unternehmen wird in dieser Situation dort hingehen, wo die Ressourcen vorhanden sind. Es wird zum Beispiel seine Entwicklungsabteilung für das Projekt in das Silicon Valley verlegen oder kritische Know-how-Träger aus den USA importieren. Der kurzfristige Geschäftserfolg wird so wahrscheinlicher. Langfristig muß die eigene Entwicklungsmannschaft dazulernen, die Überführung des Know-hows ist dazu der erste Schritt.

Bessere Infrastruktur für die Entwicklung

Entwicklungsausgaben je Ingenieur 1991
US$'000*

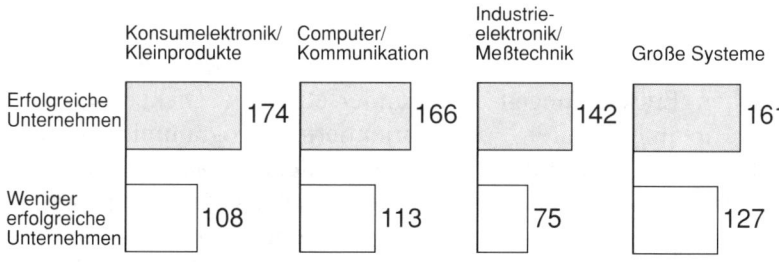

	Konsumelektronik/ Kleinprodukte	Computer/ Kommunikation	Industrie- elektronik/ Meßtechnik	Große Systeme
Erfolgreiche Unternehmen	174	166	142	161
Weniger erfolgreiche Unternehmen	108	113	75	127

* Währungsumrechnung mit Kaufkraftparitäten

Schaubild 9

Andererseits sollte man nicht den Fehler begehen, die Fähigkeiten der eigenen Mannschaft zu unterschätzen. Kann sich erst einmal ein Team fokussiert einem Projekt zuwenden, so werden Kräfte frei und oft Innovationsgeschwindigkeiten erreicht, die niemand für möglich gehalten hätte.

Deutlich wird bei dieser Überlegung jedoch, wie wichtig auch die Wahl des Entwicklungsstandortes für die Anregungsdichte ist.

Standortkriterium Anregungsdichte. Können wirklich alle Produkte überall entwickelt werden? Welche Rolle spielt der Entwicklungsstandort für die Qualität der Neuentwicklung?

Es war sicher kein Zufall, daß die Druckmaschinenindustrie in Deutschland über 100 Jahre weltweit führend war. Die Ansiedlung von Papier-, Druckfarben- und Maschinenherstellern im süddeutschen Raum bündelte Kompetenz an einen Ort. Hier konnten Entwicklungen gemeinsam ersonnen und ausprobiert werden. Die Anregungsdichte war hoch, die Unternehmen konnten leicht miteinander kommunizieren, ihre Mitarbeiter untereinander austauschen. Es bestand hinreichende kritische Masse für Innovation.

Ähnliche Kompetenz-Cluster gibt es heute in der Elektronikindustrie rund um Boston entlang der Route 128 und im Silicon Valley, wo man sich – selbst auf Parties – ständig mit den neuesten technischen Entwicklungen auseinandersetzt. Die Diskussion neuer Softwarearchitekturen, objektorientierter Programmierung oder neuer Prozessorarchitekturen und -modelle ist allgegenwärtig. Es ist fraglich, ob Produktentwicklungen in der Provinz jemals genauso erfolgreich sein können, ob sie dieselbe Anziehungskraft auf Weltklasse-Entwickler ausüben und die kritische Masse an kompetenten Gesprächspartnern je erreicht werden kann.

Zu einem innovationsfreundlichen Umfeld gehören neben hoher Kompetenz auch innovationsfreudige Kunden und Wettbewerber. Konservative Kunden schaffen kein günstiges Innovationsklima; sie lassen keine verläßlichen Rückschlüsse auf Markttrends zu. Und ebenso ist es ein gewaltiger Unterschied, ob ein Unternehmen sich in einem abgeschotteten, durch proprietäre Standards definierten Markt bewegt oder in einem offenen, kompetitiven Umfeld mit aggressiven Wettbewerbern. Das eine Umfeld kann die Innovationskraft enorm hemmen, es gibt keinen Anreiz zur Erneuerung, im anderen ist ohne kontinuierliche Innovation kein Überleben möglich.

Oft sind es gesetzliche Reglementierungen, die als Innovationsbremse wirken. Die extrem engen Toleranzen, die in Deutschland bei der Eichung bestimmter Durchflußzähler eingehalten werden müssen, können derzeit von elektronisch-physikalischen Meßprinzipien nur mit großen Schwierigkeiten erreicht werden - also funktioniert das in Deutschland marktgängige Modell immer noch nach dem um die Jahrhundertwende entwickelten mechanischen Prinzip.

In anderen Ländern wird keine derart hohe Genauigkeit verlangt, elektronisch-physikalische Prinzipien konnten sich dort wegen der geringeren Wartungsanfälligkeit und des sehr viel günstigeren Anschaffungspreises seit längerer Zeit durchsetzen. Hersteller, die sich auf den deutschen Markt konzentrierten, konnten nicht innovieren. Mittlerweile sind auch die neuen Meßmethoden an der Schwelle zur in Deutschland erforderlichen Genauigkeit, und die Hersteller, die zu lange am mechanischen Meßprinzip festhielten, laufen Gefahr, ihren angestammten Markt gegen die sehr viel preiswertere Konkurrenz zu verlieren.

Innovative Kunden sichern dem Hersteller eine hohe Anregungsdichte. Präsenz in innovativen Leitmärkten schützt vor dem Risiko, wesentliche Innovationen zu verschlafen. Gerade für europäische Unternehmen in der Elektronikindustrie mit ihrem eher konservativen Kundenstamm ist es wichtig, sich einem günstigeren, weil anspruchsvolleren Innovationsklima auszusetzen. Deshalb muß die Expansion in innovative Leitmärkte, z.B. die USA oder Fernost, mit höchster Priorität vorangetrieben werden. Und die Lernerfahrung dort muß auch dazu genutzt werden, in Europa selbst Innovations-Cluster zu halten und vermehrt aufzubauen.

Fazit

Den erfolgreichen Unternehmen bescheren ihre Entwicklungsabteilungen eine überlegene Ausbeute an neu entwickelten Produkten, die zum Einführungszeitpunkt mit ihren Merkmalen dicht am aktuellen Bedarf sind. Das erreichen sie – wie bei hohem Kostendruck nicht anders zu erwarten – nicht durch besonders hohen Ressourceneinsatz, sondern durch überragende Effizienz in der Entwicklungsarbeit, für die sie konsequent die richtigen Bedingungen schaffen:

⟹ Im *Projektportfolio* konzentrieren sie sich auf wenige Projekte mit großem Potential; ihre Eigenleistung beschränken sie auf die wichtigsten Entwicklungsschritte, und selbst die vergeben sie nach außen, wenn der Markterfolg davon abhängt oder die eigenen Ressourcen anderweitig dringender benötigt werden. Und sie setzen, entsprechend dem Charakter ihres Geschäftes, unmißverständliche und anspruchsvolle Kosten- oder Nutzenziele für jedes Projekt.

⟹ Im *Prozeß der Produktentwicklung* liegt ihre besondere Stärke nicht in der kürzeren Projektdauer – hier haben sie den weniger Erfolgreichen kaum etwas voraus. Aber sie erreichen ein Höchstmaß an Integration und Flexibilität. Sowohl die Kundenanforderungen als auch die Erfahrung der übrigen Funktionen im Unternehmen werden systematisch einbezogen. Und bis zur Markteinführung praktizieren sie extreme Flexibilität und Änderungstoleranz; dafür lassen sie nach Serienanlauf mit ihrer Mängelfreiheit und stabilem Design die weniger Erfolgreichen weit hinter sich.

⟹ Durch ein besonders *innovationsfreundliches Umfeld* schließlich verschaffen die Erfolgreichen ihren Entwicklern auf jede erdenkliche Weise maximale Anregungsdichte. Ihre Projektorganisation besteht aus eigenverantwortlichen Entwicklungsteams, mit Spitzenleuten besetzt und von einem kompetenten Projektmanager geleitet. Und ihre Entwicklungsstandorte wählen sie nach deren Anregungsdichte aus – Kompetenzbasis, anspruchsvolle Kunden, aggressive Wettbewerber und innovationsfördernde gesetzliche Bestimmungen sind die Hauptkriterien.

5. Neue Geschäfte müssen Einstiegsfenster genau treffen

Noch schneller, als die Wertschöpfung durch rasanten Preisverfall schrumpft, kommt Volumen hinzu. Leider nicht in jedem Unternehmen, aber doch für die Elektronikindustrie insgesamt. Die abstürzenden Preise selbst tragen dazu bei, weil sie ja erst die Massenmärkte hervorbringen. Doch der machtvollste Wachstums- und Ertragsmotor sind neue Geschäfte. Das Unternehmen, das davon profitieren will, braucht mehr als Produkte mit innovativem Kundennutzen – es muß Bedingungen einkalkulieren und mitgestalten, die über den eigenen Aktionsbereich hinausgehen.

Milliarden-Geschäfte prägen das Bild der Elektronikindustrie. Die meisten von ihnen gab es vor wenigen Jahren noch gar nicht. Vom Personal Computer, Camcorder, Compact-Disk-Spieler bis hin zu digitalen Vermittlungsanlagen und elektronischen Motormanagementsystemen oder auch zu Computerspielen – die Elektronikindustrie gestaltet immer wieder neuen signifikanten Kundennutzen aus neuen technischen Möglichkeiten.

Die europäische Elektronikindustrie war bei den meisten der neuen Geschäfte nicht von Anfang an dabei. Segmente wie Personal Computer und Computerspiele konnte sie nicht als Pionier besetzen, oder sie kam, wie bei Videorekordern, erst zu früh (Philips-Videorekorder Jahre vor VHS und Betamax) und dann zu spät (Philips/ Grundig Video 2000 nach VHS und Betamax). So entgingen ihr wesentliche Ertragspotentiale, mit denen sie die technischen Folgegenerationen hätte finanzieren können.

Die Ursachen lassen sich nicht mit zu geringen Technologieinvestitionen erklären – europäische Hersteller haben relativ zum Umsatz mindestens ebenso viel investiert wie amerikanische und japanische Wettbewerber. Ebenso wenig stimmt es, daß man die in der Zukunft liegenden neuen Anwendungen und Geschäfte nicht rechtzeitig gesehen habe. Schon eher dürften mangelnde Bündelung der technologischen Kräfte von Hochschulen und Industrieforschung und verspätete Deregulierung, zum Beispiel in der Telekommunikation, zu dem Rückstand beigetragen haben.

Auch scheint es, daß gerade europäische Unternehmen, die in klassischen Geschäften lange erfolgreich waren, von den Anforderungen der jungen Elektronikindustrie überfordert waren.

Weit anspruchsvoller als in anderen Industrien ist zum einen die enorme Innovationsdynamik: neue Technologiegenerationen in der Mikroelektronik etwa alle drei Jahre, Verdoppelung der technischen Leistungsfähigkeit bei Prozessoren etwa alle zwei Jahre, drastisch verkürzte Lebenszyklen bei Konsumelektronik und PCs. Das ist inzwischen weithin verstanden und hat gerade in den letzten Jahren zu massiven, auch teilweise erfolgreichen, Aufhol-Anstrengungen geführt.

Aber viel entscheidender dürfte sein, daß in dieser Industrie mit neuen Produkten oft ein sehr enges Einstiegsfenster genutzt werden muß. Mit vielen neuen Anwendungen sind erhebliche Eingriffe in ein bestehendes Umfeld verbunden. Oft sind Infrastrukturinvestitionen erforderlich, damit ein neues elektronisches Gerät seinen Nutzen entfalten kann; neue Netze müssen installiert, die Software verändert und neue Schnittstellenstandards vereinbart werden. Und häufig muß eine kritische Masse von Anwendern erreicht sein, bevor der Nutzen voll zum Tragen kommt.

Die Elektronikindustrie ist damit ein Beispiel für einen Wirtschaftszweig mit einer positiven Feedback-Struktur, wie sie auch der amerikanische Ökonom Brian Arthur beschreibt[1]: ein hochgradig nichtli-

---

[1]   Arthur, W. B., »Competing technologies, increasing returns, and lock-in by historical events«, The Economic Journal, März 1989, S. 116-131

neares Gebilde, in dem im Gegensatz zu »klassischen« Industrien die Summe der den Geschäftserfolg bestimmenden Einflußkräfte (Kundennutzen, Kostenstrukturen etc.) nicht einen eindeutigen, vorhersehbaren Gleichgewichtszustand bewirkt. Ob ein Geschäft ein Erfolg oder ein Mißerfolg wird, hängt unter Umständen von kleinsten Veränderungen in den Randbedingungen ab.

Wie die Kombination dieser beiden Faktoren – extrem hohe Innovationsdynamik bei gleichzeitig starker Abhängigkeit von positivem Feedback aus dem Umfeld – Hits mit ungeahnten Wachstumsraten hervorbringen kann, machen einige Erfolgsstories der jüngsten Vergangenheit eindrucksvoll deutlich. Doch selbst Spitzenunternehmen wie Nintendo oder Sony haben ebenso eindrucksvoll bewiesen, wie Vernachlässigung der Umfeldbedingungen scheinbar vielversprechendste Ansätze zunichte machen kann. Deutliche Lehren für heutige Nachzügler lassen sich sowohl aus den Erfolgs- wie den Mißerfolgsbeispielen ziehen.

Zum Beispiel Nintendo

Gemessen an Gewinn- und Wachstumsraten sowie der Penetration heimischer und ausländischer Märkte, gehört Nintendo heute zu den erfolgreichsten Unternehmen in Japan[2]. Aus einer unbedeutenden Spielkarten- und Spielzeugfirma entwickelte sich in den letzten zehn Jahren ein Multimilliarden-Elektronikhersteller, der 1993 einen Gewinn von 1,4 Mio. DM pro Arbeitnehmer erzielte, allerdings bei extrem niedriger Fertigungstiefe.

Hinter dem Siegeszug der Elektronik in Kinderhand lag System. Nintendo spielte meisterhaft auf der Klaviatur der Erfolgsfaktoren im Elektronik-Massengeschäft. Ein preiswertes, leistungsstarkes

---

[2] Sheff, D.: »Nintendo – Gameboy«, München 1993

Gerät gehörte dazu, das zum richtigen Zeitpunkt in eine Marktlücke vorstieß und das über neue Spiele immer wieder zu Folgekäufen anregte. Führend in den neuesten Technologien wollte und will Nintendo nicht sein; denn für das anvisierte Massengeschäft kommt es darauf nicht an.

Die Produktentwicklung, die zunächst zu dem in Europa nicht vermarkteten »Famicom« und dann zu dem bekannten »Gameboy« führte, sollte die Grundlage für die starke Unternehmensexpansion bilden. Der Vorstandsvorsitzende Hiroshi Yamauchi leitete sie selbst ein. Er formulierte sehr klare Ziele, orientiert an Kundennutzen und möglichen Wettbewerbsvorteilen, aber nicht an technologischen Kriterien.

Herauskommen sollte ein Produkt, das mindestens ein Jahr lang vor Nachahmungen der Konkurrenz sicher war – und das so gut war, »daß auch danach niemand Kopien oder Nachahmungen, sondern nur das Nintendo-Original haben will.« Das Gerät mußte für alle erschwinglich sein. Video- bzw. Computerspielgeräte kosteten 1983, dem von Nintendo vorgesehenen Markteinführungsjahr, etwa 200 – 300 US-Dollar. Yamauchi gab für seinen »Famicom« eine Preisgrenze von weniger als 75 US-Dollar vor.

Gleichzeitig ging man im Leistungsanspruch weit über die Konkurrenzgeräte hinaus. Diese brachten Bilder und Zahlenreihen hervor, sie konnten auch komplizierte Rechenoperationen ausführen - dafür hatten ihre Entwickler gesorgt, die in der Regel aus der Büro-Computer-Branche kamen. Was fehlte, war in vielen Fällen eine »glaubwürdige« Bewegung der Figuren auf dem Bildschirm, wie sie mit der sogenannten Fast-Speed-Animation erreicht wird.

Yamauchi hingegen gewann für sein Projekt Ingenieure, die Erfahrungen mit großen Spielhallenautomaten hatten und gewohnt waren, in Spielekategorien zu denken. Sie konzipierten ein Gerät, das mit einem 8-Bit-Prozessor auskam – mit Blick auf die niedrige Preisgrenze unabdingbar.

Bei der Ausgestaltung des »Famicom« duldete Yamauchi keine Abstriche. Das Spiel mußte schnell sein, damit es den Spieler nicht mehr losläßt und der Spieler durch zu langsame Reaktionszeiten des Computers nicht gelangweilt wird. Dazu mußten eigene Schaltkreise entwickelt werden. Der Famicom hatte keine traditionelle Tastatur, kein Modem und kein Diskettenlaufwerk. Dies schloß jegliche Ähnlichkeit mit einem Computer aus. Mit dem Verzicht auf Disketten konnte zudem die leichte Kopierbarkeit der Spiele umgangen werden.

Als problematisch erwies sich die Suche nach ausreichend leistungsfähigen Chips für die realistischere Bilddarstellung: Chip-Zulieferer bezeichneten die Nintendo-Preisvorstellungen als völlig abwegig. Anreiz zum Mitmachen gab schließlich ein hohes garantiertes Auftragsvolumen von drei Millionen Chips in zwei Jahren. Zu jener Zeit hatte Nintendo selbst von seinem besten Gerät, dem TV Color Game, nicht mehr als eine Million Stück verkauft, und typische Stückzahlen lagen eher bei 20.000 – 30.000 pro Jahr.

Auch die Großhandelsgruppen ließ er wissen, nur ein sehr niedriger Preis des Produktes könne ein Volumengeschäft garantieren; sie müßten deswegen mit einer geringeren als der branchenüblichen Marge auskommen. Außerdem erklärte er ihnen, je mehr Hardware abgesetzt werde, desto größer werde der Bedarf an Software, und der bringe dann das Geld. Die Großhändler akzeptierten.

Ein ganz entscheidender Erfolgsfaktor war die simultane Bereitstellung von Hardware und Software. Getrennt von den Hardware-Entwicklern ersannen Designgruppen phantasievolle Videospiele und konkurrierten gegeneinander um das beste Produkt. Großen Anteil am Nintendo-Erfolg hatte zweifelsohne die Erfindung der Mario-Figur von Miyamoto, die schon in den amerikanischen Spielhallen gut ankam. Die Mario-Spiele für den »Famicom« waren interessanter als alles, was es bisher auf dem Markt gab.

Sollte das Gerät langfristig ein Renner werden, mußte ausreichend Software zur Verfügung gestellt werden. Nintendo selbst wollte nur mit wenigen guten Spielen glänzen. Zwischen 1985 und 1991 kamen deshalb lediglich acht Mario-Spiele auf den Markt, von denen allerdings insgesamt 60 - 70 Mio. Stück verkauft wurden. Nintendo betrieb deshalb von Beginn an eine systematische Lizensierungspolitik. Lizenznehmer entwickelten die Software; die Produktion übernahm dann wieder Nintendo - getreu dem Grundsatz «für den »Famicom« gibt es nur von Nintendo produzierte Spiele».

Mit einer Mindestauflage von 10.000 Stück pro Spiel waren die Lizenznehmer aufs Volumengeschäft ausgerichtet. Und für Nintendo wurde eine Kontrolle der Spielequalität möglich. 1987 gab es 17 Lizenznehmer, ein Jahr später waren es 30, und 1991 hatte sich die Zahl schon auf 90 erhöht. Der Wettbewerb zwischen den Spieleentwicklern sorgte dafür, daß immer wieder interessante Spiele auf den Markt kamen.

Nintendo blieb trotz des fulminanten Wachstums ein »schlankes« und bewegliches Unternehmen. Heute gibt es 200 Mitarbeiter in Forschung und Entwicklung, 350 in der Verwaltung, 180 im Hauptwerk und 130 im Werk Oji – bei einem Umsatz 1993 von insgesamt 5,5 Milliarden Dollar p.a.

Zum Beispiel Sony, JVC, Philips

Mit Walkman, Camcorder und CD-Spieler ist Sony zum Inbegriff erfolgreicher neuer Geschäftsideen geworden. Eine gewisse Berühmtheit hat aber auch der Schiffbruch erlangt, den das Unternehmen Anfang der 80er Jahre im Videorekorder-Geschäft bei der Durchsetzung seines eigenen Videostandards Betamax erlitt. Das konkurrierende VHS-System von JVC setzte sich, trotz der etwas späteren Markteinführung, gegenüber Betamax durch.

Technische Leistungsunterschiede waren dabei sicher nicht ausschlaggebend. Wenn überhaupt, so lagen funktionale Vorteile eher auf der Seite von Betamax. Entscheidend war in diesem Geschäft – wie sich bald zeigte – nicht die Hardware »Videorekorder«, sondern der Nutzen, den sich der Kunde mit seinem Kauf erschließen konnte. Der Rekorder-Käufer sollte sich Filme ausleihen und zu Hause sehen oder Aufzeichnungen von Freunden auf dem eigenen Gerät abspielen. Seine Wahl würde daher immer auf das Gerät fallen, für das die meisten Filme zur Verfügung stehen, und nicht auf ein Gerät mit vermeintlichem, für den Laien ohnehin kaum verständlichen Produktvorteil.

JVC hatte dies klar erkannt und sah für sich die Chance in der freizügigen Vergabe von Lizenzen an Hardware-Lieferanten. Sony, das den technischen Vorsprung nicht beliebig vielen Konkurrenten preisgeben wollte und mit den Lizenzen sparsam umging, hatte das Nachsehen.

Die Video-Verleihfirmen wiederum waren nicht daran interessiert, sich durch zwei Systeme mit zusätzlichen Kosten zu belasten. Sie richteten sich auf den Standard aus, der über kurz oder lang mit dem größten Marktanteil rechnen konnte, und das war VHS. Als Philips und Grundig 1982 mit dem – wohl technisch überlegenen – System Video 2000 auf den Markt kamen, war der Zug längst abgefahren (Schaubild 1). Die Wechselkosten waren sowohl für Verleih- und Kodierfirmen als auch für den Endnutzer immens und nicht mit einem Produktvorteil zu rechtfertigen.

Auch ein noch so kleiner Vorteil führt letztendlich dazu, daß das gesamte Käuferverhalten sich in Richtung einer Randalternative bewegt. In diesem Fall gab der anfangs nur geringe Vorsprung im Marktanteil wegen des Feedbacks aus dem Markt den Ausschlag. Nahezu 100 Prozent Marktanteil für das zunächst nur knapp führende System war das Ergebnis.

Auf ähnliche Probleme stießen sowohl Philips als auch Sony, als sie Ende 1991 mit ihren Produkten DCC und dem Minidisk-Player an den Markt gingen. Der digitale Kassettenrekorder DCC von Philips

JVC's Lizensierungspolitik setzt VHS-Standard durch
Marktdurchdringung Videorekorder in Japan, USA und Europa
in Prozent

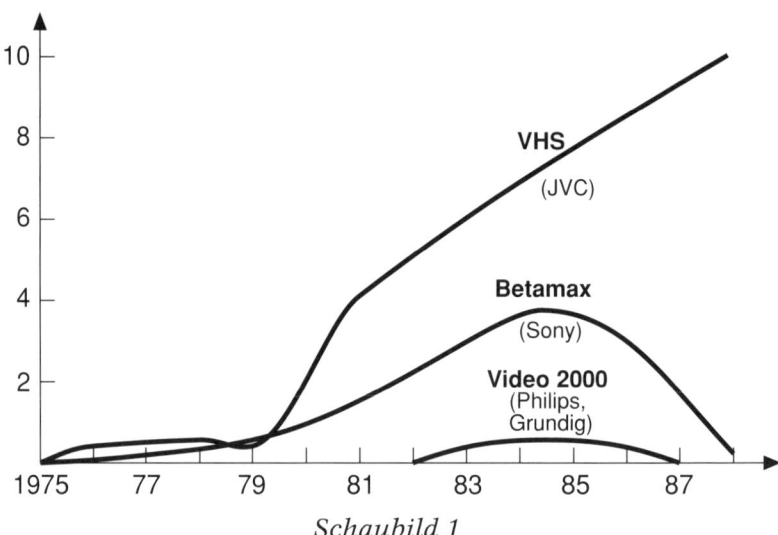

Schaubild 1

ist zweifellos eine wesentliche Innovation gegenüber herkömmlichen analogen Geräten. Er erreicht bei der Abspielung von Kassetten nahezu CD-Qualität und ist aufgrund seiner geringen Stoßempfindlichkeit gut mobil einsetzbar. Merkmale, die das Produkt zum Renner machen könnten, zumal Philips auch an die bestehenden Musikaufnahmen auf den alten analogen Kassetten gedacht und für ihre Abspielbarkeit auf dem neuen Gerät gesorgt hatte.

Ähnlich innovativ ist der Minidisk-Player von Sony. Er kann durch eine sehr aufwendige optoelektronische Technik ebenso wie der DCC als Aufnahmegerät verwendet werden. Robustheit bei mobilem Einsatz gewinnt er durch Zwischenspeicherung der Information. Außerdem ist, verglichen mit dem DCC, der Zugriff auf einzelne Musikstücke leichter. Ebenfalls ein Kandidat für einen großen Hit?

Beide Systeme scheinen nicht oder nur sehr langsam vom Fleck zu kommen. Dafür sind weniger die zahlreichen technischen Pannen verantwortlich, die den Markteintritt immer wieder verzögerten. Wohl eher die schlichte Tatsache, daß den Software-Lieferanten wie BMG, Ariola und EMI zum Einführungszeitpunkt 1992 ein zusätzlicher Tonträger – sei es die digitale Kassette oder die Minidisc – nicht ins Konzept paßte.

Als der CD-Spieler 1982/83 in die Läden kam, suchte die Medienindustrie händeringend nach einem neuen Tonträger, da bei der herkömmlichen Schallplatte Preise und Stückzahlen verfielen. Heute hingegen wird die CD ausgezeichnet verkauft, und die Industrie versucht sogar, Preiserhöhungen durchzusetzen. Neue Tonträger würden die Kunden verwirren, so fürchtet die Medienindustrie, und letztendlich die Absätze drücken. Und ein zusätzliches Abspielgerät werden sich nur wenige Kunden zulegen, solange das Angebot an bespielten neuen Tonträgern gegenüber dem CD-Angebot verschwindend klein ist.

Beide Firmen stehen also überraschend vor der Tatsache, daß sie auf ihren überzeugenden Produktinnovationen zunächst sitzenbleiben. Ob aus den Flops noch einmal Hits werden, bleibt abzuwarten.

Lehren für Pioniere

Selbstverständlich braucht es eine »echte« Innovation, die zusätzlichen Kundennutzen schafft, wenn ein neues Kerngeschäft entstehen soll. Aber, und auch das zeigen die Beispiele aus unterschiedlichsten Segmenten, noch so überragende Innovationen geraten zum Flop, wenn der zeitgerechte Markteinstieg nicht gelingt. Um zu erkennen, wann sich für welches Produkt ein »Einstiegsfenster« öffnet, müssen Wechselbeziehungen mit dem Umfeld aus Netzinfrastrukturen, Software-Umgebungen, Schnittstellenstandards und die Abhängigkeit von einer kritischen Masse von Anwendern verstanden werden. Sie müssen in die konkreten strategischen Entscheidungen einfließen, will man sich auf oft schwer vorhersehbare »Triggerpunkte« für neue Geschäfte erfolgreich einrichten und das unerläßliche positive Feedback erreichen.

Beim Faxgerät zum Beispiel erzeugt das positive Feedback steigender Teilnehmerzahlen einen Triggerpunkt für dramatisches Wachstum. Nach einem über Jahre recht flachen Verlauf wurde in Europa um die Mitte der 80er Jahre offenbar eine kritische Masse von Teilnehmern erreicht, und die Penetrationsdichte explodierte. Dabei bestand eine weitere positive Feedback-Schleife darin, daß bei dem hohen Volumen gleichzeitig die Endgerätepreise drastisch reduziert werden konnten, was zusätzlich das Wachstum anfachte.

Dazu fast die Gegenprobe: die Erfahrung europäischer Anbieter des digitalen Fernsehens (HDTV). Sie scheiterten am negativen Feedback übergroßer Infrastrukturerfordernisse, deren Bedeutung wahrscheinlich unterschätzt wurde. Das europäische halbdigitale Fernsehen, das die Ton- und Bildqualität entscheidend verbessern sollte, verlangte Veränderungen nicht nur im Übertragungsweg und bei den Endgeräten, sondern auch in der gesamten »Software«-erstellenden Industrie (z.B. Filmstudios) und der Studioausrüstung.

Zwar sollte der Übergang durch Kompatibilität mit dem bestehenden PAL-Standard und unter Verzicht auf die Umkodierung der Filme erleichtert werden. Dies reichte jedoch nicht aus. Die neue Übertragungsinfrastruktur via Satellit und die Umstellung der gesamten Hardwarebasis – vom Endgerät beim Kunden bis hin zu den Studioausrüstungen der Rundfunkanstalten – waren für die Europäer eine zu große Hürde. Trotz Milliardensubvention der Europäischen Gemeinschaft setzte sich die Innovation nicht durch. Bessere Chancen könnte das voll digitale amerikanische System haben; es erfordert zwar praktisch die gleichen Änderungen, bietet aber mit seinen interaktiven Anwendungen einen höheren Kundennutzen.

Welche Netze sind vorhanden? Können die bestehenden Telekommunikationsnetze genutzt werden? Welche Anpassungen und Erweiterungen sind nötig? Auf welche Software kann zurückgegriffen werden? In welchem Umfang muß Software neu oder weiter entwickelt werden? Fügt sich die Neuerung in bestehende Standards ein, oder sind neue Standardisierungen nötig? Wie sieht die politische und wirtschaftliche Interessenlage aus? Finden Standardisierungsanstrengungen ein offenes Ohr? Trifft die Neuerung auf die Zustimmung der anderen Wirtschaftsteilnehmer, oder ist sie sogar von deren Wertschöpfung abhängig? Diese und ähnliche Fragen zum Umfeld sind oft relevanter für die Beurteilung eines zukünftigen Geschäftes als technische Überlegungen (Schaubild 2).

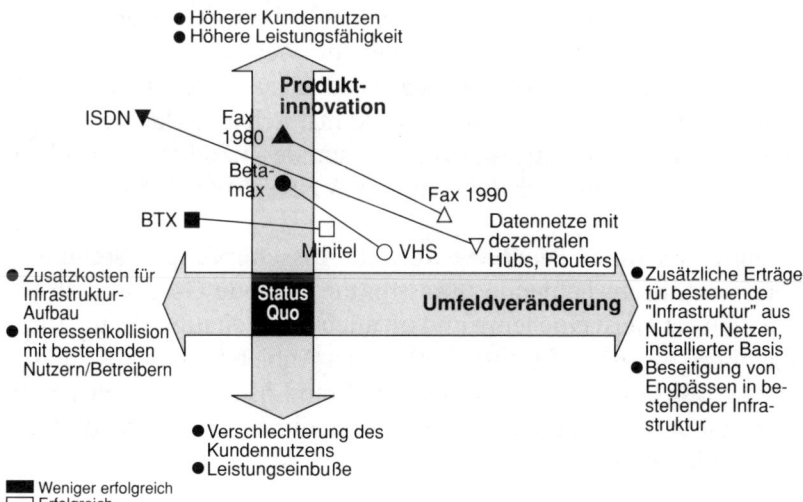

Höherer Markterfolg durch Kombination von günstiger Umfeldveränderung und Produktinnovation

Schaubild 2

Das genaue Verständnis der beteiligten Infrastruktur kann einem Unternehmen Aufschluß darüber geben, wie wahrscheinlich es ist, daß ein Produkt zum Hit wird, und was getan werden kann, um diese Wahrscheinlichkeit zu erhöhen. Sind die Abhängigkeiten klar erkannt, so wirken sie nur in den seltensten Fällen als Störfaktor; viel häufiger bieten sie zusätzliche Freiheitsgrade, die das strategische Spiel erweitern. Denn das positive Feedback aus dem Umfeld kann auch vom Unternehmen selbst ausgelöst oder verstärkt werden.

Positives Feedback selbst schaffen: Weitgehend unabhängige Gestaltung von Kundennutzen. Am einfachsten hat es, wer in einem neuen Markt ganz Herr seiner Entscheidungen sein kann. Für Nintendo wurde eine solche Strategie der Unabhängigkeit mit dem Gameboy ein voller Erfolg. Mit eigener Hardware und eigenen Spielen konnte das Unternehmen sein Geschäft völlig frei, zum Beispiel ohne Rücksicht auf Mediengesellschaften, gestalten. Der schnellen Produkteinführung und -verbreitung stand damit nichts im Wege.

Im Gegensatz dazu hatte es Sony bei seinem Betamax-System mit einem gigantischen Bestand an Filmen zu tun, die kodiert werden mußten. Für den Geschäftserfolg gab es eine Wechselwirkung mit den Kodier- und Verleihfirmen. Daß das Feedback aus diesem Umfeld für Sony negativ und für JVC positiv war, kam durch einen kleinen Unterschied bei den Anfangsbedingungen zustande – nämlich die Zahl der Lizenzen, die Dritten für Betamax bzw. VHS erteilt wurden.

Latentes positives Feedback nutzen: Ausschöpfung bestehender Infrastrukturen. Fehlende Infrastruktur für neue Geschäfte zu beschaffen, ist meist eine teure und oft auch sehr zeitaufwendige Angelegenheit. Besser und sicherer fahren da Anbieter, denen es gelingt, ohne große Vorfeldinvestitionen, mit ihren Lösungen auf vorhandene Strukturen aufzusetzen, zum Beispiel durch Schließen von Lücken in diesen Strukturen.

Der Versuch, eine gesamte Infrastruktur neu aufzubauen, wurde mit ISDN unternommen. Ihre Prognosen für die installierten ISDN-Anschlüsse hat die deutsche Telekom immer wieder drastisch zurücknehmen müssen; denn ISDN hat bei weitem nicht die Akzeptanz gefunden, die man sich Anfang der 80er Jahre erhofft hatte. Es fehlte sicherlich nicht an den notwendigen Investitionen für den Netzaufbau, auch wenn sich dieser über eine geraume Zeit hinzog. Endgeräte waren ebenfalls vorhanden, wenn auch zu einem sehr hohen Preis. Die Ursachen lagen woanders.

Dem Privatkunden war – anders als beim Videorekorder oder Camcorder – der ISDN-Nutzen nur sehr schwer zu vermitteln. Sein Hauptinteresse galt nach wie vor dem Sprachdienst; für die weiteren Möglichkeiten sah er – sofern sie ihm überhaupt bekannt waren – kaum eine Verwendung. Warum sollte er da zusätzliche Kosten in Kauf nehmen? Für den Geschäftskunden kam ISDN zur Unzeit. Die Integration von Sprache und Daten stand zunächst nicht auf seiner obersten Prioritätenliste. Als später in den 90er Jahren Vernetzungen von »local area networks« (LAN) in »wide area networks« (WAN) anstanden, reichte ISDN als 64 Kilobit-Dienst bei weitem nicht aus. Der Zusatznutzen von ISDN konnte die beträchtlichen Wechselkosten für den Geschäftskunden nicht kompensieren.

Datentechnik-Firmen wie CISCO, Wellfleet oder Synoptics wählten einen anderen Weg. Sie nahmen sich für ihre Kunden der drängenden Probleme an, die sich aus der PC-Vernetzung ergaben sowie aus den unterschiedlichen Standards für Vernetzungen und dem Bedarf, möglichst einfach Verbindungen zwischen den verschiedenen Nutzergruppen und Zugang zu den entsprechenden Informationen mit immer größeren Datenvolumina herzustellen.

Die Probleme liegen auf der Hand: LAN- und WAN-Netzwerkarchitekturen sind nicht aufeinander abgestimmt; die festen Bandbreiten herkömmlicher Telekommunikationsleitungen werden dem Transfer von in Schüben auftretenden Datenmengen nicht gerecht – entweder gibt es Engpässe oder Überkapazitäten. Kunden suchen in dieser Situation Lösungen, die sie schnell realisieren können, statt jahrelang auf den Aufbau einer neuen Infrastruktur zu warten.

CISCO und ähnliche Wettbewerber boten solche Lösungen – ohne den Überbau einer Gesamtnetzkonzeption mit Integration verschiedener Dienste und massiven Infrastruktur-Investitionen. Mit ihrer Fokussierung auf Datennetze statt sofortiger Integration von Sprache und Daten und mit ihren Produkten wie Routers und Intelligent Hubs verschafften sie ihren Kunden enorme Kosteneinsparungen und verdrängten nur in einem geringen Umfang vorhandene Ausrüstungen.

Hoher Kundennutzen bei geringen Umstellungskosten oder Investitionen in Netzinfrastrukturen - dies war ihr Erfolgsrezept, das ihnen jährliche Wachstumsraten von zum Teil über hundert Prozent einbrachte. Großunternehmen, die in der Regel die »große Lösung« zu realisieren versuchten, erreichten dagegen fast immer nur marginales Wachstum.

Der Zeitpunkt für Übergangslösungen kann auch dadurch kommen, daß ein Unternehmen unter starken Ertragsdruck gerät. In einer solchen Situation befinden sich Mitte der 90er Jahre die zukünftigen amerikanischen Betreiber des digitalen Mobilfunks PCS. Aus technischen Überlegungen wäre es unter Umständen günstiger, mit der Installation der Systeme bis zum neuen CDMA-Standard zu warten. Viele können sich das aber nicht leisten – sie müssen so schnell wie möglich Gebühren einnehmen, um die hohen Kosten für ihre Lizenz aufbringen zu können. Deshalb werden einige dieser Anbieter, um keinen Gebührenausfall durch eine noch nicht erprobte Technologie zu riskieren, zunächst das bewährte europäische GSM-System installieren und erst später durch das CDMA-System ersetzen.

Für die europäischen GSM-Anbieter, für die es sonst nur noch wenig jungfräuliche Märkte gibt, eine sehr glückliche Wendung. Ohne daß sie sehr viel zusätzlich investieren müssen, ergibt sich für sie die Chance auf ein zusätzliches Geschäft.

Positives Feedback auslösen: Einbeziehung Dritter in die Wertschöpfung für den Kunden. Abhängigkeiten sind sehr viel häufiger, als es die meisten Unternehmen wahrhaben wollen. Sie wähnen sich frei in ihren Entscheidungen und merken erst, wenn sie auf Widerstand stoßen oder sich erhoffte Erfolge nicht einstellen, daß es eine Schar von Mitinteressenten gibt.

Nintendo hatte eine Variante dieses Risikos gemeistert, als es seinen »unabhängigen« Famicom-Erfolg durch Zugriff auf Software-Ideen Dritter absicherte, durch die Vertragsgestaltung die Fäden aber fest in der Hand behielt. Dagegen mißglückte der Versuch, mit einem vernetzten Famicom den Erfolg zu wiederholen. Der »Famicom« konnte sich weder als Terminal für interaktive Spiele durchsetzen, noch fanden sich ausreichend Käufer für die Homeshopping- und Homebanking-Anwendungen.

Das Unternehmen, das erneut auf Eigenständigkeit setzte, hatte versäumt, die Erfolgsfaktoren in diesen Geschäften genau zu analysieren und die Abhängigkeit von Infrastrukturen unterschätzt. Interaktive Geschäfte können sich erst dann durchsetzen, wenn eine positive Feedback-Schleife aus Endgeräten, Netzinfrastruktur und Dienste-Anbietern entsteht. Treiber in diesen Schleifen werden voraussichtlich die Dienste-Anbieter sein.

Soll ein neues Geschäft durch positives Feedback über die Mobilisierung Dritter entstehen, so ist die zentrale Frage: Wie soll die Wertschöpfung unter den verschiedenen »Spielern« verteilt werden? Geht die Verteilung zu Lasten eines großen Spielers, wird er das Geschäft behindern. Schafft man es hingegen, die Bedingungen so zu gestalten, daß möglichst viele davon einen Nutzen haben oder erwarten, wird das Geschäft sehr schnell vorankommen. Hindernisse werden aus dem Weg geräumt. Standardisierungen, die sich sonst überaus lange hinziehen, werden vollzogen; Kompromisse werden geschlossen, die vorher als unmöglich galten.

Gemeinsames Verständnis, gemeinsame Interessen und die Verteilung der Wertschöpfung auf viele werden wohl auch dem amerikanischen HDTV-Standard zum Durchbruch verhelfen. Seine Chancen stehen weit besser als die des abgeschlagenen europäischen Standards. Der Grund? Der voll digitale US-Standard soll zum interaktiven Fernsehen und nicht wie in Europa nur zu einer verbesserten Bild- und Tonqualität führen. Der breite Kundennutzen verschafft vielen Anbietern die Chance zum Aufbau neuer Geschäfte – die hohen Infrastrukturkosten verteilen sind auf viele.

Ob Kabel-TV-Anbieter oder Hersteller von elektronischen Spielen, ob Anbieter von Homeshopping-Services oder Fortbildungsprogrammen – alle wollen an diesen neuen Systemen teilhaben. Damit ist die Voraussetzung für eine positive Feedback-Schleife zwischen sehr vielen Beteiligten geschaffen, die unter Umständen ausreicht, die Hürde der Infrastrukturinvestitionen zu überwinden. Wer letztendlich die Gewinner in diesem Multimediageschäft sein werden, bleibt abzuwarten.

Fazit

Technologischer Fortschritt, der bestimmte neue Anwendungen erlaubt, und ein Umfeld, das bereit und interessiert ist, diese Innovation anzunehmen, definieren sehr enge Einstiegsfenster für neue Elektronikgeschäfte. Nur für eine ganz kurze Zeit ist der Einstieg günstig; dramatische Wachstumsraten sind möglich, wenn ein positives Feedback zwischen Innovation und Umfeld entsteht. Ist dieser optimale Zeitpunkt verpaßt, sind die Marktanteile vergeben.

Der Erfolgsfaktor Nummer eins ist genaue Beobachtung: Wo gibt es neue Märkte? Welche latenten Nachfragen gibt es? Wie sieht die Infrastruktur aus? Wie weit ist die Technologieentwicklung, wann ist der nächste Sprung zu erwarten? Welche positiven Feedbacks wird es geben?

⟹ Erfolgreiche Unternehmen wissen nicht nur über die Innovationsgeschwindigkeiten Bescheid, sondern auch über die Wechselwirkungen zwischen ihren Produktinnovationen und

Veränderungen in der Infrastruktur – zum Beispiel die erforderlichen Investitionen für den Aufbau eines Netzes oder die Wechselkosten beim Umstieg auf eine neue Software. Sie verstehen die Mechanismen des positiven Feedbacks und die daraus resultierenden, oft beachtlichen Wachstumspotentiale sehr viel besser als die weniger erfolgreichen Wettbewerber.

⇒ Wo die Marktprognosen selbst namhafter Analysten um einen Faktor acht bis zehn auseinanderklaffen – so z.B für Technologien der Breitband-ISDN-Kommunikation –, gründen erfolgreiche Unternehmen ihre Produkt-Markt-Strategie nicht auf Langzeitplanungen. Bis zum Einführungszeitpunkt reagieren sie äußerst flexibel auf kurzfristige Nachfrage- und Infrastrukturveränderungen. Beim Aufbau neuer Infrastrukturen setzen sie möglichst schnell mit Hilfe breiter Bündnisse eigene Standards durch.

Die erfolgreichsten Unternehmen sind wachsam darauf bedacht, wo immer nötig, selbst die Initiative zu ergreifen: sei es, daß sie positives Feedback aktiv schaffen, es durch Mobilisierung Dritter in Gang setzen oder sich latent vorhandenes positives Feedback zunutze machen.

6. Die problemlösende Organisation kann man nicht überfordern

Wären Unternehmen in ihrer Organisation so fortschrittlich wie in ihrer Technologie, sie könnten viel mehr leisten. So aber sind die modernen Steuerungssysteme, die in direktem Kontakt mit der Basis Informationen aufnehmen und dezentral verarbeiten, in der Technik verbreiteter als in innerbetrieblichen Strukturen und Abläufen. Dort nämlich bleiben Informationen und Entscheidungen auf dem Instanzenweg immer noch in vielfältigen Filtern hängen. Gerade in der schnellebigen Elektronikindustrie sind aber die Unternehmen am erfolgreichsten, die das Ideal der Selbststeuerung am konsequentesten verwirklicht haben.

Der Führer eines modernen Kraftfahrzeugs kann sich auf seine »strategischen« Aufgaben konzentrieren – den Weg festlegen und auf die Verkehrssituation reagieren. Von den »operativen« Aufgaben ist er weitgehend entlastet, zum Beispiel weil ihn Antiblockiersystem und Antischlupfregelung von der Feinregelung – besonders für kritische Situationen wie Vollbremsungen oder Beschleunigung auf glatter Fahrbahn - entlasten. Das übernehmen die Teile des Autos, die in unmittelbarem Kontakt zur Straße stehen. Sensorik in den Rädern, Abstandsensoren in Stoßstangen und Drucksensoren in den Reifen ermitteln die Informationen »an der Basis«, wo sie größtenteils auch verarbeitet werden. Allradantrieb, Allradlenkung und die aktive Fahrwerksdämpfung sorgen für die Mobilisierung aller Ressourcen, die der sicheren Durchführung schneller Veränderungen zugute kommt.

Die traditionelle Unternehmensleitung hingegen will noch zu viele Entscheidungen zentral oder auf mittlerer Ebene treffen und scheitert dabei an gefilterten Informationen und langen Entscheidungswegen. Dies zu verbessern, ist nirgendwo lebenswichtiger als in der

Elektronikindustrie. Denn hier ist nur der überlegen, der intern Skaleneffekte zu nutzen versteht, Produkt- und Prozeßtechnologie möglichst schnell verbessert und die weltweit verfügbaren Ressourcen für Entwicklung, Produktion und Vertrieb geschickter als andere ausschöpft.

Es ist ein Wechselspiel zwischen sprunghafter Innovation und kontinuierlicher Verbesserung, getrieben von starkem Wettbewerbsdruck. Und das stellt höchste Anforderungen an die Leistungs- und Wandlungsfähigkeit der Organisation, über alle Stufen der Wertschöpfungskette und des Produktlebenszyklus.

Die Produktentwicklung muß neue Kundenwünsche und Technologien integrieren. Ihr werden – vor allem im Bereich Komponententechnologie und in den Industriesegmenten Große Systeme und Industrieelektronik/Meßtechnik – große Innovationsleistungen abverlangt. Marketing und Vertrieb müssen durch rasche Markteinführung gewährleisten, daß Marktpotentiale weltweit bei alten und neuen Kunden ausgeschöpft werden, denn die Chancen für hohe Margen und damit das Wiedereinspielen der Innovationskosten bestehen nur am Anfang eines Lebenszyklus. Nach der Einführung und mit der Durchdringung des Marktes kommt es mehr auf schnelle kontinuierliche Verbesserungen an – um zum Beispiel in der Chipherstellung den Yield (also die Ausbeute guter Chips je Siliziumscheibe) zu erhöhen oder in der Leiterplattenfertigung die Setz- und Lötfehler durch Feinoptimierung der Automaten und Verbesserung des Leiterplattenlayouts zu reduzieren. Es geht um die kontinuierliche Verbesserung der Prozesse, von der Fertigung bis hin zu allen »indirekten« Aufgaben wie Bereitstellung, Wartung und Instandhaltung.

Hier gewinnt, wer am besten die Lösung von Problemen »vor Ort«, in der Regel auf der untersten operativen Ebene der Organisation, beherrscht – und sie verbindet mit intelligenter strategischer Positionierung und Reaktionsfähigkeit der gesamten Organisation. Diese Fähigkeiten sind am ehesten in kleinen, innovativen, hochdynamischen Unternehmen anzutreffen. In der Elektronikindustrie können sie diesen natürlichen Vorteil besonders gut ausspielen, denn im Gegensatz zur Metallverarbeitung oder Chemie sind hier die Kleinen nicht von vornherein durch die notwendige Kapitalausstattung und Anlagengröße benachteiligt.

Doch die problemlösende, schnell lernende, sich selbst steuernde Organisation, deren Zeit offenkundig gekommen ist, findet ihren Weg auch in mehr und mehr Großunternehmen hinein. Die vielbeachteten Erfahrungen von ABB und General Electric beweisen das ebenso wie andere besonders erfolgreiche Wettbewerber. Was den Kleinen eher evolutionär zugewachsen ist, braucht bei den Großen allerdings eine meist schmerzhafte Kultur-Revolution. Denn die wichtigsten Merkmale dieser Organisation unterscheiden sich grundlegend von vielen einst ehernen Vorstellungen:

⟹ Klein und agil – statt groß und schwerfällig
⟹ Integration – statt funktionaler Trennung
⟹ Unternehmertum – statt Kommandostrukturen
⟹ »Nur Mut« – statt »Keine Experimente!«

Klein und agil – statt groß und schwerfällig

Wendigkeit und schnelles Reaktionsvermögen hängen natürlich direkt mit der rein formalen Größe der agierenden Einheiten zusammen. In der problemlösenden, selbststeuernden Organisation sind diese relativ klein und transparent. Aber richtig beweglich werden sie erst dadurch, daß sie ein hohes Maß an Eigenverantwortung haben.

Kleine, transparente Einheiten. Der Ruf nach kurzen Wegen, übersichtlichen Aufgabengebieten, direkter Kommunikation zwischen Mitarbeitern, die sich persönlich kennen, und nicht zuletzt nach Kundennähe überrascht niemanden mehr. Viele Unternehmen haben auch bereits Konsequenzen gezogen. Sie zerschlagen ihre großen Organisationen in übersichtlichere Geschäftseinheiten.

»Klein ist schön« scheint unbestritten. Wie klein genau, muß der Einzelfall entscheiden. Die optimale Größe verändert sich, getrieben von unterschiedlichen Faktoren über Zeit auch für die einzelnen Segmente. So wird in der Konsumelektronik die kritische Größe für ein Geschäftsfeld zunehmend von den steigenden Werbeausgaben bestimmt. Mit der Notwendigkeit, teure Medien und Werbeträger wie Fernsehen, Sportstars etc. zu nutzen, und zunehmender Globalisierung ist die Konsumelektronik auf echte »Hits« angewiesen. Bei komplexeren Geräten ist häufig eine Mindestgröße für die Amortisation von Investitionen in Entwicklungs- und Fertigungsanlagen erforderlich. Zum Beispiel muß bei großen Telekommunikationsanlagen oder bei aufwendiger Medizinelektronik (wie z.B. Computertomographen), wo weniger Standardmodule von Zulieferern bezogen werden können, der Endproduktanbieter allein die Mindestgröße und damit einen Mindestmarktanteil realisieren.

In der Computerindustrie, besonders bei PCs mit ihren Standardmodulen, kann der Endprodukthersteller wieder kleiner sein. Die Modulanbieter selbst tragen einen Teil der Investition. Der Endprodukthersteller muß seine Mindestgröße hier an der erforderlichen Logistik und Montageleistung ausrichten. Im häufig noch problemlösungsartigen Geschäft der Industrieelektronik und Meßtechnik muß meist nur eine kritische Masse an Know-how erreicht werden, die in sich lebensfähig ist.

Mit der Veränderung der Geschäftscharakteristik – zum Beispiel Entstehung von Massenprodukten wie speicherprogrammierbare Steuerungen in der Industrieelektronik oder Herausbildung von Standardmodulen in der Telekommunikation – kann sich jedoch die Idealgröße ändern. Erfolgreiche Unternehmen antizipieren diese Veränderungen und bleiben nahe an der wirtschaftlichen Mindestgröße für eine bestimmte Aktivität.

Im Bereich Konsumelektronik und Computer/Kommunikation sind die Geschäftseinheiten der Verbesserungs-Champions nur etwa halb so groß wie die ihrer langsameren Kollegen; bei großen Systemen schneiden die schnellen Veränderer ihre Geschäftseinheiten durchschnittlich um 30 Prozent kleiner. Die Industrieelektronik schließlich kommt generell mit kleinen Geschäftseinheiten aus, unabhängig davon, ob es sich um schnelle oder langsame Veränderer handelt; ihre Einheiten sind höchstens halb so groß wie die in den anderen Segmenten; meist sogar sehr viel kleiner (Schaubild 1).

Kleine Einheiten

Umsatz 1991
in Mio. US$*

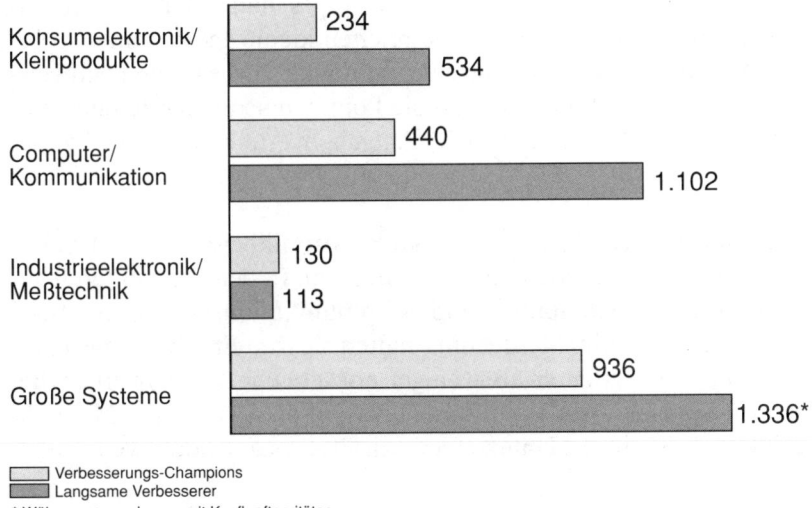

Verbesserungs-Champions
Langsame Verbesserer
* Währungsumrechnung mit Kaufkraftparitäten

Schaubild 1

Daß die kleinen Einheiten so viel effizienter sind, verdanken sie zum großen Teil der Transparenz, die in ihnen herrscht, und der viel direkteren Abhängigkeit vom Markterfolg. Und die ist besonders groß, wenn eine Einheit auf ein bestimmtes Kunden- oder Produktsegment zugeschnitten ist.

ABB machte mit seiner »Radikalreform« im Extrem vor, wie weit man in diese Richtung gehen kann. Mit seinen etwa 5.000 gesellschaftsrechtlich eigenständigen, stark fokussierten Profit Centern gelingt es ABB, in fast jedem Absatzmarkt in allen wichtigen Segmenten als lokaler Wettbewerber aufzutreten und einen engen Kontakt zum Kunden herzustellen. Ob eine solche extreme Zergliederung dauerhaft erfolgreich sein kann oder doch übers Ziel hinausschießt, wird die Zeit weisen.

Die Kleinheit durchzieht die erfolgreichen Unternehmen bis hinunter auf die »Ausführungsebene« der Teams, die in der Linien- und Projektorganisation das operative Tagesgeschäft ausüben. Wie aus der Langzeitstudie hervorgeht, erreichen kleine Teams von acht bis zwölf Mitarbeitern die höchste Produktivität. Sie erzielen nachweislich bessere Projektergebnisse – sie kommen schneller zu einer Lösung, weil Mitgliedschaft wie Aufgabenverteilung überschaubar sind.

Die erfolgreichen Unternehmen im Elektronikbereich berücksichtigen diese Erkenntnisse in ihren Planungen. In den Segmenten Konsumelektronik, Computer- und Kommunikationselektronik sowie Industrieelektronik/Meßtechnik halten sie ihre Entwicklungsteams 20 - 25 Prozent kleiner als weniger erfolgreiche Wettbewerber. Bei großen Systemen wie Mainframes und großen Anlagen der Medizinelektronik ist dieser Unterschied mit 70 Prozent noch weit ausgeprägter.

Wie extrem sich die Einführung der schlanken Strukturen besonders auf die Besetzung der Führungsebenen auswirkt, zeigt ein einfaches Beispiel: In einer herkömmlichen Fabrik wurden ca. 1.000 Linienmitarbeiter von 150 Führungskräften geführt. Die Führungsorganisation hatte sechs Ebenen vom Werksleiter abwärts. Zwei Jahre später arbeiten in der schlanken, optimierten Fabrik bei gleichem Output ca. 760 Linienmitarbeiter mit 75 Führungskräften, und die Hälfte der Hierarchie-Ebenen ist entfallen. Mithin hat sich die Zahl der Beschäftigten am Standort insgesamt um 27 Prozent verringert – geblieben sind drei Viertel der Linienmitarbeiter, aber nur die Hälfte der Führungskräfte (Schaubild 2).

Eine schlanke, problemlösende Organisation erfordert flache Hierarchien

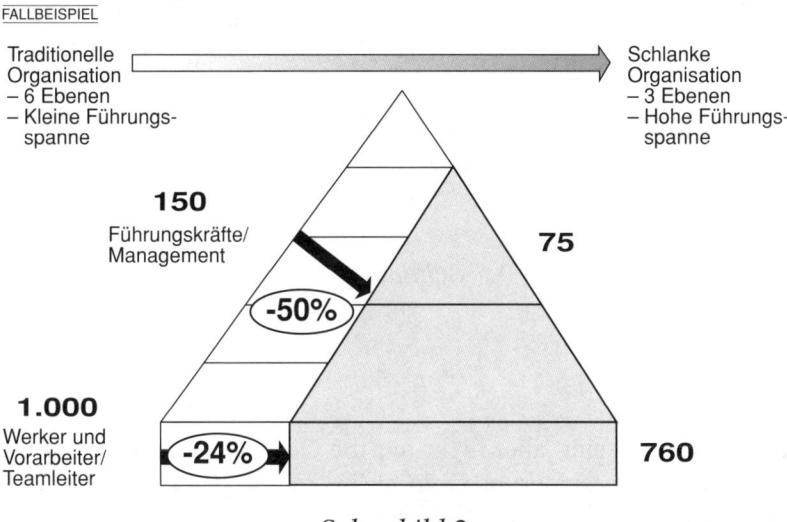

Schaubild 2

Gerade dieses Beispiel macht aber auch deutlich, daß es mit der Schaffung kleiner Einheiten allein nicht getan ist. So beweglich und handlungsfähig wie gewünscht werden diese Einheiten nämlich nur, wenn der Zusammenhang zwischen Leistung und wirtschaftlichem Erfolg für sie direkt sichtbar ist – und wenn sie ihn in Eigenverantwortung beeinflussen können.

Beweglichkeit durch Eigenverantwortung. Verbesserungs-Champions in allen vier Segmenten führen ihre Geschäftseinheiten vorwiegend als »mittelständische« Profit-Center (Schaubild 3). Weitge-

Produktionsstätten als Profit-Center geführt
in Prozent

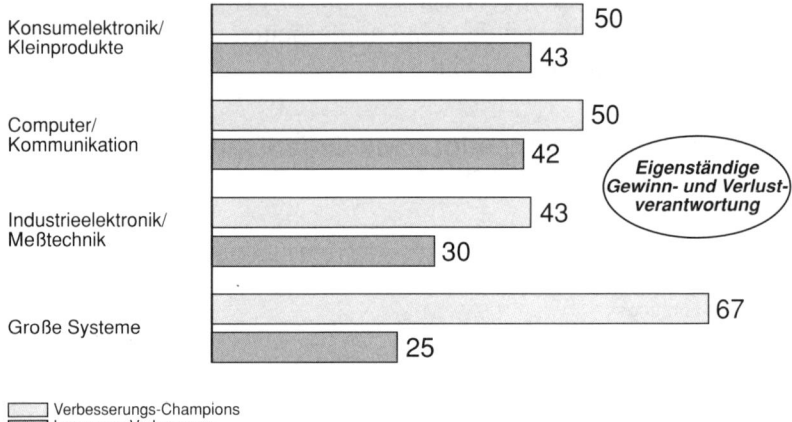

Konsumelektronik/
Kleinprodukte — 50 / 43

Computer/
Kommunikation — 50 / 42

*Eigenständige
Gewinn- und Verlust-
verantwortung*

Industrieelektronik/
Meßtechnik — 43 / 30

Große Systeme — 67 / 25

☐ Verbesserungs-Champions
■ Langsame Verbesserer

Schaubild 3

hend autonom sind aber nicht nur die Geschäftsbereiche. Der Gedanke der Selbststeuerung wirkt bis in die unterste Hierarchie-Ebene hinein.

Japanische und amerikanische Unternehmen haben es zu Hause vorgemacht: Die Delegation der Problemlösungsverantwortung soweit nach unten wie möglich und die Übertragung vieler Aufgaben von Meister und Gruppenleiter an selbststeuernde Teams (»empowerment« der Linie). Wer glaubte, dies sei eine nicht-übertragbare Idee aus Fernost oder den USA, ist längst eines Besseren belehrt. Japanische und in letzter Zeit auch zunehmend amerikanische Unternehmen in der Bundesrepublik und in anderen Ländern Europas sind inzwischen mit diesem Konzept ähnlich erfolgreich wie daheim - und finden immer mehr Nachahmer unter ihren europäischen Kollegen.

Das Aufgabenspektrum der »Linie« und der »Teams« ist seit Einführung des Delegationsprinzips deutlich gewachsen. Ehemals fast ausschließlich auf die reine Maschinenbedienung beschränkt, gehören heute Qualitätsdatenaufzeichnung und Qualitätskontrolle, Materialabruf, Instandhaltung und die ständige Suche nach Möglichkeiten zur Produktivitätssteigerung vielerorts schon zum Standardrepertoire.

Die japanischen Hersteller sind noch immer führend – Europäer und Amerikaner dürften sie im »Delegationsgrad« 1994 eingeholt haben (Schaubild 4). Doch bis sich vergleichbare Resultate des »Empowerment« bei europäischen und amerikanischen Unternehmen einstellen, ist noch einige Zeit harter Arbeit erforderlich.

Europäische Unternehmen haben weniger Aufgaben delegiert, versuchen aber aufzuholen

Delegation spezifischer Aufgaben an direkte Fertigungsmitarbeiter
in Prozent der Unternehmen

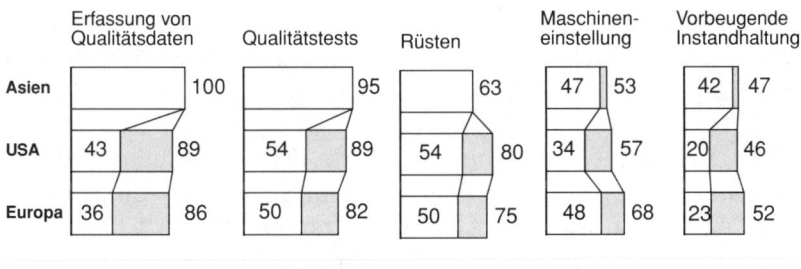

☐▨ 1988 → 1994

Schaubild 4

Ein europäischer Elektronikhersteller kann in einem seiner Hauptwerke inzwischen selbst schon als musterhaft gelten – so erfolgreich ist eine flache Hierarchie verwirklicht worden. Ein Werksleiter und drei Meister führen diesen Betrieb mit rund 360 Mitarbeitern, der in drei Schichten arbeitet (ca. 150, 150, 60 Mitarbeiter für Früh-, Spät- und Nachtschicht). Zwei Fertigungsingenieure stehen dem Werksleiter für Projektaufgaben zur Verfügung. Jeder der drei Meister betreut eine Schicht; die beiden Tagesschichten werden zusätzlich von je drei Vorarbeitern geführt. Fällt ein Meister aus, wird er durch einen der beiden Fertigungsingenieure vertreten.

Kreativität und Engagement der Mitarbeiter, wie sie – nach verbreiteter Ansicht – sonst nur noch in privaten Freizeitbeschäftigungen zum Vorschein kommen, finden hier reiche Entfaltungsmöglichkeiten, die auch bereitwillig aufgegriffen werden. Nach und nach sind die Mitarbeiter in den Teams mit immer neuen und anspruchsvolleren Aufgaben betraut worden. Das hat zur Folge, daß einige Unterstützungsfunktionen aufgelöst werden konnten. So die Instandhaltungsfunktion, die schon vor geraumer Zeit ihre Aufgabe an die »Linie« abtrat; ein gleiches Schicksal wird bald die Qualitätskontrolle ereilen.

Noch immer gibt es Manager, denen eine derart knappe Führungsstruktur und fehlende Kontrollinstanzen geradezu abenteuerlich riskant erscheinen, aber alle Erfahrung spricht dafür, daß der deterministisch-dirigistische Ansatz letztlich der riskantere ist, da er Verbesserungspotentiale zu langsam und nicht vollständig erschließt.

Zum Beispiel, wenn in einem Werk der Telekommunikationsindustrie ein Drittel der Fehlerrate beim Setzen von Chips darauf zurückzuführen ist, daß sich beim Herausgreifen der Chips durch den Setzautomaten aus der Zuführrinne deren Spritzgußnasen verhaken: solch ein Problem kann nur der Mitarbeiter an der Linie erkennen und – wie in diesem Fall durch einen Knick in der Zuführrinne – schnell und endgültig beheben.

Der Einsatz von selbststeuernden Teams beschränkt sich jedoch keineswegs auf die Fertigung. Auch in Verwaltung und Vertrieb werden bei fortschrittlichen Unternehmen aus zaghaften, ersten Versuchen zur Delegation von Verantwortung, wie der selbständigen

Abstimmung der Urlaubspläne, meist umfassende Selbststeuerungs-
initiativen mit immer anspruchsvolleren Aufgaben.

Hochkompetente Arbeitsgruppen entstehen, die zum Beispiel im
Vertrieb bei der Auftragsbearbeitung nicht nur den Volumen-
ausgleich selbst steuern, sondern sich auch aktiv für eine bessere
Abstimmung zwischen Außen- und Innendienst in der Kundenbe-
treuung sowie eine Umgestaltung ineffizienter Abläufe bei der Auftragsabwicklung einsetzen. Und schließlich gehört auch die verstärkte eigene Einteilung und Flexibilisierung der Arbeitszeit zu den
Maßnahmen, die gleichzeitig die Produktivität für das Unternehmen
und die Flexibilität für den Arbeitnehmer erhöhen können.

Integration – statt funktionaler Trennung

Das zweite Schlüsselwort für die Schaffung einer problemlösenden,
reaktionsstarken und schnell lernenden Organisation heißt Integration von Informationsflüssen und Abläufen – zwischen allen internen Funktionen, aber auch mit den wichtigen Lieferanten und (wie
in Kapitel 2 erörtert) mit Kunden.

Intern: Funktionsübergreifende Prozeßketten. In erfolgreichen Unternehmen haben funktionale Trennungen und Spezialisierungen in
letzter Zeit deutlich an Gewicht verloren. Die Besten schätzen die
Vorteile beim Zusammenführen der einzelnen Unternehmensfunktionen höher ein als die Skalen- und Lernkurveneffekte, die sie
durch deren Spezialisierung erreichen könnten. (Diese Effekte nutzen sie vermehrt durch die Fokussierung auf Kundengruppen und
ausgewählte Leistungsangebote und Produktpaletten.) Das gilt für
ihre Geschäftseinheiten ebenso wie für ihre Teams auf unterer Ebene, die sie mit allen für erfolgreiches Arbeiten notwendigen Funktionen ausstatten.

Innerhalb der Geschäftseinheiten orientieren die Erfolgreichen ihre
Strukturen an einigen wenigen Kernprozessen – zum Beispiel dem

Entstehungsprozeß für neue Produkte von der Idee bis zur Markteinführung, dem kompletten Absatzprozeß vom ersten Kontakt mit dem Kunden bis zum Abschluß der eventuell notwendigen Installations- und Schulungsarbeiten oder dem Wartungsprozeß vom Sammeln der (Fehler-)Informationen im Feld bis zur Reparatur, Wartung und möglicherweise Designänderung. Dafür schaffen sie weitestgehend vollständige Prozeßketten mit Verantwortung für ein Endprodukt und mit möglichst einfachen Schnittstellen nach außen.

Unternehmen mit traditioneller Führungsstruktur fällt der Übergang zu einer ganzheitlichen Verantwortung für das Endprodukt schwer. Sie belassen auch bei einer Umstrukturierung nicht selten wichtige Teile ihrer Kernprozesse oder Schlüsselaufgaben in unterschiedlichen organisatorischen Einheiten. Durch diese Zaghaftigkeit stellen sie jedoch den Umgestaltungserfolg in Frage.

Viele Unternehmen haben inzwischen ein »Produktmanagement« für den Entstehungsprozeß und die Betreuung von Produktfamilien eingeführt. Allzu oft entfaltet diese Koordinationsfunktion nicht die erhoffte Wirkung, sondern erweist sich als zahnloser Tiger. Behält zum Beispiel die Entwicklung die Hoheit über die Allokation des Entwicklungsbudgets und die Verantwortung für die Karriereentwicklung ihrer Mitarbeiter, kann sie wie bisher ein ausgeprägtes Eigenleben entfalten. Sie neigt dazu, ihr Entwicklungsportfolio ausschließlich nach technischen Prioritäten und persönlichen Vorlieben auszurichten. Markterfordernisse werden – weil häufig nicht bekannt – vernachlässigt; Fehlinvestitionen, gefährliche Marktlücken oder aufwendige Korrekturrunden nach der Produkteinführung sind die Folgen, die das Unternehmen teuer zu stehen kommen.

Genauso problematisch ist die Beibehaltung der alten Vertriebsfunktion; sie führt gerne zur Gleichbehandlung aller Kunden ohne Rücksicht auf die segmentspezifischen Unterschiede im eigenen Angebot, in den Kundenwünschen und im Wettbewerb. Damit tut sich kein Unternehmen einen Gefallen, wie zum Beispiel ein europäischer Anbieter von Telekommunikationssystemen feststellen mußte. Lange Zeit machte seine Auftragsbearbeitung kaum Unterschiede zwischen den kleinen Gewerbetreibenden und Großkonzernen. Einfache Telefonanlagen mit wenigen Anschlüssen wurden ähnlich aufwendig bearbeitet wie große Anlagen mit 1.000 und mehr Teilnehmern. Seinen Kunden mutete er damit unangemessene Lieferzeiten zu. Er selbst zahlte dafür mit überhöhten Abwicklungskosten und großen, nicht beabsichtigten Lücken in der Abdeckung wichtiger Kundensegmente.

Probleme wie diese versuchen zögerliche Umgestalter immer noch mit Vermittlungsfunktionen, Koordinations- und Überwachungsstellen zu lösen. Doch nachdem diese Funktionen über Jahre bestanden, einen eigenen Mitarbeiterstab aufgebaut und ansehnliche Budgets verbraucht haben, stellt sich leider meist heraus, daß sie die Probleme nicht beseitigt, sondern häufig sogar weiter zementiert haben.

Oft fehlt nämlich diesen institutionalisierten Problemlösern sowohl Verständnis und Nähe zum eigentlichen Problem als auch die Akzeptanz der wirklich Betroffenen. So mußten die Produktplaner im Produktmanagement eines deutschen Elektronikherstellers feststellen, daß sie nicht in der Lage waren, Entwicklung, Vertrieb und Service zu koordinieren. Die Entwicklung entschied weiter autonom, was wann und wie entwickelt wurde, und der Vertrieb versorgte sich weiterhin bei externen Anbietern mit dringend benötigten Produkten.

Eine Wendung zum Besseren erreichen diese Unternehmen in der Regel erst, wenn die Betroffenen die Lösung ihrer Probleme gemeinsam in die Hand nehmen. Hierbei spielen Teams und Task-forces, ad hoc und ohne Berücksichtigung organisatorischer und hierarchischer Grenzen gebildet, eine herausragende Rolle. Sind sie mit deutlicher Unterstützung durch die Geschäftsführung – und entsprechender Priorität für ihre Aktivitäten – ausgestattet, von den bürokratischen Zwängen der Organisation weitgehend entbunden und mit klaren Zielen auf bestimmte Endprodukte fokussiert, so können sie in erstaunlich kurzer Zeit enorme Energien freizusetzen und selbst größte Probleme bewältigen. Solche Task-forces sind auch die Keimzelle für die neue prozeßorientierte Struktur.

Lieferanten: von Informationsaustausch bis Joint-ventures. Die erfolgreichen Unternehmen beziehen ihre Lieferanten in ihren Wertschöpfungsprozeß ein, statt sie gegeneinander auszuspielen.

Von der intensiven, in der Regel längerfristigen Zusammenarbeit mit einer kleinen Schar von Lieferanten profitieren beide Seiten. Entwicklung und Fertigung stehen in engem Kontakt zu ihren »externen Mitarbeitern«. Sie sorgen dafür, daß beim Lieferanten ein unverfälschtes Verständnis der technischen und wirtschaftlichen Erwartungen ankommt. Aber sie eröffnen dem Lieferanten auch Freiräume für die Einbringung seiner Ideen und mobilisieren sein Problemlösungspotential zu beiderseitigem Nutzen.

Welches Potential hier oft brachliegt, zeigt das Beispiel eines deutschen Systemherstellers, der unter massivem Kostendruck Module preiswerter einkaufen wollte. Die Angebote, die aus Fernost bei ihm eingingen, lagen wegen des niedrigeren Lohnniveaus etwa 40 Prozent unter den bisherigen Herstellkosten. Aufhorchen ließ den Hersteller der Hinweis eines chinesischen Anbieters, der eine weitere Kostensenkung von 35 Prozent bei einer Anpassung des Designs an chinesische Fertigungsgegebenheiten in Aussicht stellte. Nach anfänglichen Widerständen und sorgfältiger Prüfung kam es zur Überarbeitung des Designs, die das Angebot von 44 DM nochmals um 15 DM verbilligte. Statt wie bisher 80 DM kostete plötzlich ein von der Qualität her gleichwertiger Motor in der Fertigung nur 29 DM. Damit fielen dem Hersteller beträchtliche Ersparnisse zu, die er zur Verbesserung der Gewinnspanne oder der Marktanteile nutzen konnte.

Wie die Langzeitstudie »Excellence in Electronics« belegt, ist die Integration der Lieferanten nicht nur für einmalige Verbesserungen gut; längerfristig angelegt, führt sie fast immer zu besseren Ergebnissen bei Stückkosten, Lieferzeiten und Anlieferqualität. Japanische und taiwanesische Unternehmen nutzen dies schon lange. Nachdem sie bei neuen Vergabeentscheidungen konkurrierende Angebote eingeholt haben, treffen sie ihre Wahl nicht nur auf Basis des angebotenen Preises, sondern vor allem unter Berücksichtigung von Unterschieden in der Kostenstruktur und den Aussichten für eine langfristige Zusammenarbeit. Mit dem Lieferanten ihrer Wahl gehen sie dann an den Aufbau einer engen Verbindung; sie integrieren ihn sowohl in den Produktentwicklungsprozeß als auch in die Fertigungsplanung und -abwicklung.

Allerdings kennen diese Unternehmen auch die »Tücken« einer intensiven Lieferantenverbindung. Sie kann zur Falle für diejenigen werden, die glauben, sich aufgrund der Vertrautheit mit dem Partner Nachlässigkeiten leisten zu können. Dies gilt besonders, wenn beispielsweise bei der Einführung neuer Produkte und neuer Prozeßtechnologien oder Materialien neue Problemstellungen auftreten. Unter dem Eindruck, daß man voneinander weiß, was man will und kann, werden die neuen Probleme bisweilen erst viel zu spät erkannt - wenn eine Korrektur aufwendig und teuer ist und die ursprünglichen Zeitpläne ruiniert sind.

Schmerzlich mußte das ein Hersteller von Medizinelektronik erfahren, als beim Übergang von analoger zu digitaler Signalverarbeitung die Integration von zugelieferten Modulen zu kostspieligen Verzögerungen führte. Ursache waren unter anderem nicht ausreichend abgestimmte Protokolle zwischen den Systemmodulen und Probleme bei der Weiterverarbeitung der Meßwerte. Aufgrund jahrelanger Beziehungen hatte man auf der Arbeitsebene ein Vorgehen »auf Zuruf« weitestgehend beibehalten und daher die Art der Probleme während der Vorbereitungen zwar erkannt und angesprochen, die explizite Lösung aber erst zu spät durchgesetzt.

Es ist daher ratsam, dieselben Grundprinzipien wie für die interne Integration walten zu lassen und die Lieferantenbeziehungen vorwiegend sachlich zu orientieren und auch immer wieder einmal neue Lieferanten und Einkäufer hinzuzuziehen. Und schließlich hilft auch der Austausch von Mitarbeitern zwischen den Partnern, die Beziehung in die richtige Richtung weiterzuentwickeln.

Mit zunehmender Dynamik des Marktes und größerer Komplexität stützen sich immer mehr Unternehmen auf kompetente Lieferanten und Partner, um sich selbst auf Teilbereiche mit besonderen eigenen Stärken konzentrieren zu können. Das zeigt sich vor allem in der Computerindustrie, wo Speziallieferanten für Komponenten mit Standardschnittstellen wie Disketten und Festplattenlaufwerke, Bildröhren oder LCD-Displays die Oberhand gewinnen und der Zulieferanteil stetig steigt. In der Industrieelektronik, in der neue Entwicklungen immer teurer werden, haben sich zur Bündelung der Ressourcen und Verteilung der Risiken viele Unternehmen zu Jointventures entschlossen. Sie können so ihr Know-how gegenseitig nutzen.

Wichtig ist der Aufbau und Erhalt funktionierender lokaler Zulieferstrukturen auf Weltklasseniveau in Ergänzung zum weltweiten Einkauf von Commodity-Komponenten. Die lokale Zulieferstruktur wird sich dabei auch verändern: Um Komplexität aus den Lieferbeziehungen zu nehmen, müssen Systemlieferanten aufgebaut werden, die sich ihrerseits auf leistungsfähige Modul- und Teilelieferanten stützen.

Unternehmertum – statt Kommandostrukturen

Veränderungen schrecken viele Mitarbeiter. Die Hierarchieverflachung, die ihnen neue Rechte, aber auch größere Pflichten beschert, löst bei ihnen Ängste aus. Andere sehen hierin ihre Chance. Und manch schlummerndes Talent tritt zutage. So auch bei einem Meister, der als Leiter einer Qualitäts-Projektgruppe in der Fertigung einem hochkarätigen Gremium zunächst etwas zögernd, aber zunehmend freier über die um Größenordnungen verringerte Fehlerquote berichtete. Auf die – eigentlich verbotene – Frage des Vorstands, warum er es nicht schon immer so gemacht habe, kam die Antwort: »Mich hat ja nie einer gefragt.«

Fähigkeiten so brachliegen zu lassen, können sich eigentlich weder Arbeitgeber noch Arbeitnehmer leisten. Den Unternehmen gehen dabei die Ideen und das Engagement der Mitarbeiter verloren, und der einzelne Mitarbeiter selbst verkauft sich auf einem unter Druck stehenden Arbeitsmarkt unter Wert – und verzichtet außerdem auf einen Zugewinn an Arbeitszufriedenheit.

Natürlich wird es zunächst einmal für alle Beteiligten unbequemer: Die Führungskräfte müssen »Feudal«-Rechte – besonders Informationsmonopole – aufgeben, und die Arbeitnehmer können sich nicht mehr darauf verlassen, ein Arbeitsleben lang die einmal erlernte Tätigkeit gewinnbringend auszuüben. Vielmehr wird von ihnen erwartet, daß sie hochentwickeltes, aktuelles Fachwissen, kombiniert mit der Umsicht, Beweglichkeit und Risikofreude eines Unternehmers, mitbringen. Und daß sie die Entwicklung dieser fachlichen und unternehmerischen Fähigkeiten zu ihrer eigenen Sache machen.

Es ist eine grundlegende Umstellung. Analysen in den USA haben gezeigt, daß im traditionellen Großunternehmen Mitarbeiter bei Ausschöpfung von nur 30 Prozent ihrer Leistungsfähigkeit durchaus zu den angesehenen und karrieremachenden Stützen ihres Unternehmens gehören. Ob es gelingt, möglichst viel von dem verbleibenden Leistungspotential zu mobilisieren und zögernde Mitarbeiter auf den neuen Kurs einzustimmen, entscheidet nicht selten über Erfolg und Mißerfolg des Unternehmens. Vielleicht die größte Stärke der selbststeuernden, problemlösenden Organisation ist, daß sie diese Umstellung bewältigen hilft. Das gelingt vor allem durch kontinuierliche Weiterentwicklung der Mitarbeiter und eine neue Rolle der Führung.

Kontinuierliche Mitarbeiterentwicklung. Eigeninitiative ergreifen nur Mitarbeiter, die sich der Situation gewachsen fühlen. Deshalb bemühen sich erfolgreiche Elektronikunternehmen um eine exzellente Wissensbasis ihrer Mitarbeiter in ihrem unmittelbaren Fachgebiet, in Managementfragen und in Sozialkompetenz. Sie stellen auf allen Ebenen möglichst gut ausgebildete Mitarbeiter ein und tun auch mehr für deren Weiterbildung. Das Training dieser Unternehmen stammt aus bester Quelle und gilt keineswegs als Freizeitangebot mit Unterhaltungswert.

Gute Schulungs- und Weiterbildungsprogramme haben einen unmittelbaren Praxisbezug. Training »on the job« oder auch dedizierte Trainingsmodule neben der Arbeit erfüllen diesen Anspruch. Zu vermeiden ist ein großer zeitlicher Abstand zwischen Training und Anwendung. Ein PC-Training ist schon dann wenig wirkungsvoll, wenn es aufgrund verzögerter Installation der Rechner am Arbeitsplatz vier Wochen zu früh stattfindet.

Als eine besonders wirkungsvolle Form der Weiterbildung hat sich die Job-Rotation bewährt. An diesen Austauschprogrammen in einer selbststeuernden problemlösenden Organisation nehmen Mitarbeiter aller Ebenen teil. Erfolgreiche Unternehmen im Bereich Computer/Kommunikation setzen sie 30 Prozent häufiger ein als die weniger erfolgreiche Konkurrenz, in Konsum- und Industrieelektronik sogar doppelt so oft (Schaubild 5). Bei einer durchschnittlichen Aufenthaltsdauer von acht bis zwölf Monaten in einer anderen Funktion gewinnen diese »rotierenden« Mitarbeiter wichtige Kenntnisse über die Anforderungen an ihre eigene Arbeit, sie erweitern ihr Informationsnetzwerk durch neue Kontakte innerhalb des Unternehmens.

Wichtig ist auch bei der Job-Rotation wieder das Detail: Wenn Entwicklungsingenieure beispielsweise in die Fertigung und wieder zurück in die Entwicklung wechseln, so bringen sie aus der Fertigung konkrete Kenntnisse über die Produzierbarkeit von Produkten mit, die in das künftige Produktdesign einfließen. Maßstäbe für wirkungsvolle Job-Rotation-Programme setzen nach wie vor die erfolgreichen japanischen Elektronikunternehmen; das gilt für die Anzahl

Erfolgreiche Unternehmen sorgen für mehr Job-Rotation-Möglichkeiten

Unternehmen mit Job-Rotation für Entwicklungsingenieure 1991
in Prozent

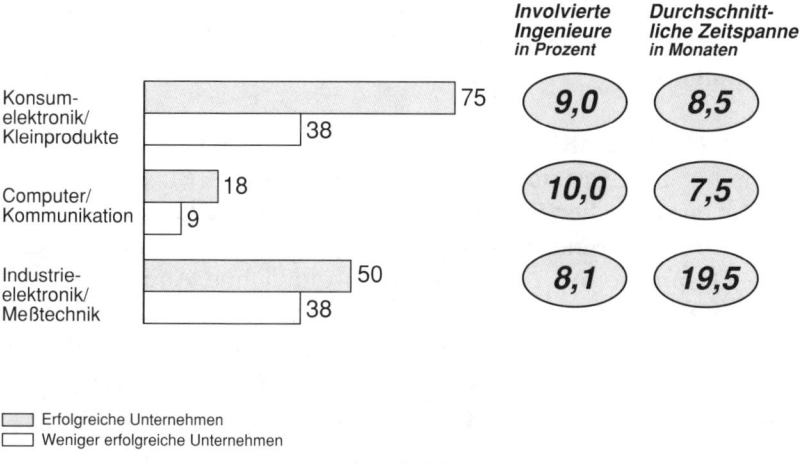

	Involvierte Ingenieure in Prozent	Durchschnittliche Zeitspanne in Monaten
Konsumelektronik/ Kleinprodukte 75 / 38	9,0	8,5
Computer/ Kommunikation 18 / 9	10,0	7,5
Industrieelektronik/ Meßtechnik 50 / 38	8,1	19,5

☐ Erfolgreiche Unternehmen
☐ Weniger erfolgreiche Unternehmen

Schaubild 5

der beteiligten Mitarbeiter, ebenso wie für die inhaltliche Gestaltung.

Neue Rolle der Führung. Auch Mitarbeiter in einer selbststeuernden Organisation brauchen Führung. Dabei kommt es allerdings nicht mehr darauf an, alles bis ins kleinste vorzugeben, sondern auf die richtigen Rahmenvorgaben und die Unterstützung der Teamarbeit. Dieser Aufgabe kann sich das Management, von vielen operativen Aufgaben entlastet, intensiver widmen als in herkömmlichen Organisationen. Das mittlere Management wird vom Kommandeur zum Coach. Es kümmert sich verstärkt um die Beseitigung von Hemmnissen in der Organisation, um den Teams die Lösung der Sachprobleme zu erleichtern, und widmet sich intensiv der Personalentwicklung - oder besser noch der Persönlichkeitsentwicklung.

»Kümmern« und intensive Betreuung sind normaler Bestandteil der Führungsaufgabe. Und das ist keineswegs ein sozialromantischer Freundlichkeitsaustausch. Dazu gehört sowohl das Gespräch über persönliche Sorgen und Interessen der Mitarbeiter als auch ein klares inhaltliches Feedback über Fähigkeiten und Leistungen und die Vereinbarung eines individuellen Fort- und Weiterbildungsprogramms.

Wie wichtig das »Kümmern« für die persönliche Leistungsfähigkeit – bis hin zum gesundheitlichen Wohlbefinden – ist, zeigte sich in einem europäischen Elektronikunternehmen. Als der Krankenstand zehn Prozent erreichte, nahmen Meister und Werksleiter persönliche Gespräche mit den Betroffenen auf. Ohne Androhung oder Durchführung von Sanktionen ging daraufhin der Krankenstand auf zwei Prozent zurück – und schnellte nach Einstellung der Gespräche wieder auf acht Prozent hoch. Inzwischen sind die Gespräche zur festen Einrichtung geworden, und der Krankenstand ist wieder niedrig.

Mit »weicher Welle« hat das nichts zu tun. Im Gegenteil, in den erfolgreichsten Unternehmen hat das Management aller Ebenen sehr gut verstanden, daß halbherzige Ziele zu nichts führen, daß vielmehr die Ergebnisse meist noch hinter den schon reduzierten Erwartungen zurückbleiben. Wenn Mißstände nicht behoben und die Leistungsfähigkeit nicht klar erkennbar gesteigert werden, bleibt das keinem Mitarbeiter verborgen, und wenn dann Stagnation vom Management auch noch als Erfolg verkauft wird, stellt sich schnell Resignation ein.

Jedes nachhaltig erfolgreiche Elektronikunternehmen setzt deshalb bewußt anspruchsvolle, meist aus internen und externen Vergleichen abgeleitete Ziele. Angesichts der besonderen Dynamik der Industrie legt es die Verbesserungsziele vorzugsweise dynamisch in Form von Halbwertzeiten fest. Damit wird transparent, in welcher Zeit zum Beispiel das Fehler- und Kostenniveau halbiert werden soll, welche Innovationen bis wann auf den Markt kommen sollen.

Inhaltlich orientieren sich die Verbesserungs-Champions dabei an den Besten – nicht, um sie einzuholen, sondern um sie zu überholen. Sie versuchen, Abläufe und Produkte auf ihre Kerninhalte, Kernzeiten, Kernkosten, das theoretisch denkbare Minimum, zu reduzieren.

Ebenso ist selbstverständlich, daß Lorbeeren nicht zum Ausruhen da sind – es gibt immer noch Probleme, die ungelöst sind, neue Bereiche, in die es sich vorzustoßen lohnt, so daß der Innovation oder Produktivitätssteigerung keine Grenzen gesetzt sind. So werden in der Leiterplattenfertigung erst bei niedriger Fehlerrate die kleinen Störungen durch Fehlteile erkannt und relevant – die Anlieferung der Bauelemente wird dann zum wichtigsten Problem. Ist eine Lösung gefunden, gewinnt ein neues Problem an Bedeutung, und ein weiterer Leistungssprung wird möglich.

Selbststeuernde Teams messen in erfolgreichen Unternehmen laufend die Zielerreichung und die Entwicklung der eigenen Leistungsfähigkeit. Damit sind Ziele Orientierungshilfe und Ansporn zugleich – und keineswegs nur Kontrollmittel. Mitarbeiter sollen sich nicht überfordert oder unter Druck gesetzt fühlen, sondern laufend in ihren Problemlösungsfähigkeiten entwickelt und ihrer Wertschätzung versichert werden.

»Nur Mut!« – statt »keine Experimente!«

Leistung, Motivation und Eigenverantwortung entwickeln sich nur, wenn die Signale im Unternehmen stimmen. Mit der Verlagerung von Verantwortung und Aufgaben an selbststeuernde Teams muß sich deshalb auch das Beurteilungs- und Belohnungssystem wandeln.

Das beginnt damit, daß die Teamleistung als wesentlicher Bestandteil in die Beurteilung des einzelnen einfließt. Die erfolgreichen Unternehmen setzen auf eine ausgewogene Mischung aus individueller und Team-Betrachtung. Sie haben verstanden, daß das Gewicht auf Belohnung und nicht auf Bestrafung liegen muß, setzen aber in den wenigen notwendigen Fällen auch Sanktionen konsequent durch.

Damit sorgen die Unternehmen einerseits für Kontrolle und Ansporn innerhalb der Teams, und andererseits dafür, daß die Stärkeren den Schwächeren in der Gruppe helfen. So erreichen sie, daß die Teamleistung tatsächlich deutlich besser als die Summe der Einzelleistungen wird. In einem europäischen Elektronikwerk stieg die Produktivität einer Fertigungslinie allein durch den Umstieg von Zeitlohn auf Gruppenleistungslohn um 27 Prozent.

Aber die selbststeuernde problemlösende Organisation zeichnet sich vor allem dadurch aus, daß sie mit der Wahl der Motivatoren und Art der Leistungen, die sie honoriert, »Vorfahrt für Verbesserungsinitiative« signalisiert.

Positive Motivatoren bei klarer Leistungstransparenz. Erfolgreiche Unternehmen setzen fast ausschließlich auf positive Motivation; sie vertrauen stärker auf finanzielle Anreize, auf Beförderungen und Übertragung anspruchsvoller Projekte und Aufgaben.

Materielle Motivatoren haben die unangenehme Eigenschaft, sich in ihrer Wirkung schnell abzunutzen und immer neue Begehrlichkeiten zu wecken. Ein Zielkonflikt zwischen den wachsenden Anforderungen der Mitarbeiter und der Notwendigkeit, die steigenden Kosten durch Produktivitätssteigerungen aufzufangen, ist vorprogrammiert. Bei einer Aufgabenausweitung ist hingegen mit einer Verbesserung von Fähigkeiten und Kompetenz des Mitarbeiters zu rechnen. Sein Selbstwertgefühl steigt und damit seine Produktivität; der Zielkonflikt kann vermieden werden.

Wichtig ist deshalb, daß bei der Leistungshonorierung neben Geld, guten Worten und Rangabzeichen auch eine Aufgabenausweitung und erhöhte Entscheidungsbefugnisse eine Rolle spielen. Die erfolgreichen Elektronikunternehmen tragen dem Rechnung, indem sie zum Beispiel in der Entwicklung für die Belohnung erfolgreicher Mitarbeiter deutlich häufiger auf status- und imagefördernde Maßnahmen, wie öffentliche Auszeichnungen und den Einsatz in attraktiven Projekten, setzen.

Damit der Elan nicht erlahmt, Kreativität immer wieder mit überragenden Ergebnissen überrascht und die Veränderungsgeschwindigkeit gleichbleibt, sollten regelmäßig interne Wettbewerbe veranstaltet werden. Zu denken ist an einen kontrollierten Wettbewerb zwischen produkt- und ergebnisverantwortlichen Bereichen oder unterschiedlichen Fertigungsteams. Als wenig fruchtbar, häufig sogar kontraproduktiv hat sich der Wettbewerb zwischen Funktionen und Einzelpersonen erwiesen, der fast immer dazu führt, daß zur Wahrung des eigenen Vorteils Informationen zurückgehalten und Abläufe gestört werden.

Drakonische Strafen wie Entlassung oder Gehaltskürzung bei Nichterreichen von Zielen sind bei den Erfolgsunternehmen die Ausnahme und ereilen nur diejenigen, die durch eine Obstruktionshaltung und dauerhaftes Fehlverhalten den Unternehmenserfolg gefährden. Verhinderer und Blockierer kommen in keinem erfolgreichen Unternehmen davon; sie werden konsequent aus ihren Stellen entfernt – unabhängig davon, ob sie Positionen an der Unternehmensspitze, im mittleren Management oder an der Fertigungslinie bekleiden. So beginnt der erfolgreiche Turnaround oft mit dem Austausch des CEO bzw. des General Managers und größerer Teile des Managements.

Experimentierfreudigkeit erwünscht. Einzelne Fehlschläge ziehen in erfolgreichen Unternehmen keine Sanktionen nach sich. Wenn im Entwicklungsvorfeld nach neuen technologischen Lösungen und neuen Anwendungen und Produkten gesucht wird, wenn im Vertrieb neue Kundengruppen gewonnen oder der Eintritt in einen neuen regionalen Markt realisiert werden soll, so müssen die Mitarbeiter zunächst die gewohnten Pfade verlassen und Neues erwägen, vorschlagen und probieren. In einer Kultur, die Fehler nicht toleriert, werden neue Wege nicht mehr begangen, weil das persönliche Risiko eines Fehlschlags für jeden einzelnen Entwickler oder Vertriebsmitarbeiter zu groß wird. Das Ergebnis ist der massive Verlust an Innovationskraft, Selbststeuerung und Flexibilität.

Ähnliches gilt auch für die auf Effizienzsteigerung ausgerichtete kontinuierliche Verbesserung des laufenden Geschäfts; im Extremfall vereitelt ein intolerantes Umfeld selbst die Einbringung kleinster Verbesserungsideen durch die Linienmitarbeiter. Das Sicherheitsdenken gewinnt die Oberhand; die Quelle der Weiterentwicklung versiegt, denn für den einzelnen birgt der bewährte Status quo ein geringeres unmittelbares Risiko als eine in ihren Folgen unsichere Veränderung.

So stellte ein amerikanischer Chiphersteller bei einer Analyse seiner Fertigungsprozesse fest, daß die Maschinenbediener fünf- bis sechsmal mehr Fotolack auf den Wafern verwendeten, als eigentlich technisch erforderlich gewesen wäre. Sie beugten damit den Problemen vor, die häufig nach der Lithografie auftraten. Immer wieder war die Fotolackschicht zu dünn; der Mitarbeiter an der Linie galt als Schuldiger, der die Vorgaben der Entwickler nicht richtig umsetzen konnte. »Wir haben es entwickelt und so berechnet, daß es funktioniert, und ihr habt es nicht hinbekommen« – so ließen die Ingenieure verlauten. Um Sanktionen zu entgehen, wurde ein ungeheurer Sicherheitspuffer aufgebaut und riesige Potentiale verschenkt.

Die Ressourcenvergeudung erstreckte sich nicht allein auf den höheren Lackverbrauch; sie ging viel weiter. Fünf- bis sechsmal soviel Lack erfordert größere Vorräte in der Fertigung und in den Lägern. Die größeren Mengen müssen häufiger bestellt und geliefert, geprüft, ein- und ausgelagert werden; sie verursachen Bestands-, Platz- und Handlingkosten. Mithin ist die gesamte Beschaffungslogistik betroffen; sie muß einen fünf- bis sechsmal so hohen Aufwand betreiben, um die persönlichen Sicherheitsbedürfnisse der

Linienmitarbeiter zu decken. Das übertriebene Sicherheitsdenken führte in diesem Fall außerdem dazu, daß an allen Schritten der Logistikkette nach dem Motto »jedem sein eigenes Lager« weitere Sicherheitspuffer angelegt wurden und die Bestände im Werk eine Reichweite von drei Monaten statt drei Wochen erreichten.

Sicherheitspolster wie diese können in Summe die Kapital- und Personalbindung in Lagerbeständen und Prozeßkapazitäten um den Faktor drei bis fünf erhöhen und die Beweglichkeit deutlich einschränken. Abgebaut oder vermieden werden diese Polster nur durch einen lösungsorientierten, sachlichen Dialog zwischen allen Beteiligten, der auf Schuldzuweisungen verzichtet.

Die risikotolerante Lösungsorientierung gewinnt bei Innovationen großen Stils und hohen Wachstumsraten eine besonders große Bedeutung. Als Grundregel gilt: Je höher der Innovationsgehalt der Tätigkeit und des Produktes, desto größer die erforderliche Risikobereitschaft. In der Industrieelektronik müssen Unternehmen dementsprechend ein höheres Risiko eingehen als im Bereich Computer- oder Konsumelektronik.

Die Unterschiede im Risiko gelten auch zwischen einzelnen Funktionen und setzen sich bis auf Mitarbeiterebene fort. So muß ein Vorfeld der Entwicklung und Fertigungstechnik innovativer sein als eine Produktentwicklung oder die Fertigung und Montage. Auch die Betreuung der Stammkundschaft birgt kleinere Risiken als die Akquisition neuer Kundengruppen oder die Erschließung neuer Märkte.

Fazit

Verbesserungs-Champions verfügen in der Regel über eine problemlösende, flexible Organisation. Mit Mechanismen, die eher an die Praxis kleiner Unternehmen erinnern, gewinnen auch große Konzerne die notwendige Flexibilität und Handlungsfähigkeit für überlegene Leistungen bei Restrukturierung und Wachstum:

⟹ Ein neues Organisations-Design verwirklicht kleine, transparente Einheiten, die möglichst Profit-Center-Verantwortung für den Erfolg eines Teilgeschäftes haben. Diese Einheiten sind entlang den Kernprozessen des Geschäftes organisiert, mit extrem hoher Integration der Informationsflüsse und Abläufe sowohl zwischen internen Funktionen als auch mit Kunden und Lieferanten.

⟹ Die Fähigkeit aller Mitarbeiter zur eigenständigen Problemlösung wird durch Delegation von Verantwortung, Know-how-Aufbau und eine fehlertolerante Kultur systematisch gefördert. Viele »Experten« auf unterster hierarchischer Ebene werden zu »Unternehmern«.

Für die Unternehmen, die sich an der Spitze halten, ist die selbststeuernde problemlösende Organisation ein wichtiger Grund für ihren Erfolg – denn selbst mit höchsten Anforderungen an Restrukturierung und Wachstum ist sie nicht zu überfordern. Daß diese Organisation, wie in Kapitel 7 ausgeführt, in ihren Grundzügen innerhalb eines halben Jahres herstellbar ist – Entschlossenheit der Führungsspitze vorausgesetzt – ist ein Lichtblick für die anderen Wettbewerber. Besonders für die vielen, vor allem europäischen Hersteller, denen eine anspruchsvolle Aufholjagd bevorsteht.

7. Aufholjagd durch Restrukturieren und Wachsen: Vom Schock zum Schwung

Wer am schlechtesten dasteht, hat es am leichtesten. Jedenfalls bei der Entscheidung für radikale Verbesserungsinitiativen. Ist die Geschäftsaufgabe oder die Verlagerung nach Asien in greifbare Nähe gerückt, wird plötzlich jede Option für ein Weitermachen am heimischen Standort konstruktiv diskutierbar. Aber auch bei profitablen Unternehmen ist in Europa die Leistungslücke gegenüber der Weltklasse oft gefährlich groß. Die Aufholjagd ist in allen Fällen dringend geboten – und schmerzhaft: weil die Besten mit jedem Jahr weiter davonziehen, wird die Meßlatte für Restrukturieren und Wachsen immer anspruchsvoller.

»Die einen finden Kunden, die für ihre hohen Kosten bezahlen, die anderen finden keine.« So beschreibt ein Vorstand eines Elektronikunternehmens den Unterschied zwischen profitablen und unprofitablen europäischen High-tech-Unternehmen. Er bestätigt damit ein Ergebnis der Langzeitstudie »Excellence in Electronics«: In Europa (und nur dort) gibt es in den untersuchten Unternehmen keine eindeutige Korrelation von Produktivität und Gewinn.

Kostennachteile von 30 bis 50 Prozent, wie sie zwischen den weniger erfolgreichen und den erfolgreichen Elektronikanbietern der Welt bestehen, sind eine gefährliche Sache, auch wenn noch nicht der finanzielle Ernstfall eingetreten ist. Und wenn noch nicht die untere Hälfte der Produktlinie in Deutschland aufgegeben werden mußte und noch keine Zukaufverhandlungen mit Hitachi, Mitsubishi, Matsushita, Daewoo oder anderen laufen.

Kostensenkung durch Verdoppelung der Arbeitsproduktivität erscheint manchem Management zu Recht als Herkulesaufgabe. Aber damit nicht genug. Weltklasseunternehmen steigern ihre Produktivität um etwa sieben Prozent pro Jahr, so daß in den zwei bis vier Jahren, die für Aufholaktionen in der Regel angesetzt werden, der Rückstand weiter stark wachsen würde. Gleichzeitig mit dem Kostenwettbewerb müßte deshalb über Innovation und Regionalexpansion die Wachstumsrate auf Stückzahlbasis verdoppelt oder verdreifacht werden.

Die Situation ist nicht ungewöhnlich: Ein Unternehmen, das mit seinem 4-Milliarden-Geschäft über mehrere Jahre je ein Prozent Umsatzrendite verloren hat, nun an der Nullinie steht, einen drohenden Verlust von 100 Millionen vor sich, der sich durch starken Preisverfall noch weiter vergrößern kann. Im Vergleich mit den Weltklasseanbietern ist absehbar, daß bei deren Produktivitätssteigerung von 6 bis 8 Prozent pro Jahr der Gesamtkostennachteil von heute 25 bis 30 Prozent weiter zunimmt.

Soll man da kapitulieren? Nur dann, wenn die Aufholaktion bereits bei der Diskussion über den Abbau der 100 Millionen Mark Verlust ins Stocken kommt. Oder wenn lediglich eine Kostensenkung um 300, eventuell 400 oder auch 500 Millionen bei konstantem Volumen ins Auge gefaßt wird. Wenn man sich also nicht der Tatsache stellen will, daß für Weltklasse-Produktivität heute mindestens eine Milliarde Mark zu viel Kosten in den Produkten und Abläufen stekken – und bis in vier Jahren noch erheblich mehr eingespart werden muß, wahrscheinlich in der Größenordnung von 1,5 bis 1,7 Milliarden.

Damit verbunden ist vielfach das Problem, daß eine Expansion in regionale Wachstumsmärkte unmöglich wird, weil die Kosten für Niedrigpreis-Länder zu hoch sind; daß an F&E eher gespart wird, statt über Innovation anzugreifen; daß Low-cost-Segmente aufgegeben werden und sich damit die Gesamtlage noch verschärft.

Natürlich erscheint auf den ersten Blick auch der Ausweg nicht gerade verlockend. Wenn durch fertigungsgerechtes Design die Wertschöpfung in der Produktion um 25 bis 30 Prozent zurückgeht, Prozeßverbesserungen auf das Weltklassenniveau zu einer Überkapazität von 50 Prozent beitragen und ein entsprechendes Wachstum nicht erreichbar ist, bleibt nur eine Anpassung der Fertigungsstrukturen. So schmerzhaft diese Einschnitte auch sein mögen, die Fertiger und das Management finden sich dazu meist bereit. Schwieriger scheinen Eingriffe in andere Bereiche: Halbierung sämtlicher indirekter Funktionen, Produktivitätssteigerung im Vertrieb um 50 bis 100 Prozent, Verdoppelung der Entwicklungsproduktivität – mit heutigen EDV-Systemen, mit heutigen Leuten? Lieferanten, die massive Kostensenkungen mitmachen? Undenkbar – ist zunächst vielfach die Einschätzung.

Und erst der Blick auf die Beschäftigung - fünf Prozent Fluktuation pro Jahr reichen nicht zur Anpassung; Sozialpläne – und zum Teil auch Betriebsschließungen – sind unvermeidlich. Kann man das in einem »halbwegs gesunden« Geschäft vertreten? Der Bruch mit früheren Positiv-Meldungen, die Diskussion mit den Betriebsräten, das Vertreten des bisherigen Vorgehens gegenüber dem Aufsichtsrat, all das baut sich zu einem unüberwindbaren Berg von Problemen und Unannehmlichkeiten auf.

Trotzdem wollen immer mehr Unternehmen nicht einfach vor den überlegenen Wettbewerbern kapitulieren. Management und Mannschaft – Fertigungsleiter, Entwickler und Teammitglieder, die erste Benchmarkings durchgeführt und Weltklassemaßstäbe erkannt haben – gehen zum Weltklasse-Angriff über: Der Gewinn aus dem Erreichen der Benchmarks wird Preissenkungen erlauben, so daß Hauptnutznießer der Weltklasse-Aktionen die Kunden sind. Außerdem werden Mittel für Investitionen verfügbar – für eine Produktablösung in kürzeren Abständen, für leistungsfähigere Low-end-Produkte und auch den Aufbau völlig neuer Geschäfte. Und auch für die Eroberung neuer Märkte, zum Beispiel in den europäischen Nachbarländern, die zum Teil wegen eines niedrigeren Preisniveaus bisher nicht zugänglich waren, oder für Markteintrittsaktionen in Fernost oder den Aufbau von Vertriebsorganisationen in Osteuropa werden Mittel verfügbar.

Für diese Unternehmen beginnt eine Zeit mit großen Herausforderungen und ungeahnten Möglichkeiten. Sie wissen, daß Erfolge nicht lange auf sich warten lassen, wenn sie ihre ganze Aufmerksamkeit den nötigen Redesign-Programmen zuwenden. Daran allerdings muß fast jeder mitwirken, denn es geht um ein Umkrempeln des ganzen Unternehmens, ein Durchleuchten aller Bereiche, ein Infragestellen aller Aktionen. Das Management behält in den unruhigen Zeiten der Aufholjagd die Fäden fest in der Hand. Seine Kreativität und seine direkte Beteiligung sorgen dafür, daß die gesamte Aktion von meist drei bis vier Jahren die vielfältigen Hürden nimmt und die Stärkung der Wettbewerbskraft möglichst schnell spürbar wird (Schaubild 1):

Antwort: Total Redesign to World Class

Zielsetzung	Restrukturierungs-/ Wachstums- programm	Mobilisierungs- Programm

Weltklasse-Ziele
● Kosten
● Zeit
● Qualität
 	
Weltklasse-Dynamik
● Wachstum
● Produktivitäts-
  steigerung
● Innovationskraft
	● Produktprogramm
	  straffen
	● Produkte fertigungs-
	  gerecht
	● Prozesse integrieren
	  und optimieren(z. B.
	  Produkteinfüh-
	  rungsprozeß)
	● Expansion in
	  bestehenden Feldern
	● Neue Produkte /
	  Geschäfte
	● Neue Regionen
		● Motivation/
		  Kommunikation
		● Übernahme durch
		  Linien-Management
		● Kontinuierliche
		  Veränderung

Schaubild 1

⟹ Die Unternehmensleitung achtet auf eine ausreichend anspruchsvolle, aber auch gut begründete **Zielsetzung**. Der Schockreaktion der Mitarbeiter, die sie bewußt offen über das Ausmaß der zu schließenden Lücke informiert, begegnet sie mit Verständnis. Sie lenkt die Sorge der Mitarbeiter um in eine positive »Das-können-wir-auch«-Haltung.

⟹ Die Unternehmensleitung legt selbst Hand an bei der **Ausarbeitung des Gesamtprogramms**. Sie läßt keinen Zweifel aufkommen, daß die Ziele – ohne Abstriche – erreicht werden müssen. Aber sie schafft auch Begeisterung in der Breite des Unternehmens, weil sie die organisatorischen Voraussetzungen schafft und Geschäftsbereiche von Beschränkungen befreit.

⟹ Bei der **Restrukturierung** werden »heilige Kühe« bewußt in Frage gestellt, Risiken eingegangen; aber ebenso aggressiv wird neues **Wachstum** betrieben, Ideen für neue Geschäfte und Produkte werden gefördert.

⟹ Während der gesamten Aktion steht die **sichtbare Unterstützung der Projektverantwortlichen** ganz oben auf der Agenda des Managements. Breite Information und Einbeziehung aller Mitarbeiter, bis hin zur »Überkommunikation«, ist fester Bestandteil des Geschehens.

Zielfindung – Aufwand lohnt sich

Nichts bringt Verbesserungsaktionen schneller zum Scheitern als unbegründete oder unbegründbare Zielsetzungen. Werden Vorgaben als unrealistisch und unfundiert empfunden, so türmen sich von ganz allein unüberwindliche Hindernisse auf; zu bescheidene Ziele werden andererseits vielfach für Managementschwäche gehalten und bleiben ebenfalls wirkungslos.

Überzeugen müssen die Ziele, und zwar diejenigen, die sie erreichen sollen. Wie sollen Mitarbeiter die Verbesserungen ersinnen und durchführen, wenn sie das wahre Ausmaß des Nachholbedarfs nicht kennen und ihnen deshalb der Glaube an die Notwendigkeit von Änderungen fehlt? Und ebenso wichtig: Die Ziele müssen konkret und anschaulich sein. Der Vorsatz »Wir werden Weltklasse« reicht als Anstoß für ein Verbesserungsprogramm – den Aufstieg an die Weltspitze bewirkt er nicht. Wie sollen Berge versetzt werden, wenn man nicht einmal weiß wohin?

Erzählungen von den Erfolgen und überlegenen Leistungen der anderen und Vorgabe durch das Management sind da weit weniger wert als die eigene Anschauung. Tut es eine 30prozentige Kostensenkung, oder müssen alle Kosten halbiert werden? Rückt erst nach einer Verdoppelung der Produktivität die Weltklasse näher?

Den Wettbewerb zu verstehen, zu erkennen, welches Kostenniveau, welche Produktivitätssteigerungs- und Wachstumsraten der Standard der Weltklasse sind und wie sie zustande kommen - dafür sollte man sich Zeit nehmen. Der Aufwand lohnt sich; die eigene Anschauung und Erfahrung hat schon so manchen heilsamen Schock ausgelöst.

Es gibt viele Wege, Weltklassemaßstäbe zu entdecken. Die wichtigsten – Reverse Engineering, Benchmarking-Analysen, Benchmarking-Reisen – haben sich in vielen Aufholjagden bewährt. Allerdings müssen aus dem Blick in den Wettbewerbs-Rückspiegel vorausschauend Konsequenzen für die eigenen Reformen und Ziele gezogen werden.

Reverse Engineering. Wettbewerbsprodukte werden häufig zerlegt, leider vor allem um dem Vertrieb Argumente über die Nachteile der Konkurrenzprodukte an die Hand zu geben. Wertvolle Informationen, die dabei zu Kostensituation und Fertigbarkeit anfallen, liegen oft brach, sie werden nicht aufbereitet und für die Erweiterung des eigenen Verständnisses genutzt.

Dabei gibt es keine bessere Gelegenheit, aus erster Hand zu erfahren, ob gleich gute oder überlegene Lösungen auch zu geringeren Kosten möglich sind. Eine Vielzahl von Reverse-Engineering-Aktionen von Computern und Telefonen über weiße Ware bis hin zu Kraftwagen oder Dieselmotoren haben das bewiesen.

Häufigste Erkenntnis der gemischten Teams aus Entwicklern, Fertigern und Einkäufern, Marketing- und Vertriebsleuten, die nach straffen Regeln Kosten und Nutzen einzelner Produktfunktionen und Subsysteme analysiert und mit dem eigenen Produkt verglichen haben: Man könnte häufig allein durch Optimierung des Produktdesigns auch in Europa um 25 – 30 Prozent billiger fertigen.

Unter dem Druck, die Kosten radikal zusammenzustreichen, erscheint jede Erkenntnis in einem anderen Licht. Jedes früher verschmähte Detail wird zur Chance, Weltklasse-Kostenstrukturen zu erreichen, um mit leistungsstarken Produkten im Volumensegment wieder angreifen zu können. Überhöhte Material- und Produkteigenschaften, die im Preis nicht weitergebbar sind, und technische Lösungen, die in der Fertigung, in der Qualitätssicherung oder beim Service ungewöhnlichen Aufwand verursachen, treiben die Kosten in die Höhe. In vielen Fällen wurden zu viele Teile, zu lange Kabel, ungünstige Montierbarkeit, aufwendige Testprozeduren, hohe Anfälligkeit festgestellt (Schaubild 2).

Benchmarking. Es dient dazu, die Unterschiede in den Leistungsstrukturen möglichst genau zu ergründen. Und es ist ein Puzzlespiel: Daten aus Veröffentlichungen aller Art müssen zusammengetragen und analysiert, Interviews mit Händlern, Kunden und Experten, oder auch der Konkurrenz direkt geführt werden.

Auch hier bildet das Unternehmen gemischte Teams. Die Mitarbeiter sollen selbst zu den Ergebnissen kommen, um aus eigener Anschauung die richtigen Ziele zu setzen. Dabei ist es wichtig, Entmutigungen entgegenzuwirken und dafür zu sorgen, daß die Vergleichbarkeit nicht vorschnell verneint wird.

Überraschungen sind fast immer an der Tagesordnung: Mit einem Drittel der Fertiger bewältigt das untersuchte »Weltklasse«-Vergleichs-

Design-to-cost halbiert Stückpreis bei vergleichbarem Kundennutzen

FALLBEISPIEL: COMPAQ-DESKTOP PC 1991/92

Desk pro 386/25 M Model 60	-58%	**Prolinea 3/25 ZS**
● Aufrüstbare modulare Systemplatine		● Einfache, bedingt erweiterbare Systemplatine
● Fünf 32-bit-Steckplätze		● Zwei 16-bit-Steckplätze
● Robuste, mechanische Tastatur		● Leichte Membran-Tastatur, weniger mechanische Teile
● 240-Watt-Netzteil		● 70-Watt-Standardnetzteil
● Audio-board für Sound		● Kein Audio-board
● Intel 386 DX-25		● Etwas langsamerer Intel 386 SX-25
● 60 MB Quantum-Festplatte		● 40 MB Quantum-Festplatte

Vorge-schlagener Listenpreis   ~~2.744 US$~~ ──────► **►1.152 US$**

Quelle: Business Week, Nov. 2, 1992

Schaubild 2

unternehmen ein ähnliches Volumen; die indirekten Bereiche kommen mit nur einem Viertel der Beschäftigten aus. Trotz viel häufigerer Neu-Produkt-Einführungen sind weniger Entwickler im Einsatz. Gute Elektronikunternehmen erreichen 40 - 60 Prozent ihres Umsatzes mit Produkten, die nicht älter als ein Jahr sind. Sie wachsen deutlich schneller als der Gesamtmarkt. Und vieles mehr.

Manchmal müssen nach einer Gegenprüfung die zunächst erhobenen Daten korrigiert werden, häufiger jedoch die früheren Glaubenssätze. In so manchem Unternehmensteil rückt eine zwei- bis dreifach höhere Produktivität in den Bereich des Möglichen – das »Wie« muß allerdings noch verstanden werden. In vielen europäischen Unternehmen scheint eine Verdoppelung der Innovationsrate, eventuell sogar eine Verdreifachung nötig, um mit dem Schnitt der Guten – noch gar nicht zu sprechen von der Weltklasse – gleichzuziehen.

Auch hier kommt es wie bei der Kostendiskussion nach dem Reverse Engineering leicht zu Kopfschütteln, Resignation oder zur Argumentation mit nicht vergleichbaren Märkten und Produktsegmenten. Aber meist dauert es nicht lange, bis die Mitarbeiter das Unvermeidliche als Herausforderung annehmen.

Benchmarking-Reisen. Diese Trips zu den Besten der Welt als Abschluß der Vergleichsaktionen lassen aus den Ahnungen Gewißheit werden. Die nach sorgfältigen Puzzle-Aktionen noch verbleibende Wissenslücke wird geschlossen; die letzten Zweifel an den Ergebnissen werden ausgeräumt. Direkt an der Quelle die unglaublichen Ergebnisse der Vergleiche bestätigt zu bekommen und mit eigenen Augen zu sehen, daß die überragenden Leistungen Tatsache und keine Mär sind, setzt ungeheure Kräfte frei (Schaubild 3).

Produktivitätsnachteile der weniger erfolgreichen Unternehmen nach Funktionen

Arbeitsstunden pro Mio. US$ Wertschöpfung*1991

BEISPIEL: COMPUTER/KOMMUNIKATION

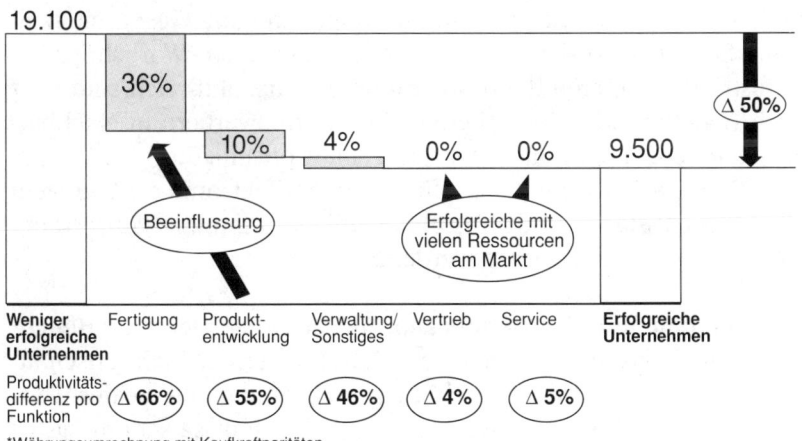

Schaubild 3

Fertiger, die vor einer Benchmarking-Reise Qualitätsziele von 99,5 Prozent für völlig absurd erklärt hatten (man hatte gerade eine Verbesserung von 90 auf 95 Prozent erreicht), waren nach Besuchen in Singapur, Korea, Taiwan und Japan überzeugt, daß 99,5 Prozent der nötige Standard war. Sie hatten auch genügend Anregung, wie sie dies erreichen konnten. Gleichzeitig brachten sie von der Reise Ideen mit, wie mit besserem Produktdesign eine höhere Prozeßqualität bei den Flachbaugruppen möglich wird. Und sie verstanden erstmals, warum bei uns heute ein Mitarbeiter nur einen Automaten betreut, anstelle von fünf bis sieben wie beim Weltklasse-Vergleichspartner.

Insgesamt erweisen sich Benchmarking-Reisen als eine gute Investition. Immer wieder kommen Business-Unit-Teams begeistert zurück und drängen das Management, ein ursprünglich für unmöglich gehaltenes Weltklasseziel auszugeben und zu realisieren. Die spontane Reaktion eines Vorstands auf so viel Verbesserungselan: »Wir haben nur einen Fehler gemacht, wir haben zu wenige unserer Entwickler auf Reisen geschickt« - und die nächste: eine zweite Weltklassereise, zu 60 Prozent mit Entwicklern besetzt.

Benchmarking-Reisen zu Konkurrenten, mit auf Gegenseitigkeit vereinbarten Werksbesuchen oder gemeinsamen Workshops zu Industriethemen sind die beste Variante. Aufschlußreich sind aber auch Benchmarking-Besuche bei Nichtwettbewerbern in Nachbargebieten. Die Leiterplattenfertigung im Konsumgüterbereich gibt Best-Practice-Hinweise auch für andere Elektronik-Fertigungen; Qualitätsmaßstäbe und Testphilosophien können von Nachbarindustrien übernommen werden.

Vorausschauende Konsequenzen. Reverse Engineering, Benchmarking-Analysen, Benchmarking-Reisen liefern auf sehr anschauliche Weise Erkenntnisse über die eigene Leistung und die der Wettbewerber; sie decken die Lücken und Versäumnisse schonungslos auf. Aber über die Bestandsaufnahme hinaus gewinnen die Beobachter auch Hinweise auf künftige Entwicklungen – über den

Blick in den Rückspiegel wird die Dynamik nicht vergessen. Erste größere Ansätze zu Reformen werden schon in dieser Phase entwickelt.

Eine Matsushita-Division, so ergab ein Besuch, arbeitet in einem Geschäft an der Reduzierung seiner 800 verschiedenen Leiterplattentypen auf acht. Die eigenen Pläne gingen von künftig 300 statt der bisherigen 3000 aus. Ohne Zweifel ein sehr anspruchsvolles Ziel – doch vielleicht nicht hoch genug.

Auch so manche Träume von der Spitzenposition der Zukunft platzen, wenn man sich die Produktivitätssteigerungsraten der guten Unternehmen vor Augen führt. Zu zeigen, zu welchen Kosten in drei, vier oder fünf Jahren gefertigt werden muß, bringt für manches Unternehmen zunächst doppelt unangenehme Erkenntnisse, wenn man bisher glaubte, daß schon heute in der Weltklasse ein nicht mehr zu unterbietendes Kostenniveau erreicht ist.

Zwischen Selbstüberschätzung und Kleinmut könnten die notwendigen überzeugenden und realistischen Ziele leicht auf der Strecke bleiben. Hier hilft es dann, sich vorbehaltlos eine Vorstellung über die eigenen Kernkosten zu machen. Wenn sämtliche Fehler, Lieferzeiten, Reklamationen entfallen und alles reibungslos - ideal - läuft, ergeben sich je nach Branche und Produkt-Segment Kernkosten von 15, 20 oder 30 Prozent der heutigen Kosten. Es wird offensichtlich: Auch die Weltklasse ist noch längst nicht perfekt - sogar für sie eröffnen sich immer noch immense Verbesserungspotentiale. Ebenso zeigt sich aber auch schnell, daß Stillstand Rückgang bedeutet – jedes versäumte Jahr vergrößert die Lücke zur Weltklasse.

Die aufwendigen Vergleichsaktionen haben dann ihren Zweck erfüllt, wenn sie die Mitarbeiter davon überzeugen, daß im Unternehmen die »Generalüberholung« anlaufen muß. Daß ein gesamtheitliches Redesign, ein Umstellen aller Prozesse, ein Überprüfen sämtlicher Strukturen und Produktkonzepte unverzüglich einsetzen muß, um zur Weltklasse aufzuschließen und nicht in eine Situation zu geraten, die nur noch die Geschäftsaufgabe zuläßt.

Der Schock der großen Lücke, den Vergleiche mit den Weltbesten auslösen, muß in positive Energie umgewandelt werden. Und das geht am ehesten, wenn Vorstände nach einer gründlichen Überprüfung der Fundamental-Größen sich geschlossen hinter ein Benchmarking-Ergebnis stellen und die Best-Practice-Vorbilder zu Zielen erklären. Dagegen Wochen und Monate in einem großen Kreis über Vergleichbarkeit von Geschäftsdetails zu diskutieren und Zweifel an Details zum Anlaß für lange Verzögerung der Gesamtaktion zu nehmen, läßt meist die aus der Benchmarking-Phase gewonnene Energie verpuffen.

Detailziele werden nach dem Abschluß der Vergleiche noch nicht verbindlich festgelegt. Dies geschieht in der Regel während der Erarbeitung des Aktionsprogramms, der Übergang ist fließend.

Gesamtprogramm – Fahrplan und Wegbeschreibung

Aufholjagden, bei denen alle entscheidenden Aktionen vorausgeplant werden und bei denen Wachstums- und Restrukturierungsprogramme gleichzeitig entstehen, sind die erfolgreichen. Der Umstellungsprozeß braucht eine genaue, systematische Planung. Sonst könnte angesichts der Fülle zu bearbeitender Themen leicht das Ziel aus den Augen verloren werden; die Gefahr der hoffnungslosen Verzettelung der Ressourcen droht. Mit im voraus festgelegten Restrukturierungs- und Wachstumszielen wird all denen eine Absage erteilt, die den Ernst der Lage wieder in Frage stellen würden, sobald sich mit dem Restrukturierungsfortschritt und sich erholender Konjunktur erste Erfolge abzeichnen.

Für eine Aufhol- und Überholjagd gibt es kein besseres Rezept, als den Weg klar vorzuzeichnen, die organisatorischen Instrumente zu schaffen und Restrukturierungs- und Wachstumsprogramme gleichzeitig anzukündigen. Das addiert sich zu folgenden fünf Regeln für das Aktionsprogramm.

1. Gesamtperspektive und Überschaubarkeit herstellen. Erfolge mit »Total redesign to world-class«-Programmen hatten große Unternehmen mit zwölf, sechs oder drei Milliarden Umsatz. Anschaulicher und für alle Beteiligten begreifbarer sind jedoch Programme in Geschäftsbereichen mit einem Umsatz von 500 Mio. bis 1 Mrd. DM, in denen das Geschäft und die Zusammenhänge zwischen einzelnen Aktionen zumindest noch von allen Führungskräften der zweiten und dritten Ebene verstanden werden.

In diesen überschaubaren Einheiten findet sich am ehesten die verschworene Mannschaft, die dem Wettbewerb in kurzer Zeit mit einer Reform Marktanteile abjagen kann. Hier kennen sich alle Beteiligten gut genug. Der Fertiger beschimpft den Entwickler noch persönlich wegen seines schlechten Produktdesigns, der ungünstigen Montierbarkeit oder der exotisch gemischten Bauelementestrukturen auf den Leiterplatten.

In den kleinen Einheiten weiß jeder: »Wenn sich nicht das Ganze ändert, erreichen wir das Ziel nicht.« Und so wird das gesamtheitliche Vorgehen zu einem motivierenden Faktor. Die Mannschaft vertraut der breit angelegten Gesamtaktion weit mehr, als dem zaghaften Einzelprojekt. Das Management ist glaubwürdiger, wenn es klar zeigt, daß es an alle Teilaufgaben gedacht hat. Einheiten, in denen der Anschluß an die Weltklasse geschafft ist, geben das beste Vorzeigeobjekt für ähnliche Aktionen in anderen Unternehmensteilen ab.

2. Sachlich, transparent und vollständig informieren. Je mehr die Mannschaft mit den Notwendigkeiten und den erforderlichen Redesign-Aktionen vertraut ist, desto leichter bewältigt sie auch anspruchsvollste Aufgaben. Das zeigt sich immer wieder bei der Sanierung scheinbar unrettbarer Geschäfte. Jede Mannschaft wird den Weg zur eigenen Rettung gehen, wenn sie genau weiß, worauf es ankommt.

Wichtig ist deshalb, daß die gleiche Aufmerksamkeit und Sorgfalt, mit denen die Weltklasse-Ziele herausgearbeitet wurden, auch auf deren Kommunikation verwendet wird. Die Ziele müssen von allen gut verstanden, am besten vom Vorstandsvorsitzenden selbst verkündet und durch schnelle Entscheidungen mit Signalwirkung glaubhaft gemacht werden. Die Scheu vor unangenehmen Wahrheiten muß mutig überwunden werden. Nur dann werden die Ziele zur Richtschnur des Handelns überall im Unternehmen.

3. Keine Angst vor zu vielen Task-forces. »Wir haben auch noch Kunden«, »Wir haben auch noch Tagesarbeit« – so hört man in Unternehmen, bei denen Total-Redesign-Programme erstmalig laufen. Folgt ein Verbesserungsprogramm dem anderen, mit dem klaren Ziel, an die Spitze zu gelangen, verklingen solche Klagen sehr bald. Denn die Produktivitätssteigerung *ist* dann die Tagesarbeit.

Bei einer konsequenten Aufholjagd muß das Gesamtprogramm vorsehen, daß Optimierungsprogramme zur ständigen Einrichtung werden. Die Linie übernimmt hierfür die Verantwortung. Unterstützt wird sie von funktionsübergreifend arbeitenden Task-forces, die in sich schnell verändernden Unternehmen ebenfalls zur Dauereinrichtung werden – wenn auch mit wechselnder Besetzung und Aufgabenstellung. In vielen Fällen helfen zehn oder mehr Task-forces gleichzeitig, die Verbesserungen voranzutreiben und eine Weltklasseposition zu sichern.

4. Technikbegeisterung nutzen. Eine ungeheuer stimulierende Wirkung üben Reverse-engineering-Erkenntnisse aus, weil sie die Entwickler bei ihrer Berufsehre packen. Wer strengt sich dann nicht gern an und beweist, daß er es durchaus mit den anderen Wettbewerbern in der Produktkonstruktion aufnehmen kann? Deshalb machen Design-to-cost-Aktionen so oft den Anfang bei Restrukturierungsprogrammen.

Allein das clevere, fertigungsgerechte, servicefreundliche, qualitätsorientierte Produktdesign erlaubt es meist, bereits ein Drittel, gelegentlich sogar die Hälfte der Fertigungskostenlücke zu schließen. Es dem Wettbewerb auf diese Weise zu zeigen, gilt als erste Herausforderung für den Ingenieur. Natürlich haben diese Aktionen Vorlaufzeiten, bis ihre volle Wirkung für jedermann sichtbar wird. Häufig ist es dennoch möglich, zumindest erste Erfolge aus Design-to-cost-Aktionen frühzeitig zu feiern.

Die Reihenfolge der Maßnahmen ändert sich mit der Unternehmenssituation. Handelt es sich um einen »verkappten« Sanierungsfall, bei dem ein profitables Unternehmen einen beträchtlichen Nachholbedarf gegenüber der Weltklasse hat, können hervorragende Ingenieurleistungen durchaus als erstes leuchtendes Beispiel für erreichte Verbesserungen dienen.

Sichtbare Erfolge wirken ansteckend für andere Aktionen. Aber nicht immer kann »Design to cost« die Vorreiterrolle übernehmen. Wenn Geschäftsbereiche Verluste erwirtschaften, also der konventionelle Sanierungsfall eintritt, sind sofortige »Erste Hilfe«-Aktionen angezeigt: Effizienzsteigerungen in den direkten und indirekten Bereichen – eventuell auch Betriebsschließungen – müssen mit Design-to-cost, Produktlinienstraffung und Innovation einhergehen.

5. Wachstums- und Restrukturierungsaktionen zusammen ankündigen. Wachstums- und Restrukturierungsaktionen gleich am ersten Tag gemeinsam zu starten, scheint oft zuviel verlangt; eine sechsmonatige zeitliche Versetzung ist manchmal durchaus angebracht. Manchmal ist es auch sinnvoll, ein Wachstumsprogramm erst dann anlaufen zu lassen, wenn Konzepte für neue kostengünstige, leistungsfähige Produkte vorliegen und die Entwicklung schon mit der Arbeit begonnen hat.

Andererseits sind verstärkte Wachstumsziele Ausdruck derselben gesteigerten Aggressivität, die ein Unternehmen in der forcierten Restrukturierung zeigt. Und auch aus anderen Gründen muß ein enger Zusammenhang zwischen Wachstum und Restrukturierung gewahrt bleiben: Ohne Wachstumsaktionen wären die sozialen Auswirkungen der Restrukturierung zu hart, »Kahlschlag« ohne Perspektive kann nicht motivieren. Werden Restrukturierung und Wachstum parallel – und nicht erst in mehrjährigem Abstand - geplant, so ist das Unternehmen zudem auf »unvorhergesehene« Ereignisse, wie einen überraschend hohen Preisverfall, neue Produktangriffe des Wettbewerbs, besser vorbereitet.

Das Management tut deshalb gut daran, das Gesamtprogramm am Beginn des Aufbruchs in eine neue Ära mit seinen beiden Komponenten auszuarbeiten und auch den Mitarbeitern vorzustellen. Mit der gleichzeitigen Verfolgung von Restrukturierungsaktionen und Wachstumsprogrammen setzt es neue Akzente und demonstriert Verantwortungsbewußtsein.

Für das Restrukturierungsprogramm gibt es die klare Vorgabe, die statische und dynamische, in Geldbeträgen ausgedrückte Lücke in vorgegebener Zeit zu schließen. Programme und Aktionen werden aufgelistet, ihre Wirkung eingeschätzt und mit einem Ergebnisverbesserungs-Wert versehen. Es wird klargemacht, daß die Arbeiten erst dann als erledigt gelten, wenn die Lücke voll geschlossen ist.

Ähnlich bei der Erarbeitung des Wachstumsprogramms. Hier wird verlangt, die aus der Restrukturierung entstehende Beschäftigungslücke weitgehend zu schließen, d.h. den Wertschöpfungsverlust durch Umsatzsteigerungen auszugleichen.

Die Gesamtprogramme für ein solches »Total Redesign« sehen längst nicht alle gleich aus, obwohl sie fast immer zumindest aus den folgenden Elementen bestehen: Die Neuausrichtung der Gesamtorganisation auf den schnellen Wandel, die Überarbeitung von Produktlinien und Einzelprodukten sowie die Verbesserung der »Operations« und insbesondere der internen Prozesse sind die Haupthebel in Restrukturierungsprogrammen. Wachstumsprogramme konzentrieren sich auf die Erhöhung der Durchschlagskraft am Markt mit neuen kostengünstigeren Produkten, durch bessere Ausschöp-

fung bestehender Kundenbeziehungen und die Expansion in neue
Märkte (Beispiel s. Schaubild 4).

Typisches Programm "Total Redesign to World-Class"

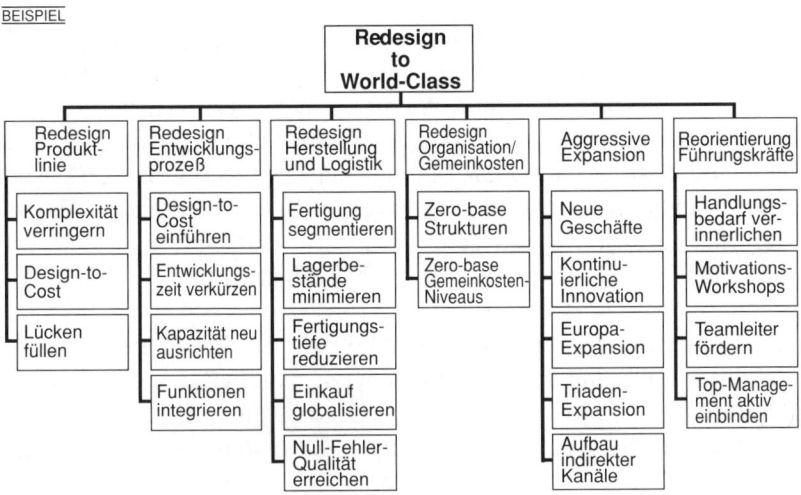

Schaubild 4

Restrukturierung – schnell zu neuer Schlagkraft

Ihren speziellen Zuschnitt erfahren die Programme zur Restrukturierung durch viele für das Unternehmen entwickelte Einzelaktionen und die detaillierte Umsetzungsplanung. Die Reihenfolge der
Einzelprojekte wird, ebenso wie ihre Dauer, meist schon während
der Ausarbeitung des Gesamtprogramms festgelegt.

Die erfolgreichen Unternehmen starten mit den Programmen, von
denen sie sich am schnellsten die größten Erfolge versprechen. Sie
schrecken dabei auch nicht vor schmerzvolleren Aktionen zurück.
Die Projektreihenfolge wählen sie so, daß »frühe Siege« die Auf-

bruchstimmung festigen, ein Projekt auf dem anderen aufbauen kann und eine zweite Anpassungswelle nicht schon vorprogrammiert ist. Jede der Restrukturierungsmaßnahmen hilft, das Fundament für die Erfüllung der Wachstumsziele zu legen.

Neuausrichtung der Gesamtorganisation. Soll in großen Funktionalorganisationen eine Zerlegung des Gesamtunternehmens in kleine Geschäftseinheiten am Anfang eines Restrukturierungsprogramms stehen, oder ist es günstiger, damit noch zu warten? Diese Frage beschäftigt häufig das Management bei echten Sanierungsfällen. Es befürchtet, daß eine Reorganisation den gesamten Prozeß der Restrukturierung zu sehr verzögert, daß wertvolle Zeit verstreicht und die Aufholjagd noch schwieriger wird.

Die Befürchtungen bestehen meist zu Unrecht. Zwar tritt durch die Strukturanpassung anfangs eine gewisse Verzögerung ein; aber die Monate, die es dauert, bis die neue Organisation steht, sind gut angelegt. Sind die kleinen selbständigen Einheiten erst einmal eingerichtet, laufen sie zur Überraschung vieler schnell zur Hochform auf; sie entwickeln eine neue Dynamik. Die kleinen Einheiten reagieren rascher auf Hindernisse im Restrukturierungsprozeß oder auf Umsatzeinbrüche und legen schneller zusätzliche Programmteile auf, um die Verbesserungsziele und den Zeitplan einhalten zu können; schon im zweiten Jahr machen sie den anfänglichen Zeitverlust wett.

Verzichtet ein Unternehmen auf eine sofortige Neugliederung, so wird sie meist erst drei bis vier Jahre später, am Ende des Aufholprozesses, in Angriff genommen. Riesige Funktionalorganisationen quälen sich dann durch den gesamten Verbesserungsprozeß, der von weit oben bis ins Detail gesteuert wird. Das Unternehmen läßt seinen wohl wirksamsten Hebel zur Durchsetzung seiner Weltklasse-Ambitionen ungenutzt.

Überarbeitung von Produktlinien und Einzelprodukten. Vieles spricht dafür, nach den organisatorischen Veränderungen die weiteren Restrukturierungsschritte mit Aktionen zur Herstellung leistungsfähiger, kostengünstiger Produkte und zur Ausdünnung der Produktpalette zu beginnen. Denn vom Ergebnis dieser Aktionen hängt es weitgehend ab, welche Kapazitäten in Entwicklung, Fertigung und Auftragsabwicklung benötigt werden und ob Expansionsprojekte überhaupt Aussicht auf Erfolg haben.

Weil im Volumengeschäft am meisten zu holen ist und dort im allgemeinen wettbewerbsfähige Produkte fehlen, sollten Produkt-Redesign-Aktionen am unteren Ende der Produktpalette einsetzen.

»Wir fressen die oberen Segmente von unten an«, sagte ein Nachrichtentechniker sehr treffend. »Wir bringen die oberen Segmente zum Einsturz«, schwärmte das Projektteam. Und in der Tat ist es so. Das Konzept, eine »gemeinsame Familie« aus »entfeinerten« Produkten der gehobenen Kategorie zu entwickeln, hat ausgedient. Hat sich das Low-end-Produkt erst als die bessere Basis für das mittlere Geschäft erwiesen, werden auch bald die gehobenen Segmente in Frage gestellt. Alte Zweifel, ob speziell entworfene Architekturen für das mittlere Segment notwendig sind, werden jetzt bestärkt und führen zu radikaler Vereinfachung der Produktlinie.

Wenn sich erst einmal herumspricht, daß Maschinen der Mittelklasse eines System-Unternehmens zum halben Preis eines ursprünglichen Produktes angeboten und in Stückzahlen verkauft werden, die bisher unvorstellbar waren, dann sind in den anderen Geschäftsbereichen dieses Unternehmens schnell Nachahmer gefunden.

Die Beschneidung der Produktvielfalt ist das nächste wichtige Thema in der Elektronikindustrie und weit darüber hinaus – drei- bis zehnmal mehr Varianten als die Weltbesten: Komplexitätskenner wundern sich da nicht über explodierende Kosten und negative Umsatzrenditen. Zu hoch mit Kosten belastete Serienprodukte subventionieren Nischenvarianten. Ein Teufelskreis wird ausgelöst: Wir verlieren im Wettbewerb Volumen, unsere Kunden erkennen nicht die Kostennachteile der »karierten Maiglöckchen«, der Weg zu unprofitablen Varianten führt immer steiler bergab.

Die Komplexitätsreduktion startet mit ABC-Analysen, die sichtbar machen, welche Auftragsgrößen und Umsätze pro Produkt und Kunde anfallen. Aber die wirkliche Herausforderung besteht darin, anschließend die Produkte herauszufiltern, die unter Zugrundelegung der »echten« direkten und indirekten Kosten einen geringen oder sogar negativen Deckungsbeitrag bringen.

Nicht selten müssen nach einer derartigen Analyse bis zu 75 Prozent der Varianten weichen, oft ersetzt durch Produkte der Hauptreihe, häufig vom Kunden nicht oder sogar positiv bemerkt. Standardisierungen von Teilen und Modulen helfen zusätzlich. Durch einheitliche Verwendung bestimmter Teile, auch wenn sie für einige Anwendungen vielleicht zu hochwertig oder mit besserer Funktionalität ausgestattet sind, lassen sich kostengünstige Rennerprodukte schaffen. Auf dieses Prinzip vertrauen oft auch fernöstliche Elektronik-Anbieter, wie man beim Öffnen ihrer Produkte merkt. Unbestückte Teile einer Leiterplatte deuten darauf hin, daß die »kleinen« Leiterplatten der Standardisierung zum Opfer gefallen sind und der nächste Produkt-Upgrade schon geplant wurde.

Neben Streichen und Standardisieren ist eine kostengerechte Preissetzung ein probates Mittel zur Kurskorrektur. Mit echten Kosten belastet, stehen einige Varianten nun zum doppelten Preis im Katalog – der Kunde vollzieht fast immer als erster den nötigen Schnitt.

Meist kommt es im Laufe einer Fokussierungsaktion zur Veränderung der Unternehmensstruktur. Die Geschäftsstruktur wird überprüft, unterschiedliche Benchmarks für unterschiedliche Geschäfte werden festgelegt, Rennergeschäfte werden klar von den Nischengeschäften getrennt, die – häufig in einem eigenen Bereich zusammengefaßt – beweisen können, ob sie auch ohne Subvention lebensfähig sind. Wo eine Ausgliederung nicht möglich ist, wird eine saubere Segmentorganisation innerhalb der Geschäftseinheiten eingeführt.

Das gilt für die Fertigung ebenso wie für Entwicklung und Auftragsabwicklung.

Verbesserung der Operations. Die Anpassung der Fertigungsstrukturen und -kapazität an die veränderte Wertschöpfung des Unternehmens ist meist ein besonders schmerzlicher Prozeß, gibt es doch hier stärker als in vielen anderen Bereichen personelle Auswirkungen, wenn nicht massiv neues Wachstum mit Hardware generiert werden kann. In Elektronikunternehmen ist die Anpassung der Fertigungskapazitäten keine einmalige Angelegenheit, sondern eine Daueraufgabe. Das ist auch nicht erstaunlich, wenn ein Computerunternehmen künftig bei um 50 Prozent höheren Stückzahlen nur noch 25 Prozent der Fertigungskapazität benötigt und ein Konsumelektronikwerk nach mehrfachem Produkt-Redesign und Prozeßverbesserungen in fünf Jahren dieselbe Stückzahl mit nur einem Viertel der heutigen Kapazität fertigen kann.

Die erforderlichen Einschnitte sind in Elektronik-Fertigungen bei nahezu allen Total-Redesign-Aktionen ungewöhnlich tief – tiefer als in anderen Branchen, da die Wertschöpfung der Unternehmen sich oft zunehmend von Hardware auf Software und Service verlagert.

Europaweit bestehen in der Elektronikbranche inzwischen große Überkapazitäten, im einzelnen Unternehmen nicht selten 30 bis 40 Prozent. Sie entstanden zum Teil mit Aufgabe der Local-content-Präferenzen im vereinten Europa und länderspezifischer Regelungen, zum Beispiel für Telekommunikationsgeräte. Wertschöpfungsverluste kamen noch hinzu, ebenso wie Hoffnungen auf Wachstum, die sich nicht erfüllten. Auch wenn kostengünstige, leistungsfähige Produkte im unteren Segment für zusätzliches Wachstum sorgen, wird es schwer sein, die heutigen europäischen Fertigungskapazitäten zu halten.

Neue langfristige, aus einer Gesamtperspektive heraus entworfene Konzepte für die Fertigungsstruktur sind unumgänglich. Diese so entscheidende Zukunftsaufgabe muß der Fertigungsvorstand vorrangig wahrnehmen. Unter seiner Leitung erarbeiten Teams ein Gesamtkonzept für die einzelnen Fertigungsstandorte, mit Trennung von Rennerprodukten und Exoten sowie produktorientierter Gliederung, und sie legen auch Konzepte für eine alternative Nutzung von Standorten vor.

Das »Stauchen« funktionsübergreifender Prozeßketten (»Core Process Redesign«) ist ein weiterer, überaus wichtiger Ansatz im Rahmen der Restrukturierung. Exzellente Leistung in den Kernprozessen, der Auftragsabwicklung, der Einführung neuer Produkte etc., macht ein Unternehmen schlanker und schneller. Eine Verkürzung der Liegezeiten, eine Verminderung der Schnittstellen, die Konzentration von Aufgaben bei einer Person oder in einer Abteilung, die Vermeidung von Doppelarbeit auf unterschiedlichen Stufen oder auch »Do it right the first time« sind die Ziele beim Core Process Redesign.

Einer der wichtigsten Kernprozesse in der Elektronikindustrie ist zweifellos der Produkteinführungsprozeß, der sich von der Entwicklung des Produktes bis zu dessen Markteinführung erstreckt. Bei seiner Optimierung muß mehr Innovation bei weniger Entwicklungskosten die Devise sein. Verdoppelung der Innovationsrate, gemessen am Umsatzanteil aus neuen Produkten oder gemessen am Neuproduktumsatz pro Entwickler (oder noch anspruchsvoller, je nach unternehmensspezifischem Benchmarking), Verkürzungen der Entwicklung für elektronische Konsumgüter von 18 auf 6 Monate, Halbierung der Entwicklungsbudgets für die Systeme im oberen Segment – so oder so ähnlich lauten die Ziele, die den meisten Elektronikunternehmen vom Markt diktiert werden. Dahinter verbirgt sich die Forderung nach einem gut funktionierenden Produkteinführungsprozeß.

Bei den erfolgreichen Unternehmen zeichnet sich dieser Prozeß durch funktionsübergreifende Produktteams, gutes Projektmanagement und geringe Komplexität aus. Erfolgreiche Innovatoren ziehen Schritt-für-Schritt-Lösungen den komplexen Großprojekten vor; sie schaffen Qualität so früh wie möglich und vermeiden später teure Fehlerreparaturen; sie fördern die Zusammenarbeit aller Funktionen und ganzheitliche Geschäfts-Betrachtungsweise – nicht eine reine Entwicklerperspektive.

Auf dem Weg dahin ist der erste Schritt in der Regel eine gründliche Durchforstung des Portfolios von Entwicklungsaufgaben. Varianten und Verbesserungsaktionen für Altprodukte werden gestrichen, Produktsegmente im Rahmen der Fokussierung aufgegeben. Damit wird Kapazität »freigeschaufelt«, um Raum für die Produkt-Redesign-Projekte zu schaffen.

Die Task-force, die schnelle und schlanke Produkteinführungsprozesse schaffen will, hat ein breites Betätigungsfeld. Denn Verbesserungsbedarf findet sie im allgemeinen in der Konzeptentwicklung ebenso wie im Änderungsverhalten, funktionsübergreifendem Projektmanagement, Reverse Engineering zum Aufspüren der besten Konstruktionslösungen, in der Integration von Zulieferern in Software- und Hardware-Entwicklung und in Systemtests und vielem mehr. Die Maßnahmen zur Beschleunigung des Entwicklungsprozesses werden in Pilotprojekten getestet und anschließend von allen funktionsübergreifenden Entwicklungsteams aufgegriffen.

Im Anschluß an die Maßnahmenentwicklung geht es verstärkt um Personal- und Organisationsthemen. Um jetzt wirklich die Integration der bisher getrennten Funktionen durchzusetzen, gilt es, Fertigungsaufgaben durch die Entwicklung übernehmen zu lassen oder Konstruktionsaufgaben durch die Fertiger, z.B. die Flachbaugruppenfertiger; Marketing- und Entwicklungsaufgaben im Großkundengeschäft für elektronische Konsumgüter zusammenzulegen, Produktlinien-Manager einzuführen und die Entscheidungsbefugnis funktionsübergreifender Teams zu erweitern.

Die Erfolgsmessung ist selten so wichtig wie hier. Zu sehen, wie Projekt für Projekt die Entwicklungsdauer für Flachbaugruppen abnimmt, wie Systemtests und Systeminstallation weniger Zeit in Anspruch nehmen, wie die Zulieferer schneller reagieren, wie die Konzeptphasen kürzer werden und der Reifegrad am einzelnen Meilenstein von Projekt zu Projekt steigt, sind dringend nötige Erfahrungen, die verhindern, daß die Aktion im Sande verläuft.

Wachstum – aggressiv auf Expansionskurs

Für Wachstum müssen Sonderprogramme zusätzlichen Innovationsschub bringen. Dafür lohnt es sich, Crash-Programme zu starten, in denen vielleicht schon lange diskutierte Ideen endlich realisiert werden, ein Star-Team aus allen Funktionen vom Rest der Entwicklung zu trennen, um in kürzester Zeit eine Produktlücke oder ein gefährdetes Segment abzudecken. Hundert Millionen Mark zusätzlicher Umsatz im ersten Anlauf in einem neuen Produktsegment und weitere hundert Millionen mit Folgeprodukten sind nicht unmöglich; sie bringen Schwung in die komplexe Restrukturierungs- und Wachstums-Aktion.

Doch noch bevor die Ergebnisse der Entwicklung vorliegen, können bereits die ersten markt- und vertriebsbezogenen Aktionen zur Förderung des Wachstums anlaufen.

Spezielle Vertriebskonzepte für neue Produkte und Märkte. Als Startaktionen bieten sich besondere Vermarktungsinitiativen für die neuen »Low-cost/high-performance«-Produkte an. Mit dem Einstieg ins Volumengeschäft stellt sich der Vertrieb auf neue Kundenkreise ein. Neue Vertriebspartner werden gesucht, alte liebgewonnene Strategien aufgegeben. Auch Kooperationen können in dieser Situation sinnvoll sein; Mitvertrieb und Produktaustausch sind zu erwägen.

Mit niedrigpreisigen Produkten wird der Einstieg in bisher verschlossene Länder-Märkte möglich. Erfolgreiche Unternehmen arbeiten spezielle Eintrittsstrategien für diese Länder aus und stellen

Geschäftspläne auf. Geprüft wird, ob sich der Aufbau eines eigenen Vertriebs lohnt oder man besser eine Vertriebspartnerschaft eingeht.

Die produkt- und marktbezogenen Überlegungen leiten zu einer generellen Diskussion auch der regionalen Vertriebsstrukturen über – sie haben sich in vielen Unternehmen über die letzten fünfzehn Jahre kaum verändert. Besonders im Direktvertrieb empfiehlt es sich, die heute vielfach regionalen Strukturen zu überdenken, bei einigen Geschäften auch völlig neu zu gestalten. Bei anderen reicht vielleicht eine bloße Umstellung auch, zum Beispiel sechs statt bisher elf Regionen.

Neuausrichtung des Akquisitionsprozesses. Extrem regionalisierte, tief gestaffelte hierarchische Vertriebseinheiten, wenig indirekte Kanäle, kaum Nutzung von Massenvertriebskanälen – viele Unternehmen lassen hier große Potentiale brachliegen.

Am besten beginnt man mit einer konsequenten Segmentierung des Produktspektrums. Die Aufteilung des Sortiments nach erklärungsbedürftigen und weniger erklärungsbedürftigen Produkten, nach Standardprodukten und systemgebundenen Verkäufen, nach Mengengeschäft und Projektgeschäft bildet die Grundlage für die Auswahl der effizientesten Vertriebsart für das einzelne Geschäft. Die stärkere Nutzung von Retailern und Massenvertriebskanälen für das Produktgeschäft, Telefonmarketing für Retailer, Mail-order-Lösungen etc. entlasten die Vertriebsbudgets und erschließen neue Kundengruppen. Die Vertriebskosten sinken von 25 auf zehn Prozent der Gesamtkosten.

Hier sind Ideenreichtum und kühles Rechnen gefragt. Morgen sieht das Vertriebskonzept unter Umständen so aus: Für indirekte Kanäle kommen nur zentrale Lösungen in Frage. Kleine Retailer und Mittelstandsbetreuer werden entsprechend von einem zentralen, hauseigenen Distributor bedient. Statt regional wird der Direkt- oder Systemvertrieb nach Branchen gegliedert, mit jeweils einer Zentrale in der Gegend mit der höchsten Kundenkonzentration. Nationale Vertriebe werden häufig zu Europavertrieben.

Die Task-forces, die den Akquisitionsprozeß neu ordnen, haben nicht nur eine Kostensenkung im Sinn, sie planen gleichzeitig die Rückkehr des Vertriebs zu seinen eigentlichen Aufgaben – weg von der Verwaltung hin zum Kunden. Daß der Vertrieb nur 30 Prozent, oder sogar weniger als 10 Prozent, der Gesamtzeit beim Kunden verbringt, ist ein unüberhörbares Alarmzeichen, ebenso wie die Tatsache, daß auf jeden Mitarbeiter im Außendienst bis zu fünf Innendienstmitarbeiter kommen. Hier hilft eine Neuaufteilung der Aufgaben zwischen Kundenbetreuer und Back-Office zur Steigerung der Präsenz vor Ort durch kleine, integrierte Teams aus Innendienst und Vertrieb. Und auch die Schaffung spezieller Teams zur Betreuung der Key-accounts sowie deckungsbeitragsorientierte Anreize sind wirksame Mittel zur Steigerung der Produktivität im Vertrieb.

Umsatzsteigerungsprogramm. Als wichtigen Bestandteil jedes Wachstumsprogramms sehen erfolgreiche Unternehmen ihre generalstabsmäßig geplanten und durchgeführten Umsatzsteigerungsprogramme. »Verkaufen kann uns niemand beibringen, der Verkauf tut, was er kann; niemand kann das besser« – das lassen sie nicht gelten, und mit gezielten Aktionen gelingt der Gegenbeweis. Kunde für Kunde, potentieller Kunde für potentieller Kunde werden dabei genau unter die Lupe genommen. Detailinformationen werden gesammelt, über Kundenbedarfe und Nutzen für den Kunden, mögliche Dienstleistungen, die Position der Wettbewerber sowie über den Bedarf und das Bestellverhalten des Kunden in den kommenden Jahren. Auf dieser Basis werden Ziele formuliert und Ideen entwickelt, wie diese Ziele erreichbar sind. Voraussetzungen einschließlich Investitionen müssen diskutiert werden. Mehr Kundennutzen und Umsatzverdoppelung mit den vorhandenen Produkten ist bei derartigem Vorgehen keine Unmöglichkeit.

Ein gut strukturiertes Paket von Projekten muß für Neuproduktvertrieb, Umgestaltung des Akquisitionsprozesses und Umsatzsteigerungsprogramm eingeleitet werden. Sie unterstehen, je nach Aufgabenstellung und neuer Organisationsstruktur, dem Vertriebsvorstand, den einzelnen Geschäftsbereichen oder den Regionalbereichen.

Projektverlauf – sichtbar unterstützen

Task-forces aus überzeugten Mitarbeitern zu motivieren, ist eine Sache. Wenn es aber darum geht, 2.000 oder gar 20.000 Mitarbeiter, die teilweise um ihren Arbeitsplatz fürchten, auf eine neue Richtung einzuschwören, bei der sie persönlich auch die Verlierer sein können, bekommt das Problem eine ganz andere Dimension.

Worauf ist zu achten, damit der Umgestaltungsprozeß in geordneten Bahnen und ohne größere Pannen verläuft? Der Erfolg steht und fällt mit dem Engagement des Vorstands. Fehlt es an seiner Unterstützung bei der Information der Mitarbeiter und der Auswahl der geeigneten Kräfte für die Projektarbeit, gibt er nicht laufend neue Impulse, noch bevor der Elan erlahmt, ist ein großes Aufholprogramm nicht zu bewältigen.

Am Anfang jeder Aufholjagd steht die Information der Führungskräfte. Sie müssen aus erster Hand erfahren, was geplant ist, was von ihnen erwartet wird und was sie gewinnen können. Versäumnisse bei der Information rächen sich meist bitter. Gerüchte machen die Runde, Verunsicherungen und Ängste entstehen, die unter Umständen die ganze Organisation lähmen. Die Chance wird verpaßt, die Mitarbeiter für die Sache zu gewinnen.

Den Startschuß zur Aufholjagd gibt der Unternehmensvorstand. Er informiert alle Linienverantwortlichen und Projektleiter über die Ergebnisse der Unternehmensdiagnose, stellt den Weltklassestandard und die Ziele für die Aufholjagd vor. Meist folgt dieser ersten Führungsveranstaltung eine Serie von Workshops und schriftlichen Mitteilungen an die Mitarbeiter der Bereiche.

Nach und nach durchzieht mit dem Fortschritt der Arbeiten eine ganze Kette von Veranstaltungen das Unternehmen, größere und kleinere Informationssitzungen für die Mitarbeiter aller Ebenen. Linienverantwortliche und Projektleiter informieren ihre jeweiligen Bereiche, nachdem sie das Programm weiter ausgestaltet, die Ziele für die einzelnen Projekte festgelegt und die Hauptansatzpunkte identifiziert haben. Kick-off-Meetings für die einzelnen Projekte mit den betroffenen Linienbereichen folgen. Kurz darauf ist die Aktion im Rollen – etwa zehn Projekte laufen; eine Vielzahl von Teams hat die Arbeit aufgenommen.

Damit endet aber keineswegs die Informationsreihe. In regelmäßigen Abständen kommt es zu Fortschritts-Veranstaltungen, in denen Linienverantwortliche die Projekte, die erarbeiteten Maßnahmen und deren Wirkung vorstellen und berichten, wie weit sie sich an das Ziel heranarbeiten konnten. Alle Projektaktivitäten und Errungenschaften werden offengelegt, alle Versäumnisse aufgedeckt.

Der Vorstand ist dabei sorgfältiger Beobachter – er achtet auf echte Leistung, er ist nicht durch gute Vorträge allein zu beeindrucken, ihm bleibt Stillstand oder auch eine Verweigerungshaltung nicht verborgen, und er fordert entschieden Verbesserungen, wenn Kursabweichungen feststellbar sind. Er wird dafür sorgen, daß der Wettbewerb zwischen den einzelnen Teams deutlich sichtbar wird. Zehn Einheiten oder Task-forces nebeneinander in Reviews auftreten zu lassen, hat so manche Umstellung beschleunigt.

Funktionsübergreifende Teams werden für die einzelnen Projekte gebildet, sie unterstützen die Linie bei der Detailarbeit. Eiserne Regel bei der Besetzung dieser Teams ist: Nur Vordenker und die Besten – auch Nachwuchsstars – werden berufen; für Bedenkenträger und Bremser ist kein Platz.

Der Prozeß läuft, das Unternehmen setzt zum Sprung ins neue Zeitalter an, die Anfangsmotivation ist gelungen. Die Mitarbeiter haben verstanden, daß der Prozeß zwei bis vier Jahre dauern und es kein Zurück zum alten Stil geben wird. Aber hören heißt nicht, sie haben es verinnerlicht. Und noch viel weniger – sie handeln danach.

Wie läßt sich die Motivation auf Dauer aufrechterhalten? Eine Auffrischungskur von Zeit zu Zeit wird nötig sein, die Einstimmung auf das Leben in der Weltklasse und die permanente Selbsterneuerung kann nicht oft genug wiederholt werden. Aber der Vorstand kann noch mehr tun.

Viele Unternehmen setzen auf eine breite Mobilisierung. General Electric ging mit Management und einer Auswahl von Mitarbeitern bis hinunter zum Arbeiter in Klausur – »Work-outs« genannt. Auf diese Weise wurden mehrere tausend Mitarbeiter in den Mobilisierungsprozeß einbezogen. In kleinen überschaubaren, sorgsam zusammengestellten Gruppen diskutierten sie Mängel und Verbesserungsmöglichkeiten, auf die sie sich verbindlich einigten.

Ein anderes wirkungsvolles Mobilisierungsmittel sind Umbesetzungen der Führungsposten. Auch ein guter Werksleiter wird sich schwertun, sein über zehn Jahre aufgebautes »Gerüst« in Frage zu stellen, es buchstäblich zu zerstören und wieder neu aufzubauen. Solche Hemmungen bestehen im Bereich eines Kollegen nicht. Hier kann er, ohne sich für eventuelle Versäumnisse rechtfertigen zu müssen, ans Werk gehen. Management-Rochaden sind oft sehr viel wirkungsvoller für einen Neubeginn als gutes Zureden und Druck.

Obwohl nur sehr dosiert anzuwenden, wäre es falsch, die Augen vor den Tatsachen zu verschließen: Die Entscheidung des Vorstandes, in einem Geschäftsbereich das gesamte Management auszutauschen und in andere Unternehmensteile zu versetzen, brachte in wenigen Monaten mehr Veränderung als alle anderen Aktionen in Jahren zuvor. Und auch so mancher Entwicklungsbereich profitierte von dem Führungswechsel. Die Versetzung eines aggressiven Erneuerers in die Entwicklung eines Nachbarbereichs, der vier oder fünf gute Mitarbeiter in die Hauptpositionen nach sich zog, brachte einen verkrusteten Bereich dazu, völlig neu zu arbeiten – im Projektmanagement, in der Ausrichtung auf kostengünstige Produkte, in der Zusammenarbeit mit Service und Fertigung am kostengerechten Design.

So oder ähnlich gingen so manche Unternehmen an die Aufholjagd. Dabei mußten nahezu alle feststellen, daß die gesamte Restrukturierungs- und Wachstumsaktion nur scheinbar das Unternehmen anfangs überforderte. Im ersten Jahr gab es Klagen; im zweiten Jahr wurden diese immer weniger. Jetzt kamen Anregungen und zum Teil Vorschläge für größere Sprünge in noch unbearbeiteten Bereichen. Task-forces und Verbesserungsprogramme gehören dann zum Alltag.

Und die Frage »Hört das denn nie auf?« verstummt. Nein, es hört nie auf – dies ist die Einsicht, die sich immer mehr durchsetzt. Der Schritt zur kontinuierlichen Erneuerung ist vollzogen.

Anhang
Weltklasse oder nicht?
Ein Vorgehen zur Selbstdiagnose

In der Elektronikindustrie etabliert sich weltweit eine »Ein-Drittel-Gesellschaft« – dies zeigt die Langzeitstudie »Excellence in Electronics«. Nur das obere Drittel der Unternehmen hat mittelfristig günstige Zukunftsaussichten; mittlere und weniger erfolgreiche Unternehmen müssen rasch und tiefgreifend umsteuern, wollen sie nicht auf der Strecke bleiben.

Vor einer Überschätzung der eigenen Leistungsfähigkeit schützt nur eine sachgerechte Diagnose, die Schwächen schonungslos aufdeckt. Erreicht das Unternehmen das Produktivitäts- und Wachstumsniveau der weltbesten Wettbewerber oder vergleichbarer Unternehmen in anderen Branchensegmenten? Sind die bisherigen Renditen wirklich hoch und nicht nur »befriedigend«? Beruhen die hohen Renditen auf einem echten Wettbewerbsvorteil oder darauf, daß die Märkte – noch – geschützt sind? Exportiert das Unternehmen in die großen asiatischen Wachstumsmärkte oder konzentriert sich seine überragende Position im Ausland auf wenige europäische Nachbarländer? Um wieviel muß sich das Unternehmen verbessern, damit es in einigen Jahren Weltklasse ist? Was bedeutet dieses Verbesserungsziel für alle – auch die untersten – Verantwortungsbereiche? Welche Stellhebel sind zu bewegen, damit die Aufholjagd gelingt?

Erste Antworten auf diese Fragen und Hinweise darauf, an welchen (Schwach-)Stellen die Diagnose vertieft werden muß, gibt die Langzeitstudie:

$\Rightarrow$ Aus den Analyseergebnissen wurde ein **Fragenkatalog** abgeleitet, der die Hauptunterschiede zwischen erfolgreichen und weniger erfolgreichen Elektronikherstellern aufgreift.

⟹ Die wichtigsten und einfach anwendbaren **Meßgrößen** stehen zur Auswertung der Antworten zur Verfügung.

Der Fragenkatalog: Haupterfolgsfaktoren

Die Kenngrößen, die zur Beurteilung der Unternehmenssituation erforderlich sind, lassen sich mit Hilfe des nachstehenden Fragenkatalogs (siehe Seiten 202ff.) gewinnen. Abgefragt werden darin nicht nur Daten aus den einzelnen Unternehmensfunktionen – wie Entwicklung, Fertigung oder Einkauf –, sondern auch Gesamtgeschäftsdaten und funktionsübergreifende Verhaltensweisen.

Der Fragenkatalog – mit leichten Anpassungen auch über die Elektronikindustrie hinaus anwendbar – gliedert sich in sechs Themenkreise:

⟹ **Situation des Gesamtgeschäfts** (Umsatzrendite, Umsatzwachstum, Weltmarktanteil, Produktivität etc.)

⟹ **Fokussierung und Komplexität** (Variantenzahl, Kundenzahl, Lieferanten, Entwicklungsprojekte)

⟹ **Fertigungsgerechte und kostenoptimale Produktgestaltung** (Anzahl zu bestückender Bauelemente, Montageschritte)

⟹ **Operative Effizienz der Produktentwicklung** (Innovationsproduktivität, F&E-Ausgaben)

⟹ **Operative Effizienz der Fertigung** (Bestückungsproduktivität, Kapazitätsauslastung, Qualität)

⟹ **Kennzeichen einer problemlösenden Organisation** (Wettbewerbsvergleiche, funktionsübergreifende Teams)

Die Fragen sind auf die Haupterfolgsfaktoren in der Elektronikindustrie ausgerichtet, die im Rahmen der Langzeitstudie ermittelt wurden. Das sind die Größen, in denen statistisch signifikante Unterschiede zwischen erfolgreichen und weniger erfolgreichen Unternehmen feststellbar sind (Schaubild 1 siehe Seiten 194 und 195).

Dabei ist zu berücksichtigen, daß die Langzeitstudie sich auf Fertigung und Entwicklung konzentriert. Auf die Bereiche Vertrieb, Marketing und Kundendienst geht der Fragenkatalog deshalb nicht direkt ein. Ebenso kann der Aufbau völlig neuer Geschäfte nicht berücksichtigt werden, da sich die Langzeitstudie auf einzelne Geschäftsbereiche oder Ein-Produkt-Unternehmen mit ihrem bestehenden Produktspektrum bezieht. Diese Themen werden in einer zweiten Runde von »Excellence in Electronics« genauer untersucht.

Meßgrößen: Ergebnisse der Langzeitstudie

Für einen Teil des Fragenkatalogs können den Antworten aus der Selbstdiagnose entsprechende Daten aus der Langzeitstudie direkt gegenübergestellt werden (s. Nummernverweise in Schaubild 2 und im Fragenkatalog). Schon diese Daten erlauben erste Schlußfolgerungen darüber, an welchen Stellen besonderer Verbesserungsbedarf besteht. Weitere wichtige Orientierungsdaten, die Kennzahlen zum Niveau von Arbeits- und Entwicklungsproduktivität, können aus Angaben im Text oder in einzelnen Schaubildern entnommen werden; allerdings müßten bei solchen Vergleichen die Ergebnisse im Einzelfall geprüft werden, da Definitions- und Ermittlungsunterschiede nicht auszuschließen sind.

Detailliertere Erkenntnisse und Anregungen für konkrete Verbesserungsmaßnahmen sollten aus spezifischen Untersuchungen, z.B. Benchmarking-Besuchen bei Weltklasse-Wettbewerbern oder einem konsequenten Reverse Engineering der besten Konkurrenzprodukte, gewonnen werden.

Bei der Interpretation der hier gezeigten Vergleichsdaten müssen, ebenso wie in der Langzeitstudie, folgende Punkte beachtet werden:

⟹ Die **Unterschiede zwischen den Branchensegmenten** der Elektronikindustrie

Signifikanz	Aussage
A) Situation Gesamtgeschäft	
< 1%	Höherer Weltmarktanteil
	Höhere Arbeitsproduktivität
	Geringerer Fertigungskostenanteil
	Geringere Mitarbeiterreduzierung
1-5%	Höherer Umsatzanteil überlegener Produkte
	Weniger indirekte Fertigungsmitarbeiter pro Wertschöpfung
	Weniger Entwickler pro Wertschöpfung
	Weniger Vertriebspersonal pro Wertschöpfung
	Höhere Arbeitsproduktivitätssteigerung
5-15%	Positionierung stärker in Wachstumsfeldern
	Höherer Umsatzanteil junger Produkte
	Höhere Stückkostenreduzierung
B) Fokussierung/Komplexität	
< 1%	Weniger Modulevarianten pro Umsatz
	Mehr bestückte Bauelemente pro PCB-Montage-Linie und Jahr
1 - 5%	Häufigerer Verzicht auf kundenspezifische Fertigung
	Weniger Entwicklungsprojekte pro Umsatz
	Höheres Beschaffungsvolumen pro Lieferant
5-15%	Weniger Produkt- und Teilevarianten pro Umsatz
C) Produkte kostenoptimal und fertigungsgerecht *	
1 - 5%	Höherer Anteil SMD-Bestückung in PCB-Montage
D) Operative Kenngrößen Produktentwicklung	
< 1%	Mehr Umsatz mit neuen Produkten pro Entwickler
1 - 5%	Geringerer Umsatzanteil FuE-Ausgaben

* Direkte Produktvergleichbarkeit nur in kleinen Stichproben möglich, deshalb hier
kaum signifikante Ergebnisse

E) Operative Kenngrößen Fertigung

< 1%	Höhere Prozeßqualität in der Endmontage
1 - 5%	Höhere Bauelemente-Bestückungsproduktivität
	Höhere Kapazitätsauslastung
5-15%	Höhere Prozeßqualität in der PCB-Montage
	Kürzere Fertigungsdurchlaufzeiten

F) Problemlösende Organisation

< 1%	Höherer Entwicklungsaufwand pro Entwickler
1 - 5%	Häufiger Stückkostenreduzierungsziele auf Basis externer Quellen
	Höherer Vollzeitanteil unter den Entwicklern im Team
	Leistungsfähigere Lieferanten
	Mehr aktive und langfristige Partnerschaften mit Lieferanten
	Engere Anbindung der Lieferanten an den Fertigungsprozeß
	Stärkere Gewichtung kooperativer Ansätze für Qualitätssteigerung und Senkung von Einkaufspreisen
	Mehr formelle Projektmeilensteine
	Mehr strukturierte Prozeduren für Software-Entwicklung
	Häufiger echte Entwicklungsteams mit starken Projektmanagern
	Häufiger Maschinenbediener mit eigener Problemlösungsverantwortung
5-15%	Aktivere Nutzung externer Quellen als Ideengeber für Entwickler
	Geringere Automatisierungsausgaben
	Häufiger Anreizsysteme auch auf unterster Ebene

Schaubild 1: Größen mit statistisch signifikant stärkerer Ausprägung bei erfolgreichen Unternehmen*

* Klassifiziert nach Umsatzrendite und Umsatzwachstum

(Währungsangaben in US$, umgerechnet mit Kaufkraftparitäten, Basisjahr 1991)

	Industrieelektronik/ Meßtechnik		Große Systeme		Computer/ Kommunikation		Konsumelektronik Kleinprodukte	
	Erfolg-reiche	Weniger erfolgr.	Erfolg-reiche	Weniger erfolgr.	Erfolg-reiche	Weniger erfolgr.	Erfolg-reiche	Weniger erfolgr.
A) Situation Gesamtgeschäft								
1 Umsatzrendite (%)	19	-7	16	-2	12	-9	5	-4
2 Steigerung Umsatzrendite (%-Pkt., 2 Jahre)	0	-1	2	0	1	-3	1	-1
3 Umsatzwachstum 1989/91 (% p.a.)	11	10	12	6	26	-8	6	-4
4 Umsatzanteil überlegener Produkte (%)	53	22	48	39	43	35	39	41
	Weltklasse:100		*Weltklasse:68*		*Weltklasse:80*		*Weltklasse:80*	
5 Umsatzanteil junger Produkte (%) (eingeführt in letzten 12 Monaten)	9	11	26	28	49	27	45	28
	Weltklasse:28		*Weltklasse:50*		*Weltklasse:82*		*Weltklasse:80*	
6 Personalkosten in der Fertigung (direkt und indirekt)	21	28	22	43	13	23	11	28
7 Arbeitsproduktivitätssteigerung* (% p.a.)	8	5	14	12	13	14	8	-3
8 Stückkostensenkung 1991-94 (% p.a.)	12	6	11	10	14	17	8	7
B) Fokussierung/Komplexität								
Anzahl Varianten pro US$ 100 Mio. Umsatz								
9 - Produkte	402	1337	18	380	46	76	141	176
10 - Module	479	1520	81	427	85	330	133	245
11 Entwicklungsprojekte pro US$ 100 Mio. Umsatz	29	62	11	27	7	14	16	25

C) Produkte kostenoptimal und fertigungsgerecht

D) Operative Kenngrößen Produktentwicklung

E) Operative Kenngrößen Fertigung

	Industrieelektronik/ Meßtechnik		Große Systeme		Computer/ Kommunikation		Konsumelektronik/ Kleinprodukte	
	Erfolg-reiche	Weniger erfolgr.	Erfolg-reiche	Weniger erfolgr.	Erfolg-reiche	Weniger erfolgr.	Erfolg-reiche	Weniger erfolgr.
C) Produkte kostenoptimal und fertigungsgerecht								
12 Anteil SMD-Bestückung 1994 (%)	70	37	78	29	80	81	41**	52
D) Operative Kenngrößen Produktentwicklung								
13 Neue Produkte pro 100 Entwickler 1989-91 (inkl. Modifikationen)	22	7	2	21***	35	9	23	19
14 FuE-Ausgaben (% vom Umsatz)	10	12	10	10	7	16	6	6
15 Entwicklungsdauer (Monate)	Controls 23	Controls 24			PCs 11	PCs 11	TV/VCR 15	TV/VCR 18
	Weltklasse: 15				Weltklasse: 4		Weltklasse: 10	
16 Zeitspanne zwischen Einfrieren der Spezifikationen und Markteinführung (Monate)	Minis 3	Minis 4			PCs 2	PCs 5	TV/VCR 2	TV/VCR 4
E) Operative Kenngrößen Fertigung								
Prozeßqualität Endmontage								
17 - Nach Power-on-Test (% Ausschuß)	8	26	k.A.	k.A.	6	20	2	2
18 - Nach Funktionstest (% Ausschuß)	4	23	k.A.	k.A.	3	13	2	5
19 - Gesamtausbeute (% Gutteile)	92	72	k.A.	k.A.	92	76	97	93
20 Durchlaufzeit Endmontage (Std.)	Controls 20	Controls 54			PCs 12	PCs 14	TV/VCR 5	TV/VCR 21

* Bezogen auf Wertschöpfung pro geleisteter Arbeitsstunde

** Produktgestaltung bei TVs häufig auf bestehende Fertigungslinien (PTH-Technologie) ausgelegt

*** Marginalanpassungen

Schaubild 2: Übersicht der wichtigsten einfachen Meßgrößen

⟹ Die hohe **Veränderungsdynamik** der Branche
⟹ Die internationale **Vergleichbarkeit bei der Währungsumrechnung**.

Unterschiede zwischen Branchensegmenten. Alle Kenngrößen sind für die vier Segmente Industrieelektronik/Meßtechnik, Große Systeme, Computer/Kommunikation und Konsumelektronik/Kleinprodukte aufbereitet. Trotz der Unterschiedlichkeit der Produkte pro Segment – im Segment Computer/Kommunikation beispielsweise sind so verschiedene Produkte wie PCs, Minicomputer, Drucker, private Telefonnebenstellenanlagen (PABX) zusammengefaßt – ergeben sich bei den wichtigsten Kenngrößen erstaunlich homogene Ausprägungen. In Einzelfällen, wie etwa bei den Angaben zu Entwicklungszeiten, zeigen sich starke Abweichungen; hier ist eine Analyse auf Ebene der Produktgruppen notwendig.

Das einzelne Unternehmen sollte sich zunächst mit den Kenngrößen des Branchensegments vergleichen, dem es am ehesten zugeordnet werden kann; Rückschlüsse auf die eigene Positionierung im Vergleich zum Wettbewerb sind so möglich.

Außerdem ist ein Vergleich mit dem nächstreiferen Branchensegment notwendig, denn viel deutet darauf hin, daß für Erfolgreiche eines Segments hier die nächste Meßlatte liegt (Schaubild 3). Dies bedeutet zum Beispiel im Segment Computer/Kommunikation, daß die erfolgreichen Unternehmen sich am Segment mit dem höchsten Reifegrad, Konsumelektronik/Kleinprodukte, orientieren müssen, in dem sehr schlanke Kostenstrukturen auch außerhalb der Fertigung – z.B. durch mehr indirekte Vertriebskanäle – notwendig sind; sie können nur so den »Shake-out« durch intensiven Preiswettbewerb überstehen. Für die weniger Erfolgreichen, die erst noch in die Spitzengruppe vorstoßen wollen, ist dagegen zunächst vorrangiges Ziel, Fertigung und Fertigungskosten zu optimieren; aber auch sie müssen wissen, wo die Zukunftsanforderungen liegen, um sich nicht vorschnell in Sicherheit zu wiegen.

Typische Merkmale der untersuchten Branchensegmente

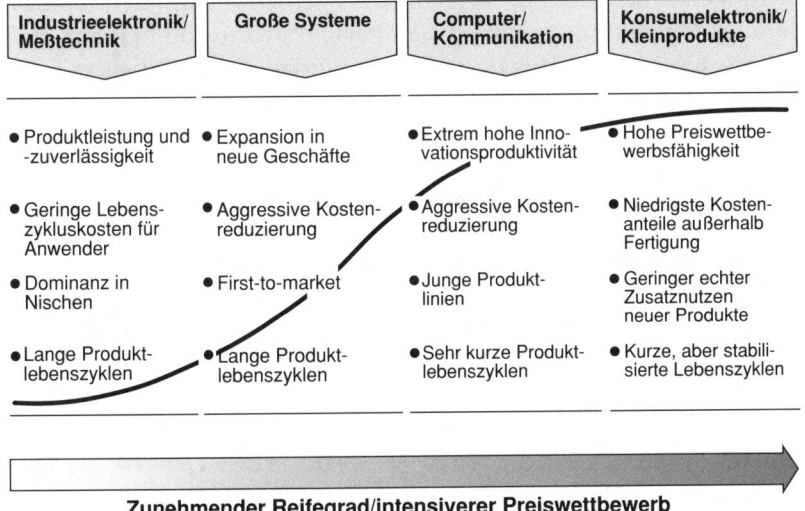

| Industrieelektronik/ Meßtechnik | Große Systeme | Computer/ Kommunikation | Konsumelektronik/ Kleinprodukte |

- Produktleistung und -zuverlässigkeit
- Geringe Lebenszykluskosten für Anwender
- Dominanz in Nischen
- Lange Produktlebenszyklen

- Expansion in neue Geschäfte
- Aggressive Kostenreduzierung
- First-to-market
- Lange Produktlebenszyklen

- Extrem hohe Innovationsproduktivität
- Aggressive Kostenreduzierung
- Junge Produktlinien
- Sehr kurze Produktlebenszyklen

- Hohe Preiswettbewerbsfähigkeit
- Niedrigste Kostenanteile außerhalb Fertigung
- Geringer echter Zusatznutzen neuer Produkte
- Kurze, aber stabilisierte Lebenszyklen

Zunehmender Reifegrad/intensiverer Preiswettbewerb

Schaubild 3

Berücksichtigung der Branchendynamik. In der Regel handelt es sich bei den Vergleichsdaten erfolgreicher und weniger erfolgreicher Unternehmen um Durchschnittswerte. Bei der Verwendung der Durchschnitte darf ohnehin nie vergessen werden, daß Weltklasse-Unternehmen diese Werte meist deutlich übertreffen; deshalb werden in einzelnen Fällen auch die Werte der Spitzenreiter verwendet.

Basis der Berechnungen sind die Zahlen des Jahres 1991. Um die Verbesserungsraten ermitteln zu können, wurden in einigen Fällen auch die Zahlen der Jahre 1988 und 1989 erhoben. Projektionen bis zum Jahr 1994 wurden zusätzlich erfragt, um Voraussagen zur künftigen Entwicklung treffen zu können. Generell zeigte sich, daß Spitzenunternehmen 1991 einen Vorsprung vor dem Durchschnitt der Erfolgreichen von etwa drei Jahren aufwiesen.

Damit die Meßlatte stimmt, müssen die Ergebnisse der Studie auf das aktuelle Jahr fortgeschrieben werden. Wie wichtig diese Aktualisierungen sind, zeigen die erreichbaren Verbesserungsraten. Verbesserungs-Champions zeichnen sich beispielsweise dadurch aus, daß sie die besonders hohe Restrukturierungsgeschwindigkeit mit hohen Wachstumsraten verbinden (Schaubild 4).

Segmentspezifische Restrukturierungs- und Wachstumsraten

Veränderungsraten der Verbesserungs-Champions* 1989-91
Prozent p.a.

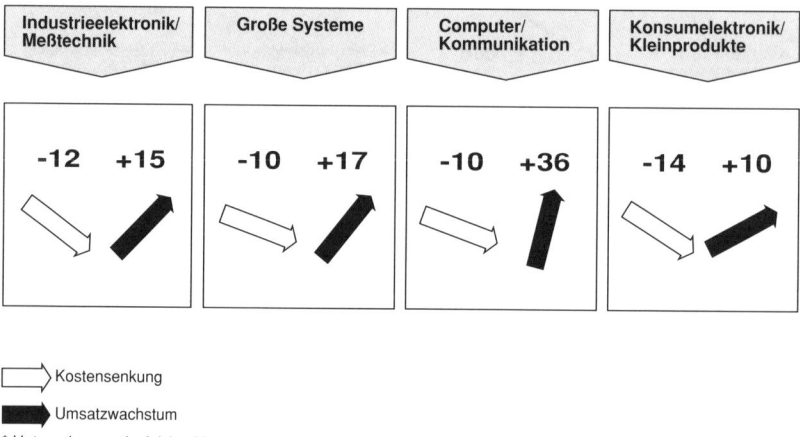

Kostensenkung

Umsatzwachstum

* Unternehmen mit gleichzeitig starker Restrukturierung und Expansion

Schaubild 4

Währungsumrechnung. Wie sehr die Anwendung von regulären Wechselkursen Vergleiche verfälschen kann, läßt sich am Beispiel der schnurlosen Telefone für den privaten Hausanschluß gut demonstrieren. Anfang der neunziger Jahre war in den USA ein Gerät zu einem Ladenpreis von rund 100 Dollar erhältlich; in Deutschland kostete ein vergleichbares Gerät noch ca. 500 DM. Die Kaufkraftparität würde in diesem Fall bei 5 D-Mark pro US-Dollar liegen und damit weit von den offiziellen Wechselkursen abweichen.

Korrekte internationale Vergleiche monetärer Kenngrößen wie zum Beispiel der Anzahl der Varianten pro Umsatzmillion erfordern die Währungsumrechnung mit Kaufkraftparitäten. Die in der Langzeitstudie für Deutschland verwendeten produktspezifischen Kaufkraftparitäten sind in Schaubild 5 als Bandbreiten wiedergegeben. Diese

Hohes deutsches Preisniveau
Produktgebietspezifische DM/US$-Kaufkraftparitäten 1991

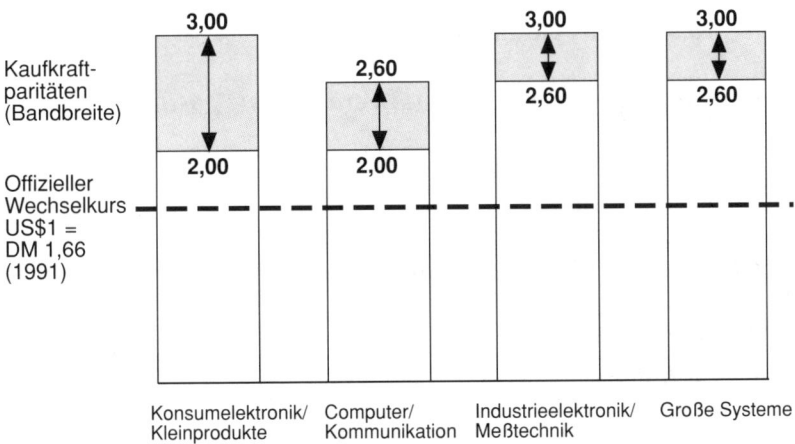

Quelle: McKinsey Analyse

Schaubild 5

Umrechnungssätze eliminieren Unterschiede zwischen nationalen Preisniveaus und führen damit zu Vergleichen, die im Prinzip auf der Gegenüberstellung von Mengengrößen beruhen. Für tiefergehende Analysen, über die schnelle Selbstdiagnose des Fragebogens hinaus, ist die Ermittlung produktspezifischer Kaufkraftparitäten für den Einzelfall notwendig.

Zählt das Unternehmen – gemessen an den Haupterfolgsfaktoren – zur Weltspitze oder nicht? Die Selbstdiagnose vermittelt ein erstes Bild.

Benchmarking-Fragenkatalog
zur Selbstdiagnose im Vergleich
zu Weltklasse-Elektronikherstellern

(Ziffern in Klammern verweisen
auf Vergleichsdaten in Schaubild 2)

A) Wo steht das Gesamtgeschäft?

Ist es profitabel genug und die Veränderung positiv?
Umsatzrendite (1)
Steigerung Umsatzrendite (2)
Umsatzwachstum (3)

Ist das Geschäft in Wachstumsfeldern positioniert?

*Besteht eine führende Weltmarktposition für die Hauptpro-
duktgruppe?*
Weltmarktanteil

Sind die Produkte wettbewerbsfähig?
Umsatzanteil überlegener Produkte (4)
Umsatzanteil junger Produkte (5)

Ist die heutige Gesamtproduktivität Spitze?
Arbeitsproduktivität (Wertschöpfung pro geleistete Arbeitsstunde)

In welchen Funktionen trifft dies nicht zu?
Fertigung
– Direkte Fertigungsmitarbeiter
– Indirekte Fertigungsmitarbeiter
Entwicklung
Vertrieb

Haben die Verarbeitungskosten in der Fertigung einen zu hohen Anteil?
Personalkosten in der Fertigung in % vom Umsatz (6)

Sind die Steigerungsraten der Gesamtproduktivität ausreichend?
Arbeitsproduktivitätssteigerung (7)

Wie sehr beruht die Produktivitätssteigerung auf Mitarbeiterabbau?
Änderungsrate Mitarbeiterzahl

Oder beruht die Produktivitätssteigerung stärker auf Zunahme des Wertschöpfungsvolumens?
Steigerung Wertschöpfungsvolumen

Welches Produktivitätsziel muß unter Berücksichtigung der Dynamik des Wettbewerbs in drei Jahren erreicht sein?
Hochrechnung der Arbeitsproduktivität der weltbesten Wettbewerber

Reichen die Verbesserungen der Stückkosten dafür aus?
Bisher erreichte Stückkostensenkung pro Jahr (8)

B) Verursacht mangelnde Fokussierung zu hohe Komplexität?

Muß die Fertigung zu viele Varianten bewältigen?
Anzahl Varianten pro Umsatz
– Produkte (9)
– Module (10)
– Teile

Wird die Sortiments- und Teilevielfalt schnell genug reduziert?

Werden dafür geeignete Hilfsmittel konsequent eingesetzt?
Nutzung Bauelemente-Vorzugsliste
Anteil aktiver Teiletypen auf Bauelemente-Vorzugsliste
Verzicht auf kundenspezifische Fertigung

Werden zu viele Einzelkunden bedient?
Anzahl Kunden pro Umsatz

Gibt es zu viele Lieferanten?
Anzahl Lieferanten pro Beschaffungsvolumen

Sind die Fertigungslinien fokussiert?
Bestückte Bauelemente pro PCB-Montage-Linie und Jahr

Laufen zu viele Entwicklungsprojekte gleichzeitig?
Anzahl Entwicklungsprojekte pro Umsatz (11)

**C) Werden die Produkte kostenoptimal
und fertigungsgerecht entwickelt?**

*Werden Produkte so entwickelt, daß für die Endmontage
möglichst wenige Schritte und möglichst wenig Zeitauf-
wand pro Schritt erforderlich sind?*

Werden Bauelemente, die Handarbeit erfordern, vermieden?
Anteil manueller Bestückung in der PCB-Montage

Wird die Nutzung neuer Technologien (SMD) forciert?
Anteil SMD-Bestückung in der PCB-Montage (12)

*Wird der Kostenanteil (elektro-)mechanischer Komponen-
ten minimiert?*
Fertigungskostenanteil nichtelektronischer Produktbestandteile

**D) Erreichen die operativen Kenngrößen in
  der Produktentwicklung Weltklasse-Niveau?**

Ist die Innovationsproduktivität Spitze?
  Umsatz mit neuen Produkten pro Entwickler
  Anzahl neuer Produkte pro 100 Entwickler (13)

Wird zuviel für die Entwicklung ausgegeben?
  FuE-Ausgaben in % vom Umsatz (14)

Dauern die Entwicklungsprojekte zu lange?
  Entwicklungsdauer (15)

**E) Erreichen die operativen Kenngrößen in der Fertigung
  Weltklasse-Niveau?**

Kann die PCB-Montage Schritt halten?
  Bestückungsproduktivität: Anzahl Bauelemente pro Arbeitsstunde

Sind die Kapazitäten dem Bedarf angepaßt?
  Kapazitätsauslastung
  Anzahl Schichten pro Tag

Wird Qualität produziert oder erprüft?
  Prozeßqualität PCB-Montage
  – Nach In-circuit-Test (First-pass Yield)
  – Nach Funktionstest
  – Nach Nacharbeit
  – Gesamtausbeute

  Prozeßqualität Endmontage
  – Nach Power-on-Test (First-pass Yield) (17)
  – Nach Funktionstest (18)
  – Gesamtausbeute (19)

Werden die Lagerbestände häufig genug umgeschlagen?
Rohmaterial
Zwischenprodukte
Fertigprodukte

Sind die Durchlaufzeiten in der Fertigung Weltspitze?
Fertigungsdurchlaufzeit pro Stück
– PCB-Montage
– Endmontage (20)

Ist die Liefertreue auf dem allgemein üblichen hohen Niveau?
Anteil termingetreuer Lieferungen

F) Kann man von einer wirklich problemlösenden Organisation sprechen?

Werden Interne und Externe intensiv genug einbezogen?

Finden regelmäßig Vergleiche mit den besten Wettbewerbern statt?
Benchmarking
Reverse Engineering

Nutzen die Entwickler aktiv externe Quellen als Ideengeber?
Direkte Diskussion mit Kunden
Vertriebsmitarbeiter
Servicemitarbeiter
Kooperation mit Lieferanten

Basieren Ziele für Stückkostenreduzierung auf externen Quellen?
Wettbewerberstückkosten
Kundenwünsche
Expertenschätzung auf Basis externer Informationen

Nutzen die Entwickler Ergebnisse aus der Vorentwicklung/ Forschung, und geschieht dies in enger Zusammenarbeit mit den Vorentwicklern/Forschern?

Sind andere Funktionsbereiche weitgehend vollzeitig und nicht nur teilzeitig in Entwicklungsteams integriert?
Einkauf
Fertigung
Vertrieb/Marketing
Kundendienst
Rechnungswesen

Sind auch die Entwickler möglichst vollzeitig eingebunden?
Anteil Vollzeit-Teammitglieder unter den Entwicklern im Team

Werden im Entwicklungsprozeß strukturierte Methoden zur Informationsverarbeitung verwendet?
Verwendung Wertanalyse
Erreichte Kostensenkung durch Wertanalyse

Werden diese Methoden durch die Entwicklungsteams selber eingesetzt?

Wird von Joint-Ventures für die Produktentwicklung Gebrauch gemacht?
Anzahl Entwicklungs-Joint-Ventures pro Umsatz

Ist der Entwicklungsprozeß problemlösungsgerecht und reaktionsfähig genug?

Sind die Zielvorgaben für die Entwickler primär marktorientiert?

Sind Spezifikationsänderungen vor der Markteinführung zugelassen?
Anzahl Spezifikationsänderungen vor Markteinführung

Liegt die endgültige Spezifikationsfestlegung kurz genug vor der Markteinführung, um marktnah zu bleiben?
Zeitspanne zwischen Einfrieren der Spezifikationen und Markteinführung (16)

Werden teure Spezifikationsänderungen nach der Markteinführung vermieden?

Gibt es dafür genügend Meßpunkte im Entwicklungsprozeß?
Anzahl formeller Projektmeilensteine

Gibt es strukturierte Prozeduren für die Software-Entwicklung?
Prototyping in Spezifikationsphase
Expliziter Abgleich zwischen Leistungsmerkmalen und Kosten
Software-Qualitätsprüfung als explizite Aufgabe

Werden Aufgaben und Verantwortlichkeiten ausreichend nach unten delegiert?

Gibt es echte Entwicklungsteams mit starken Projektmanagern?
Existieren Projektteams, die den Projektmanagern disziplinarisch unterstehen?
Berichten die Projektleiter direkt an den Geschäftsbereichsleiter?
Haben Projektleiter bzw. Entwicklungsteams ausreichend Letztentscheidungsrechte?
Beispiele:
– Projektbudget

– Projektorganisation
– Design/Leistungsmerkmale

Sind in der Fertigung operative und dispositive Aufgaben und Verantwortlichkeiten weitgehend den Maschinenbedienern zugeteilt?
Beispiele:
– Qualitätsdatenerfassung
– Operative Problemlösung
– Materialbestellung

Wird die Verantwortungsdelegation ausreichend unterstützt?
Beispiele:
– Mitarbeitertraining für Qualitätssicherungsaufgaben
– Anschauliche Darstellung von Zielen
  und Zielerreichungsgraden

Oder wird zuviel in Automatisierung investiert?
Automatisierungsausgaben in % der Wertschöpfung

Werden die Fähigkeiten der Lieferanten intensiv genug genutzt?

Sind die Lieferanten leistungsfähig?
Durchschnittliche Lieferzeit
Durchschnittliche Liefertreue

Werden niedrige Einkaufspreise wichtiger genommen als die Gesamtoptimierung der Wertschöpfungskette?
Einkaufspreisreduzierung im letzten Jahr
– Elektronik-Teile
– Mechanik-Teile
Kostensenkung durch Redesigns in Zusammenarbeit mit Lieferanten

*Werden genügend aktive und langfristige Partnerschaften
mit Lieferanten gepflegt?*

Anteil aktiver Partnerschaften am Beschaffungsvolumen
Anteil langfristiger Lieferantenbeziehungen am Beschaffungsvolumen

*Funktioniert die enge Anbindung der Lieferanten an den
Fertigungsprozeß?*

Anteil Just-in-Time-Anlieferungen am Beschaffungsvolumen
Anteil Kaufteile mit Verzicht auf Wareneingangskontrolle

*Werden kooperative Ansätze zur Senkung von Einkaufs-
preisen eingesetzt?*

Vorab vereinbarte Preissenkungen im Zeitablauf
Gemeinsame Redesign-Maßnahmen mit Lieferanten zur
Stückkostensenkung

*Oder greift man ausschließlich auf einseitige Maßnahmen
zurück?*

Preiswettbewerb zwischen Lieferanten
Konsolidierung der Lieferantenbasis
Zusammenfassung von Bestellungen zum Erreichen von
Mengenrabatten

*Werden kooperative Ansätze zur Qualitätssteigerung beim
Zulieferer eingesetzt?*

Frühe Einbeziehung der Zulieferer in die Produktentwicklung
Regelmäßige gemeinsame Sitzungen zu Fragen der Qualitätssicherung

Werden die Mitarbeiter für die produktive Mitwirkung in einer problemlösenden Organisation ausreichend befähigt?

Werden Entwickler in andere Funktionsbereiche rotiert?
   Anteil rotierter Entwickler in den letzten drei Jahren
   Durchschnittliche Verweildauer in anderen Funktionsbereichen

Findet Personalrotation hauptsächlich zwischen Fertigung und Entwicklung statt?

Werden auf allen Hierarchieebenen – auch auf der untersten – Anreizsysteme verwendet?

Wird dabei vor allem Teamleistung und nicht nur die individuelle Leistung bewertet?